QIYE ZUZHI GUANLI LILUN
YU SHIWU YANJIU

企业组织管理理论与实务研究

李曦辉　杨保云　张轻轻◎著

中央民族大学出版社
China Minzu University Press

图书在版编目(CIP)数据

企业组织管理理论与实务研究/李曦辉,杨保云,张轻轻著.—北京:中央民族大学出版社,2018.7

ISBN 978-7-5660-1474-0

Ⅰ.①企… Ⅱ.①李… ②杨… ③张… Ⅲ.①企业管理—组织管理学—研究 Ⅳ.①F272.9

中国版本图书馆 CIP 数据核字(2017)第 310583 号

企业组织管理理论与实务研究

著　　者　李曦辉　杨保云　张轻轻
责任编辑　满福玺
责任校对　杜星宇
封面设计　汤建军
出 版 者　中央民族大学出版社
　　　　　北京市海淀区中关村南大街 27 号　邮编:100081
　　　　　电话:68472815(发行部)　传真:68932751(发行部)
　　　　　　　 68932218(总编室)　　　　 68932447(办公室)
发 行 者　全国各地新华书店
印 刷 厂　北京建宏印刷有限公司
开　　本　787×1092(毫米)　1/16　印张:14.75
字　　数　230 千字
版　　次　2018 年 7 月第 1 版　2018 年 7 月第 1 次印刷
书　　号　ISBN 978-7-5660-1474-0
定　　价　58.00 元

序　　言

随着我国市场经济体制的确立，企业成为经济的主体。作为以营利为主要经营目标的自主经营、自担风险和自负盈亏的经济组织，企业需要不断提高自身竞争力，实现企业的经济效益的最大化，在企业组织管理方面有必要实现组织运作的有效性和高效率，最大限度降低组织成本和风险。本书重点研究探讨了现代企业组织管理的几个重要方面的问题，包括企业组织问题、公司治理问题、企业文化问题和组织行为管理问题等。

组织是人们为了完成共同的任务目标，按照一定的形式形成的社会协作任务团队。为了提高企业中每个人的工作效率和工作质量，需要在企业组织中进行必要的专业分工。这种群体内部的专业分工和各司其职的现象就自然产生了相互协作和有效整合大家的力量完成企业生产任务的必要性，从而构建起企业组织和组织结构。随着社会和技术的不断进步及市场竞争的激化，对企业组织效率与应变能力的要求在不断提升，企业组织的管理思想和组织结构也在不断演变，从过去强调集权、控制与稳定的刚性组织管理模式，到更多地强调组织的适应能力和创新能力，强调人的因素和积极性的激发的现代弹性化和学习型组织模式，并且还在不断产生着新的创造性组织管理模式。

随着现代企业规模的扩大和经营难度的提高及愈来愈多的企业成为股份公司这种现代企业形式，企业的经营管理权也愈来愈多地与企业的所有权分离，剩余控制权与剩余索取权分离，委托代理成为许多企业的典型经营管理模式，从而引发了企业委托代理问题。公司治理问题就成为现代企业经营管理的重要问题，直接影响现代企业的有效治理，影响企业的经营风险控制与成本控制能力。关于公司治理，目前世界上存在一些典型的模式，它们都产生于特定的社会环境中，具有各自的公司治理特点和优势，同时也存在各自的问题。

现代企业管理的发展导致企业文化的产生，企业文化的建设是现代企业组织建设的重要方面。企业文化的产生受到各种因素的影响，同时企业文化也在现代企业经营管理方面起着重大作用，对企业竞争力和发展能力产生巨大影响。当企业文化面对企业战略的变化和经营环境变化的时候，企业文化将可能面对文化冲突的挑战，从而影响企业的成功转型，甚至直接关系到企业的继续生存。

现代企业组织效率的提高关键之一在于人的积极性的发挥，因此企业组织管理应当首先关注人，关注人们的心理状态和心理需求，最大限度地为人的积极性的发挥创造条件。一个组织是否成功，很大程度上取决于是否有能力把人的愿望与渴求引导到组织发展的总目标之下，这就需要了解人们的心理与需求，认识人的心理活动的产生和发展、活动的规律，建立有效的组织激励机制，从而最大限度地激发人们的工作热情，最大限度地发挥人的工作潜能，提高企业组织的效率，实现企业组织的目标，这就是企业组织行为管理研究的内容。

本书运用现代管理学理论、经济学理论、社会学理论和心理学理论，通过分析研究一些高质量的当代企业组织管理方面的重要案例，在企业组织管理的理论层面和实务层面，提出对我国企业组织管理中的一些重大问题的思考和认识。希望通过这本书的出版，为相关问题的学术研究和决策提供一些有价值的参考资料，同时希望就相关问题与各界学者进行探讨，并得到各方面的指导与批评。

中央民族大学管理学院部分研究生参与了本书一些章节的资料搜集与研究工作，主要有茅文清、王伟、郭凤钧、曹婧、程经纬、黄基鑫、李严、廖明珠、赵晨莉、赵娣、乔枫、殷超凡、王翌宸、欧阳君箫、李博，在此表示衷心的感谢！

孙燕一　李曦辉

2017年7月

目　　录

第一篇　企业组织建设研究

企业（enterprise）是指以营利为目的，运用各种生产要素（土地、劳动力、资本、技术和企业家才能等）向市场提供所需的某种商品或服务，具有法人资格的社会经济组织。随着我国市场经济体制的确立，我国企业成为经济的主体。在市场经济体制中，企业作为以营利为目的的经济组织，实行自主经营、自负盈亏、独立核算和自担风险，通过参与市场竞争，不断提高自身竞争力，在经营中实现企业的经济效益最大化和股东利益最大化。

随着社会和技术的不断进步，以及市场竞争的激化，企业经营环境变得日益不确定，企业组织的功能也在不断地得到强化，同时对企业组织效率与应变能力的要求也在不断提升，人们对企业组织管理工作的要求愈来愈高。企业组织管理思想从过去强调集权、控制与稳定的刚性组织管理模式，到现代企业组织管理更多地强调企业组织的适应能力、创新能力和学习能力，强调人的因素和积极性的激发，强调企业组织的信息化、弹性化和柔性化，企业组织的管理思想在不断创新和发展，形成了一系列现代企业组织管理思想。

组织是人们为了完成共同的任务目标，按照一定的形式形成的社会协作任务团队。为了提高企业中每个人的工作效率和工作质量，需要在企业组织中进行必要的专业分工。这种群体内部的专业分工和各司其职的现象就自然产生了相互协作和有效整合人们的力量完成企业生产任务的必要性，从而形成企业内部员工之间的分工与合作关系，从而构建起企业组织。

企业生产方式就是通过企业组织的形式将市场交易内化为企业内部的产品生产流程，将市场交易转变为企业内部的权威管理，用企业内部契约取代市场交易契约，从而节约产品生产过程中由于社会分工与合作过程产生的市场交易费用，同时会产生相应的企业组织管理费用。因此，企业组织管理需要最大限度地降低企业组织运作成本，提高组织效率，从而提高企业竞争力。

同时，随着信息化社会的到来，市场环境复杂多变，为了适应复杂多变的环境和激烈的市场竞争，在激烈的市场竞争中，企业不仅需要有高效率，同时企业必须将经营目标锁定在满足顾客不断变化的个性化需求上，企业组织因此需要有足够的应变能力和应变空间来应对不断出现的各种变化挑战，因此，企业组织的应变能力、创新能力与学习能力成为企业组织建设的重要内容。

在本篇中探讨研究了企业组织管理思想演变和组织结构创新方面的一些理论与实务问题，同时以现代管理学理论、经济学理论、社会学理论和组织行为学理论分析研究了一些高质量的当代企业组织建设方面的重要案例，通过这些案例分析，研究了我国企业组织建设管理目前面临的一些重要实践问题。

第一章　企业组织管理思想发展

企业是生产团队，是以营利为目的，运用多种生产要素（土地、劳动力、资本、技术和企业家才能等）向市场提供其所需的某种商品或服务的具有法人资格的社会经济组织。在现代社会生活中。通过长期的管理实践，人们认识到为了提高企业中每个人的工作效率和工作质量，需要在企业组织中进行必要的专业分工，这就自然产生了企业内部各单位间有效协作的必要性，因此需要构建高效的企业组织，以完成企业的组织目标。

从企业组织管理不同阶段思想的主要特点分析，可以将企业组织管理思想的演变分为三个阶段：第一个阶段是在工业革命的早期。由于当时人们缺乏对企业管理的科学认识，企业管理者在管理过程中缺乏科学的管理理论的指导，企业的管理处于一种所谓的“经验管理”的阶段，企业的管理者只是凭着自己的实际管理经验和直觉对企业进行管理。在所谓的“经验管理”阶段，企业管理的特点是“人治管理”。当时企业管理随意性很强，管理水平一般很低，企业管理缺乏组织激励意识，工人缺乏工作积极性，消极怠工现象严重，企业效率很低。第二个阶段是在20世纪的早期，随着近代步入大工业化生产的时代，社会的工业生产水平得到了较快的发展。在这个阶段企业的管理者也在管理实践中逐渐地积累了大量的经验，并且开始将积累的实践经验理论化、系统化，用于指导企业的管理实践。在这种历史背景下，社会上一批管理学者开始研究如何提高企业工人的工作积极性问题和组织效率问题。在管理理论研究方面进行了大量的探索，总结出了一些组织激励的基本理念和基本理论，形成了所谓的古典企业组织管理思想。随着社会和技术的不断进步，以及市场竞争的激化，企业经营环境变得日益不确定，企业的组织功能在不断地得到强化，同时对企业组织效率与应变能力的要求在不断地提升，人们对企业组织管理工作的要求愈来愈高。过去强调集权、控制与稳定的刚性组织管理思想已经不能适应形势要求。企业的组织管理思想发展到了第三个阶段，现代企业的组织管理思想更多地强调企业组织的适应能力、应变能力、创新能力和学习能力，强调企业组织的信息化、弹性化和柔性化，学者们在不断地进行着企业组织管理思想的创新、发展，形成了一系列现代企业组织管理思想。

一、古典企业组织管理思想

在20世纪早期，随着人类社会步入大工业化生产的时代，企业的管理者在管理实践中逐渐地积累了大量的经验，并且开始将积累的实践经验理论化，应用于指导企业的管理实践。在这种历史背景下，社会上一批管理学者开始研究如何提高企业组织效率问题。他们总结和研究了历史上积累的大量的企业组织管理的实践经验，并且出于提高企业工作效率的目的，在组织管理理论研究方面进行了大量的探索，总结出了一些组织管理的基本理念和基本规律，从而奠定了所谓古典科学管理的思想理论体系，为后来的管理学者在组织管理的思想理论方面的研究和发展奠定了坚实的基础。

在他们中最著名的管理学者有被誉为"科学管理之父"的美国管理学家泰勒、"一般管理理论之父"的法国管理学者亨利·法约尔和"组织理论之父"的德国行政管理学家马克斯·韦伯等人。

古典科学管理学派理论组织管理研究的核心问题是如何提高组织效率和控制能力。无论是韦伯、泰勒，还是法约尔，或者是当时的其他管理学者，学者们强调的都是"效率原则"和"有效控制原则"，以提高组织的行政效率为目标总结和研究了过去企业组织管理的实践经验，并且在理论上加以总结提高，进而提出了系统的企业组织管理的理论与管理原则。

由于工业革命的推进和产品市场的发育，社会的劳动分工成为现代生产的基本形式。英国经济学家亚当·斯密在著作《国富论》中指出：当代劳动生产力方面的最大改进，似乎都是劳动分工的结果。由于分工导致的工人劳动熟练程度的提高和工作转换时间的节约使同样数量的人可以完成的工作量大幅度增长，从而导致各行业的产量成倍增长。因此，企业组织的基本结构必然是建立在内部劳动分工基础之上的一种生产合作模式。对此，强调“效率原则”和“有效控制原则”的古典管理理论学者们认为企业组织应该是一个建立在专业化分工协作基础之上的机械式的结构。

古典管理理论学者们认为应该依据组织专业分工原则，从上到下形成一个垂直的行政权力指挥链，组织的各层次上的职务人员在处理组织事务时应该按照“完全理性”的原则，遵照一些基本的组织管理原则工作。因此，他们认为应该存在一种“普遍适用”的组织原则和组织形式，存在一种“理想的组织”形式，认为社会组织都应该按照这些组织原理与组织形式进行组织管理。正是在这种组织理论的观点的指导下，形成了所谓古典组织管理理论的官僚组织的基本理论和基本模式。

弗雷德里克·温斯洛·泰勒（Frederick Winslow Taylor，1856—1915）是古典管理思想的早期奠基人，他到工厂生产现场长期观察，发现了工人“磨洋工”的现象，工作效率低下的原因就是管理工作不到位。为了提高企业管理的水平和效率，泰勒组织了搬运生铁块实验、挖掘煤矿实验和金属切削实验等著名实验，用科学的方法控制整个实验过程。

泰勒在其1911年出版的著作《科学管理原理》中，总结出来四条提高生产效率的科学管理原理：

（1）通过对动作和时间的研究，找出工人工作的科学操作方法，代替过去仅凭借感觉工作的落后方法。

（2）采用科学方法挑选工人，并且对其进行培训和教育，使其成长成才，并且能够自我培训，按照科学的方法工作，而不是像过去那样自由选择工作和方法。

（3）和工人保持密切合作，确保其所有的工作都能按照先前制定的科学方法进行。

（4）管理者和工人各尽其职，管理者应该主动承担起比工人更加擅长的工作，而不是像过去那样，把大部分工作和职责都推给工人。

泰勒认为，企业的高层管理者应该将企业中的日常事务授权给下级去处理，自己只保留对例外事项的决定权，也即“例外管理原则”。泰勒被认为是最早打破传统经验管理，提出用科学的方法管理企业的先锋人物。他的管理思想被认为是管理思想史上的一次“革命”。

古典组织管理思想的主要奠基人之一的亨利·法约尔（Henri Fayol，1841—1925），他曾经担任过企业的高级管理人员和总经理，是古典科学管理理论的最杰出代表人物之一。法约尔希望通过组织管理的科学化提高企业组织的工作效率和有效控制，关注组织的管理过程，重视对组织管理中的管理要素的分析与管理原则的研究，目的在于提高组织运作效率和控制能力。

法约尔在他的代表作《管理的一般原则》中提出了著名的14条组织管理活动原则，强调在组织中实行劳动分工、权力与责任划分、统一指挥和统一领导、适度集权与分权、建立必要的组织等级等基本组织原则。法约尔还将组织管理活动分解为计划、组织、指挥、协调和控制五大要素。将企业的生产经营活动分成技术活动、管理活动、财务活动、商业活动、会计活动和安全活动六大类。法约尔认为计划是为组织制定行动的方案，组织是建立必要的社会结构，指挥是组织其他人为完成既定目标去工作，协调是使组织中所有人相互协作去进行工作，而控制则是对组织中的所有活动是否在组织的计划内进行监督。法约尔的这些管理原则和管理思想对组织管理效率的提高和规范化具有十分重要的理论指导意义，迄今没有失去其对组织管理实践的重要现实意义，这些管理要素和原则像灯塔一样引导着管理者的行动，同时也为20世纪50年代的管理过程理论的研究奠定理论基础。

马克斯·韦伯（Max Weber，1864—1920）是另一个重要的古典组织管理思想家，德国著名的经济学家和社会学家。他主要研究大型组织，包括大规模企业组织的有效管理问题。他在管理思想上的最大贡献就是提出了“理想的行政组织体系理论”。

韦伯指出，任何组织都必须由某种形式的权力作为基础，权力可以消除混乱，维持秩序，只有在权力的基础之上才能实现组织的目标。韦伯认为，作为基础的权力有三种形态：理性－法律的权力、传统的权力、神授的权力。这三种纯粹的权力中，只有理性－法律权力能够成为组织的权力基础，因为合法的权力是在能力的基础之上得到的，因而具有合理性和合法性，这些都为组织管理的连续性提供了基础。

韦伯强调理想的行政组织体系应该建立在有明确的职权分工、权力等级的组织结构基础上，建立在组织规则和纪律，以及组织人员之间的理性关系基础之上。韦伯认为这种高度集权性的、正式的、非人格化的理想的行政组织体系是适用于所有组织管理的最好的组织形式，是一种“理想的行政组织”。韦伯认为它在精确性、稳定性、纪律性和可靠性方面都优于其他的组织形式。韦伯认为：“经验一般总是表明，纯粹的官僚集权式的行政组织，从纯粹技术观点上来看是能够取得最大程度效率的组织形式。”因此韦伯的组织设计也被后人称作“官僚组织”。

古典企业组织管理思想产生的意义在于第一次将组织建设和组织规章制度建设的概念引入了企业组织管理中，提出了企业组织管理的一些基本概念、基本原则与提高组织管理效率和作业效率的具体方法，使企业组织管理摆脱了过去的经验主义与随意性，摆脱了企业组织管理的随意性，开始进入组织科学管理的阶段。

但是，由于历史的局限性，古典科学管理学派的学者们的组织设计是一种缺乏弹性和柔性的刚性组织设计。这种组织强调集权领导、强调权力层级、强调专业分工原则和管理职能与执行职能分离等组织原则，试图以此提高工人们的工作效率和组织管理的效率。同时，当时的学者们以为应该存在着一种适用于一切性质组织与环境的通用的“最佳”组织管理模式，他们一直在寻找这种“理想的组织”形式。古典管理思想专注于对组织的研究，只考虑如何通过对人的行为提高组织的效率，忽视了对人的研究，把人当作一种“工具”或“机器”，这是一种“客体至上”的偏颇，管理理论倾向于管理对象和客体。古典管理思想既有其自身学理上的矛盾之处，也有理论和实践脱节的地方①，从现代企业组织管理的实践经验来看，这显然是没有意义的。

二、组织行为管理思想

（一）霍桑实验

从 1924 年开始，在美国西方电气公司的霍桑电话机厂进行的霍桑实

① 裴文英，卫东．西方古典管理理论的特点和缺憾［J］．江汉论坛，2005（12）：34－36.

验，目的是研究工厂的照明度与工人工作绩效的关系，结果却发现："产量的上下浮动与照明度没有直接的关系。"① 因为无论照明度是提高还是降低或者不发生变化，参加实验的工人的工作效率都有显著的提升，这在当时很难解释。对于这一结果，乔治·埃尔顿·梅奥（George Elton Mayo，1880—1949）通过不断的调查、访谈和实验，于1933年在其出版的《工业文明中的人的问题》一书中总结出了霍桑实验的结果。

（1）企业中的员工是"社会人"，而不仅是"经济人"。人都有社会群体方面的需要，并不仅追求利益的最大化，因此，管理者在实际管理过程中不仅要考虑经济因素，还要考虑社会心理对员工的激励作用。梅奥还提出了激励员工、调动其工作积极性的13条基本原则：让员工感受到自己在群体中的重要性、要保护下属的利益、从物质和精神层面奖励员工、高层管理者要真正地关心雇员的福利、鼓励真诚待人、关心他人、上级要关心员工的成长、同员工建立良好的伙伴关系、不做员工眼中的恶老板、调动雇员的积极性、了解下属之间的关系、协调好上下级之间的关系、让下属尽力做好本职工作。

（2）企业中不仅存在正式组织，还存在非正式组织。正式组织是企业为了实现共同的组织目标而设立的一种正式的组织结构。非正式组织是人们在接触过程中因价值观、行为习惯、信念或其他规则而自动自发形成的群体，群体成员之间存在某种感情或爱好。非正式组织是必然存在的，它可能对正式组织产生冲击或补充作用。

（3）新的组织领导能力取决于提高员工的满足程度。霍桑实验的研究结果表明，员工工作效率的提高，不仅取决于金钱和物质的激励，而且在很大程度上受到社会心理满足，如群体归属感、安全、被需要等方面的影响。员工对组织越满意，其工作积极性越高，其工作效率也会随之提高。因此，新的企业领导人需要懂得如何协调各种人际关系、了解下属，懂得如何激励下属，使下属充分提高其工作效率。

梅奥的关于霍桑实验的结果打破了人们对于"人"的传统看法，从

① C. E. 斯诺1927年11月发表于《技术工程资讯》的报告，见西方电气公司设在伊利诺伊州霍桑工厂中实施的工业关系实验记录，缩微胶片第1卷，第1盒，第9夹页。

此，关于“人”的行为的研究丰富起来。其中广为人知的有马斯洛的需求层次理论、赫兹伯格的双因素理论、麦克利兰的动机理论、弗鲁姆的期望理论、亚当斯的公平理论、麦格雷戈的“X 理论 – Y 理论”、沙因的“复杂人”假设、布莱克和莫顿的管理方格理论、利克特的支持关系理论等。

（二）需求层次理论

20 世纪 30 年代，亨利·默里首先将人的需要列入研究对象，在其 1938 年出版的《人的探索》一书中，他列出了人的 20 种需要：成就需要、表现需要、交往需要、贬抑需要、攻击需要、自主需要、防御需要、对抗需要、支配需要、恭敬需要、躲避羞耻需要、躲避伤害需要、培育需要、游戏需要、秩序需要、感觉需要、性需要、求援需要、认知需要、抵斥需要。[①] 20 世纪 40 年代，马斯洛基于神经心理学的研究，将人的 20 种需要，归纳为五种：生理的需要、安全的需要、社交的需要、尊重的需要（包括自尊和他尊的需要）和自我实现的需要。五种需要之间的关系如图 2 – 1 所示。这些需要从低级（生理的需要）到高级（自我实现的需要）逐级发展，形成一个需要的层级序列。只有较低层次的需要得到满足后，人们的需要才会从这一层级进入另一层级。一旦进入新的需要层次，较低层次的所有需要对人都将不再具有激励作用。通常条件下，较低层次的需要得到满足的概率较大，而高层次的需要得到满足的概率较小，所以，并不是每种需要都能被满足。而且，处于不同阶段的人们会有不同的需要，在某一特定时期，人可能会有多种需要，但是总有某一种需要是最重要的，占据主导地位，这种需要就是主导需要，其他需要就处于从属地位。因此，对于管理者来说，对员工的激励工作应该针对主导需要来进行，这样才能发挥出激励的作用。

---

① 郭咸纲．西方管理思想史［M］．北京：北京联合出版公司，2014：54.

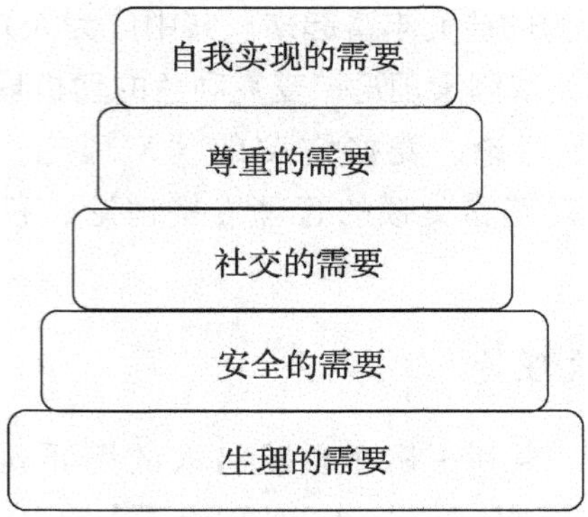

图 2－1　需求层次理论

（三）双因素理论

弗雷德里克·赫兹伯格（Fredrick Herzberg，1923—2000）基于对各个行业的工程师和会计师的工作态度的问卷调查，研究了激励手段和激励效果的关系。他要求受邀者回答这些问题："请回想一下你在工作时感觉特别良好或是感觉特别沮丧的时候。无论是你现在所从事的工作，还是你曾经做过的工作都行……告诉我那是一种什么情况？"① 根据受邀者对这些问题的回答，赫兹伯格找出令人满足快乐和不满足不快乐的事物。基于此，他提出了"激励－保健"双因素理论。激励因素是指与工作本身的内容、工作性质相关的因素，例如工作能带来成就感、工作具有挑战性、在工作中能获得赞赏、在工作中能够得到提升和发展的机会、才能获得夸奖、对工作负责、富有上进心等。保健因素是指与工作中的环境相关的因素，如公司的政策方针、公司的管理监督制度、工作中的人际关系和物质条件、工作的安全可靠性、工资水平等。保健因素属于较低层次的需要，和马斯洛的需求层次相联系的话，大致相当于生理的需要、安全的需要、社交的需要这些低层次需要，这些因素若是得不到满足就很容易使员工不满意，而激励因素的内容则和较高层次的尊重的需要和自我实现的需要相关，这

① 弗雷德里克·赫兹伯格，伯纳德·穆瑟，巴巴拉·B. 斯奈德曼．工作动机［M］．纽约：yueha 约翰·威利父子公司，1959（1）：141.

些因素若是得到改善，就会使员工满意，但若是处理不好，虽然会使员工不满意，但是不满意的程度不大。

马斯洛的需求层次理论和赫兹伯格的双因素理论都是从内容层面激励员工，但是两者都没有把员工个人的需要和组织目标的实现结合起来。

（四）期望理论

戴维·麦克利兰（David C. McClelland，1917—1998）是美国哈佛大学的教授，主要研究动机和需求，他在 1966 年发表的著作《促使取得成就的事物》中提出成就动机理论，认为人在工作环境中存在三种主要的需要动机：成就需要、权力需要、亲和需要。同时，麦克利兰指出，人的需要并不是与生俱来的，而是由于后天的成长环境、教育背景、经历等引发的。因此，企业管理者可以通过这方面的行为措施，提高员工的成就动机，从而提高工作效率。

维克托·弗鲁姆（Victor H. Vroom，1919—?）认为人的行为受到心中某种预期的支配，人所受到的激励程度取决于目标效价和期望值两者的共同作用。用公式可以表示为：$M = V \times E$，式中，M 表示激励程度（motivation），动机的强弱或对实现目标的努力度；V 表示目标效价（valence），即达成目标的价值评价；E 表示期望值，即对目标完成情况的概率判断。在这里，期望值和效价都是对个人的一种主观把握和判断。因此，管理者在对员工进行激励时，不能一概而论，对所有员工都采用同一种激励方法，这显然是不科学的，采用员工认定的效价最高的激励政策，并在激励过程中控制期望值和实际值，使激励效果最大化。

（五）公平理论

约翰·斯塔希·亚当斯（John Stacy Adams）是美国心理学家、行为学家，主要从社会比较的角度研究激励过程，提出了社会比较理论，即为现在人们耳熟能详的“公平理论”，侧重于研究所得报酬是否公平合理。公平理论认为，在市场竞争日趋激烈的今天，人才的流动性也变得更高。员工在缺乏判断其所得报酬与付出努力之间是否得到公平对待的标准的情况下，通常是将自己的所得报酬和付出努力与他人的所得报酬和付出的努力相比较，以此来判断自己是否得到公平的对待，并因此会导致员工的离职或者继续留在本组织工作的行为。用公式可以表示为：

$$\frac{\text{自己对所得报酬的判断}}{\text{自己对所付出努力的判断}} \begin{matrix} > \\ = \\ < \end{matrix} \frac{\text{自己对他人所得报酬的判断}}{\text{自己对他人所付出努力的判断}}$$

通常情况下，每个人会过高地估计自己所付出的努力和他人的所得，过低地判断自己的所得和他人的付出，这就使自己更加容易感到受到不公平的对待。因此，企业管理者要想留住现有的员工或让本公司更具吸引力，可以增加员工对自己所得的判断，或制定科学合理的报酬考核机制，为员工提供比较判断的客观标准，同时引导员工做出企业所希望的行为，增加员工对企业的满足感。

（六）X－Y 理论

道格拉斯·麦格雷戈（Douglas M. Mc Gregor，1906—1964）是美国著名的行为科学家和管理教育学家，长期从事心理学的科研教学工作。早在1953 年的时候，他就开始系统阐述自己的管理理念："人就总体而言是懒惰、不值得信任、与管理者对抗的这类管理人员所做的决策，与认为人就总体而言是合作而且友好的管理人员所做的决策是大相径庭的。"① 麦格雷戈在其 1957 年发表在美国《管理评论》上的论文《企业的人性面》中提出了著名的"X 理论与 Y 理论"。他认为，管理者对员工人性的认识影响其对员工的管理方式。麦格雷戈根据自己对人性的认识，提出了"X 理论与 Y 理论"。X 理论的假设条件为：

（1）人性本恶，一般人生来就是好逸恶劳的，只要有可能，就会千方百计地逃避工作。

（2）人生来就是自私的，以自我为中心，不考虑他人感受，忽视组织的要求。

（3）人在通常情况下都是缺乏理性的，容易受到别人的欺骗。

---

① 《集体讨价还价条件下企业和谐的原因》，华盛顿特区：国家计划协会，1953 年，第 72 页。该书提供了劳资协作的成功案例。本部分出自麦格雷戈与其同事约瑟夫·斯坎伦合著的案例 4——"杜威与阿尔米化学公司"。

（4）人通常都会安于现状，缺乏责任心和安全感，愿意接受别人的指挥和领导，没有进取心。[①]

由于持 X 理论的管理者对人性有一种“性本恶”的看法，所以管理者在管理过程中通常会采取严厉的办法，如强制、惩罚、开除等方法强迫员工工作，管理者是强权独裁式的领导。然而，Y 理论的观点却认为：

（1）人并不是生来就讨厌工作的，大多数人都是勤快的，并且能够承担起自己的责任。

（2）人在追求自己的利益时，也会考虑到组织的情况，外在的强制措施并不是促使员工实现组织目标的唯一方法，给员工一定的自主权，让员工自我管理，并且参与到管理的过程中，会有利于组织目标的实现。

（3）一般人都是理性的，能够很好地识别和判断。

（4）缺乏责任感和安全感，没有上进心，这并不是人的本性，人在通常情况下能承担责任，甚至说主动承担责任。[②]

由于持 Y 理论的管理者对人性有一种“性本善”的看法，所以管理者在管理过程中通常会采取民主的办法，如尊重员工的个性，以员工为中心，为其提供宽松适宜的工作环境，让员工参与管理，在管理过程中实现自我管理。

（七）管理方格理论

美国得克萨斯大学的行为科学家罗伯特·布莱克（Robert R. Blake）和简·莫顿（Jane S. Mouton）两人在 1964 年出版了著作《管理方格》（于 1978 年第二次出版时改名为《新方格理论》），在书中提出了著名的管理方格理论。该理论认为，在管理者的领导行为中，经常会出现两种极端的行为方式：只关心工作和只关心人，或称为以 X 理论为管理的依据和以 Y 理论为管理的依据。只关心工作的领导在管理行为中总是把工作放在首要位置，首先考虑工作，而对工作中的人却不怎么考虑甚至采取忽视态度。

---

① 道格拉斯，麦格雷戈．企业中人的因素［M］．纽约：麦格劳－希尔出版公司，1960：33－34.

② 道格拉斯，麦格雷戈．企业中人的因素［M］．纽约：麦格劳－希尔出版公司，1960：47－48.

这种领导行为的管理者在管理过程中可能会采取严厉的手段来严格要求下属员工，行为上也比较专制。而只关心人的领导在管理行为中，更加注重人际关系，偏向于对下属员工的感情关注，而对工作要求较低，虽然会带来较高的员工满意度，但是工作效率却不高。这两种绝对化的偏激观点在领导工作中往往限制了效率的提高。管理方格理论为了避免在管理者的领导工作中出现以上这两种极端的行为方式，用不同的方格和坐标来表示不同的领导方式，并且找到了最有效的领导方式。布莱克和莫顿在《管理方格》一书中按照横轴和纵轴分别9等份分割设计出成了9×9方格图，这样形成的81个方格分别表示81种不同的领导行为方式，如图2-2所示。该图横轴表示企业的管理者“对工作的关心程度”，从左向右逐渐增强；纵轴表示“对人的关心程度”，从下向上逐渐增强。在9×9管理方格图中，布莱克和莫顿着重介绍了五种典型的领导行为方式：（1，1）型；（1，9）型；（5，5）型；（9，1）型；（9，9）型。

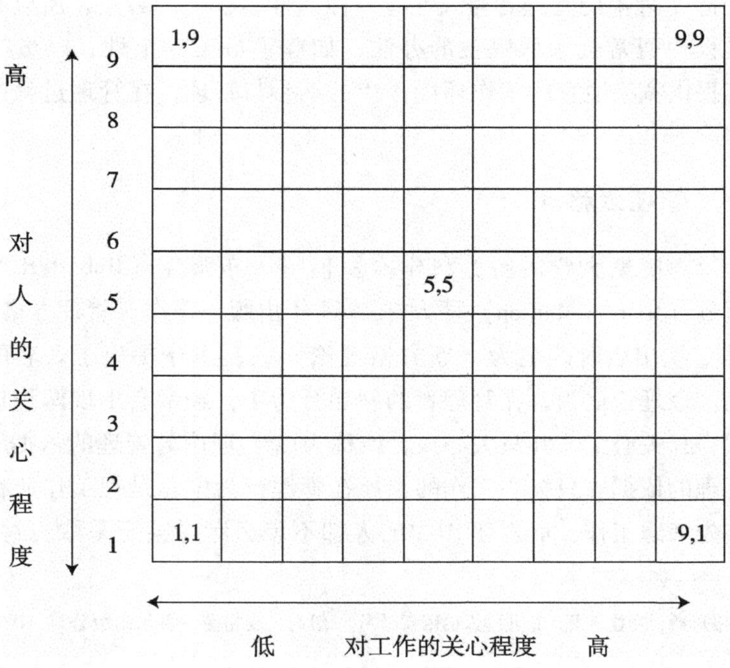

图2-2　9×9管理方格图

采用（1，1）型领导方式的管理者对工作的关心程度和对人的关心程度都很低，属于不良的贫乏式的管理方式，这种管理方式对下属员工不管不问，完全放任，最终必然会造成领导工作的失败。这是一种不建议采取的管理方式。采用（1，9）型领导方式的管理者对人的关心程度非常高，然而对工作的关心程度却很低，把工作的中心放在对下属员工的关心上，认为只要和下属员工建立良好的人际关系，就能带来较好的业绩，在工作过程中较民主，能听取下属的建议和看法，但是对工作本身的考虑欠缺，不利于工作效率的提高。这种管理方式常被称为“乡村俱乐部式的管理”。采用（9，1）型领导方式是一种任务式的管理方式，采用这种方式的管理者对工作的关心程度非常高，然而对人的关心程度却很低，这种领导者对工作要求严格，但是忽略工作中人的感受，对下属员工采取强制专横的管理，与泰勒的管理思想相似。采用（5，5）型领导方式的管理者是一种“中庸式”的领导，对工作的关心程度和对人的关心程度都达到中等水平，对工作和下属员工都不偏重。采用（9，9）型领导方式的管理者对工作的关心程度和对人的关心程度都很高，在领导工作过程中追求完美，希望下属员工对自己的满意度和工作效率都能达到最大化。在工作过程中，采用这种领导方式的管理者一般把满足下属员工的需求和组织的目标都放在重要的位置，既能形成工作过程中上级领导和下属的友好关系，也能达到组织追求的目标。

（八）支持关系理论

美国心理学家、行为科学家伦西斯·利克特（Rensis Likert）和其同事在比较研究以人为中心的领导方式和以工作为中心的领导方式后，在其所著的《管理的新模式》和《人群组织：管理和价值》这两本著作中提出了支持关系理论。该理论认为支持关系是双向的，即领导者在工作中要充分考虑下属员工的需求、看法和处境状况，支持并帮助员工努力实现其目标，使员工认识到自己的重要性并且实现自身的价值。领导者对员工的这种支持和帮助，就能激励下属员工对领导产生信任，表现出愿意合作的态度，并且支持和配合领导者的工作，形成上下级之间相互支持的关系。

支持关系理论认为，对人的领导和管理是在所有的管理工作中，最重要、最核心的工作，而其他的工作都取决于对人的管理工作。因为领导者所采取的管理方式不同，所以即使是在同一单位从事同一工作，也会出现有的人工作效率高，有的人工作效率低的局面。利克特通过研究总结出了四种不同的领导方式：专制命令式的集权型领导、仁慈命令式的领导、协商民主式的领导和参与式的领导。

（1）专制命令式的集权型领导，往往是将权力牢牢控制在自己的手中，下属员工没有参与决定权和发言权，决策通常是由高层管理者制定的，然后以强制命令的方式要求下属去实施执行，对下属员工持有一种怀疑的态度。

（2）仁慈命令式的领导，虽然权力仍然是掌握在高层领导者的手中，但是中下层员工会有一定的参与决策权和发言权，通常高层领导者在制定公司的总目标或总决策后，中下层员工根据总决策制定出具体的决策并执行，管理者对下属员工信任度一般。

（3）协商民主式的领导，权力并不完全掌握在领导者手中，领导者在制定公司的战略目标后，下属员工可以根据公司总战略制定自己的行动方案。

（4）参与式的领导，权力被分散到组织中的各个层级，而不再集中于领导层，除了重大决策外，领导者并不直接决策，而是让下属员工参与决策过程，领导者只给出建议或帮助其决策，领导者充分信任下属员工。

利克特认为，在上述四种领导方式中，第一种类型属于传统的领导方式，而第二、第三种类型的领导方式都是命令式的领导方式，区别在于领导者命令的程度和下属员工参与的程度不同，第四种类型的领导方式是最民主的领导方式，被认为是效率最高、最值得提倡的领导方式。

三、现代企业组织管理思想

随着信息技术和社会生产力的发展，以及市场竞争的日趋激烈。面对多变的环境和激烈的市场竞争，在现代企业组织中，更加强调组织的弹性化和柔性化，以提高企业的适应能力和竞争力。新的组织形式和组织思想不断出现，企业不断推出新的组织形式以满足需要，同时这些也使管理学者们在观念上发生了改变，他们开始思考和探索新的组织管理理念和组织模式。现在组织管理理论出现了许多新的思想和理论学派，其数量之多，以至于美国的管理学家哈罗德·孔茨把这些众多的管理理论学派称之为“管理理论的丛林”。

（一）权变理论

与过去农耕文明社会的稳定与单纯不同，在现代工业社会和信息化社会中，科学技术和社会迅速发展。因此，现代社会的最大特点就是复杂多变。为了适应复杂多变的现代社会，企业组织必须有足够的应变能力。那种以不变应万变的思维方式和管理模式是无法在现代社会中进行成功组织管理的，而那种古典管理思想所孜孜以求的普遍适用的管理模式在现代社会中也是不可能存在的。正是在这种历史背景下，20 世纪 70 年代在西方形成了权变理论学派。

权变理论学派学者们认为任何一个组织都是一个开放的社会系统。因此，任何的社会组织都处于物理的、文化的和技术的外界环境中。社会组织与外界环境进行着相互交流和相互作用影响。学者们认为，只有与环境相适应的组织才是有效率的。因此，在复杂多变的现代社会环境中的社会组织的管理问题需要具体情况具体分析，选择适宜的处理方案，不存在一成不变的、不讲条件和普遍适用的管理思想和方法。管理者必须根据所处组织的内部环境和外部环境的条件随机应变地处理相关的管理问题，并且不断地进行组织管理的创新和发展，进行组织的动态管理。“没有绝对最好的东西，一切随条件而定。”这句格言点出了权变观点的核心思想。

权变理论思想认为，为了适应现代社会复杂多变的环境，组织的管理者在思想观念上必须准备对付任何可能发生的变化，准备适应这种变化和改变自己原有的管理思想和组织管理模式，因此那种古典管理思想学者所孜孜以求的普遍适用的管理模式和管理方法在现代社会是不可能存在的，那种古典管理思想学者追求的放之四海而皆准的“理想的组织”是不存在的。

（二）系统管理学派

系统管理学派是现代组织管理学中最有影响力的理论学派之一。系统管理理论学派的创始人是美国著名的管理学家巴纳德（1886—1961）。巴纳德自 1927 年起长期担任美国新泽西贝尔电话公司总经理，1938 年发表了《经理的职责》一书，阐述了他的系统管理理论思想。

系统管理理论学派的管理思想的基础是系统理论。系统理论认为系统是一个由相互联系、相互作用的要素（子系统）构成的具有特定功能的有机整体。系统可以分为封闭系统与开放系统两类，封闭系统与环境之间没有任何交流，而开放系统与环境之间存在信息、能量和物质的交流。系统思想，包括整体思想、相关性思想和动态思想。整体思想认为系统的目标不是追求局部的优化，应该是追求系统的整体最优化。相关性思想认为，系统的各个组成因素之间是相互依赖和相互影响的，所以不应将它们分割考虑，应该从它们之间的相互关系考虑问题和解决问题。动态思想认为，系统是动态的，是处于变化状态的，绝对静止的系统是不存在的。系统的变化与发展受到系统内部条件的制约，同时受到系统的外部环境的影响。

系统管理学理论认为组织是一个由许多相互关联的部分组成的社会系统，作为一个系统，组织的某一部分的活动一定会影响其他部分。管理者不能孤立地处理组织中各部门的问题，而应把组织作为一个整体来对待和处理相关的问题。因此，组织的管理者应该具备相关的知识和能力，应该可以有效地协调好组织中各种要素的关系，从而使整个组织系统能够协调地运转，发挥效力。他们认为，组织是一个在社会大环境中生存，与社会大环境相互作用的开放系统。在组织与环境的关系方面，组织的管理者有必要关注企业组织与环境之间的关系问题，应该处理好组织与环境之间的信息交流，及时地调整组织与环境之间的协调问题，提高组织对环境的适应能力。同时，应该用动态的理论研究组织的管理。因为组织的内部条件是变化的，组织的外部环境也是变化的，所以组织应该是一个动态系统，组织的管理应该建立在组织是一个动态系统的认识基础之上。

系统管理学理论认为组织是人们在一定环境中为了实现既定的组织目标、组成的有着特定行为功能的开放性系统。组织系统在运行中与外部环境发生各种关系，进行着有关信息、物质和能量的交换。根据开放系统的组织理论观点，管理者应该特别关注组织的目标、组织的功能和组织的结构之间的关系；关注组织系统内部资源的整合利用；关注组织系统与外部环境之间的动态协调适应的关系；关注组织中每一个体的行为效益与组织整体行为效益之间的关系；强调建立组织的自适应、自学习和自组织能力。

（三）柔性管理思想

柔性管理思想是企业为了适应竞争激烈的现代社会，为了适应现在以顾客为中心的买方市场的激烈竞争所采取的一种新的企业组织管理思想和组织管理模式。

柔性管理首创于日本丰田汽车公司。在20世纪80年代和90年代西方国家经济进入成熟饱和期，供过于求成为市场的主要特点，不少企业因为产品积压而破产。为适应以顾客为中心的买方市场的激烈竞争环境，企业的竞争方式开始发生变化，已经不仅在价格和质量上进行竞争，而且开始在尽力满足迅速变化的市场需求和顾客的个性化要求上进行竞争。正是为了解决上述问题，日本丰田汽车公司创造了柔性管理模式，建立了弹性生产系统。

柔性管理思想的核心观点是以顾客为中心，以市场为导向来经营和管理企业。柔性管理模式的特点是企业一改过去通过努力实现规模经济以降低生产成本，从而取得市场竞争优势的经营管理思路，转为以顾客为中心，以市场为导向，采用小批量多品种生产的方式，对顾客的个性化需求迅速做出反应，同时利用计算机技术进行生产线管理，在小批量生产条件下降低成本，以此种全新的经营管理思路和方式在激烈的市场竞争中取得竞争优势。

为了实现柔性管理，有必要建立相应的柔性组织。企业过去实行生产的标准化和稳定的机械化操作，每一条生产线只生产一种产品，而且常年不变的这种传统的刚性组织模式适用于大规模批量经济，但是显然不适应于小批量多品种的生产。弹性的生产体系需要在同一条生产线上通过设备调整完成多批量的生产任务，而且要求设备调整时间达到最短。柔性组织的特点是组织结构的扁平化和网络化。其目的在于利用扁平化和网络化结构提高企业组织的信息传递效率，提高组织的工作效率；加强组织的各部门之间的横向沟通，缩小和消除各部门之间的壁垒，提高企业对环境变化的反应灵敏度和组织改革变化空间，从而实现企业组织的柔性化。

面对多变的市场环境和竞争，现代企业必须具备适应环境变化的能力，需要不断增强自身的竞争能力，延长企业组织的寿命，美国麻省理工学院教授彼得·圣吉在他的著作《第五项修炼》中提出企业的学习型组织理论思想。这种理论思想认为未来企业应有能力不断学习，在世界的不断变化中组织不像过去那样被动地去适应，而是面向未来主动地去学习和创新。为了达到这个目的，圣吉认为，一个学习型组织的结构应该适应学习的要求。学习型组织结构设计的原则应是尽量放权，而不是集权，组织结构应尽量扁平化，而不是高度集中。

企业的组织模式是为完成企业的战略任务和实现组织目标而服务的。传统组织管理模式强调工作的专业化和职能划分，把企业组织按职能部门和工作不同进行纵向和横向条块分割，形成一种刚性的组织形式。这种组织形式可以提高工人的工作熟练程度和工作效率，但是由于强调专业职能划分，企业的工作流程的整体性会因此被人为地条块割裂，失去了流程的整体性，企业的战略管理能力因此下降，企业职能部门管理体系导致企业各部门利益分割，各行其是，组织运作效率下降，官僚作风严重。为了适应现代快速多变的环境，有效地满足企业与客户联系互动的需求，在生产过程中实现业务流程的统一管理，人们提出了跨职能部门的，以业务工作流程整体为核心的流程管理模式。

（四）业务流程重组思想

业务流程重组思想是在流程管理思想基础上，强调以“流程导向”替代原有的“职能导向”，对企业组织施行激进式变革和再造的组织管理思想。美国原麻省理工学院教授迈克尔·汉默先生在1990年提出业务流程重组（Business Process Reengineering，BPR）的思想：“BPR是对企业的业务流程做根本性的思考和彻底重建，其目的是在成本、质量、服务和速度等方面取得显著的改善，使企业能最大限度地适应以顾客、竞争和变化为特征的现代企业经营环境。”因此，业务流程重组思想主张彻底摆脱以往企业管理体系和管理思想的框架，对企业组织的作业流程做根本性的重新思考与构建。

（五）全面质量管理

20 世纪 50 年代末期，美国通用电气公司的阿曼德·费根堡姆（Armand Vallin Feigenbaum）和质量管理专家约瑟夫·莫西·朱兰（Joseph M. Juran）提出了“全面质量管理”（Total Quality Management，TQM）的概念。在卖方市场上，供小于求，只要生产出来就有人购买，企业依靠数量取得竞争优势已经成为过去，新的竞争市场开始转向买方市场，供大于求，客户开始对市场中商品的质量提出要求，企业也开始意识到要依靠质量来获取竞争优势。过去，人们普遍认为，高质量需要高成本作为依托，高质量的实现，需要受到诸如员工对工作的满意度、参与工作的积极性、车间生产过程是否合理等多种因素的影响，但是全面质量管理理论认为，质量与生产成本并不一定是线性正相关关系，生产高质量的产品并不一定会带来较高的生产成本，有时还可能会降低生产成本。在这一市场背景下，人们开始在整个生产过程中对产品的质量进行监管和控制，从市场调研与分析、产品的设计与开发、原材料的采购、材料运输入库到产品的生产、营销再到售后服务和意见反馈等，在整个生产的每个环节控制质量，做到全面质量管理。全面质量管理的思想由此替代了传统的生产观念，成为企业管理中一个热门的话题。

全面质量管理理论刚提出时，并未在生产实践中获得大量应用。直到 1950 年和 1954 年，戴明和朱兰两人分别在日本引进第二次世界大战期间美国全面质量管理所带来的成果，日本人学习并且将这一理论应用到企业的生产管理过程中，对当时的日本企业的发展产生了巨大的促进效果时，日本管理学家开始将全面质量管理当作一门科学看待，充分意识到全面质量管理的优势和对于企业管理的重要作用。从 20 世纪 70 年代开始，日本管理学家在充分肯定全面质量管理理论在企业管理和工商管理学中地位的同时，将统计学和计算机与全面质量管理理论相结合，丰富了全面质量管理理论，使之取得新的发展。日本对于全面质量管理理论的发展和应用，使美国看到该理论的巨大潜力，也开始大规模实施全面质量管理，美国不仅在企业中运用全面质量管理理论，而且在政府机构中也采用该理论。全面质量管理理论在全球迅速传播要追溯到戴明于 1980 年 7 月 24 日在美国广播公司的一次公开演讲——“日本能够做到，为什么美国不能做到?”戴明在演讲中详细介绍了日本公司中全面质量管理的现状和应用效果，引起了全球的巨大反响，在这之后，越来越多的国家和机构组织开始了解全面质量管理并且使用全面质量管理理论。1987 年，国际标准化组织（ISO）对全面质量管理理论的思想和内容做了总结和标准化处理，得到了现在广为人知的 ISO9000 国际标准。

全面质量管理理论发展到现在，已经相当完善了，全面质量管理是指以质量管理为中心，以全体员工参与到组织中为基础，目的是使企业或组织机构的利益相关者（消费者、社会组织、所有者、经营者、员工、供应商、合作伙伴等）满意，从而使组织实现并保持长期成功的一种管理方法。① 全面质量管理理论在发展过程中，主要代表人物有费根堡姆、朱兰、戴明等。主要观点如下：

阿曼德 · 费根堡姆（Armand Vallin Feigenbaum）1961 年在其著作《全面质量管理》（第二版）中第一次提出“全面质量管理”（TQC）的概念，认为全面质量管理是指“为了能够在最经济的水平上并考虑到充分满足顾客要求的条件下进行市场研究、设计、制造和售后服务，把企业内各部门的研制质量、维持质量和提高质量的活动构成为一体的一种有效关系”②。费根堡姆认为质量管理工作主要包括对新设计产品的控制、对材料采购的控制、对产品的控制和对产品和服务的专题研究四方面内容，并且在其著作《全面质量管理》中指出影响质量管理的九大基本因素（也被称为“9M 因素理论”）：市场（Markets）、金钱（Money）、员工（Men）、管理部门（Management）、激励（Motivation）、原材料（Materials）、机器设备和机械化（Machines and Mechanization）、现代信息处理方法（Mordern information methods）、逐渐严格的产品要求（Mounting product requirement）。费根堡姆指出全面质量管理的基础就是质量体系。“质量体系是全公司和全工厂协调一致运转的工作结果，它用文件的形式列出有效的、一体化的

---

① 李明荣．质量管理：第二版［M］. 北京：科学出版社，2011.

② 阿曼德 · 费根堡姆．全面质量管理［M］. 杨文士，等译．北京：机械工业出版社，1991. 4.

技术和管理程序，以便以更好、更实际的方式来指导公司和工厂的工作人员、机器以及信息的协调活动，从而保证顾客对质量满意和经济上降低质量成本。”① 建立质量体系能够确保全面质量管理的实施。

约瑟夫·莫西·朱兰（Joseph M. Juran）关于质量管理的著作主要有：《统计方法在生产问题中的应用》（*Statistical Methods Applied to manufacturing Problem*，1928）、《朱兰质量控制手册》（*Quality Control Handbook*，1951）、《质量计划》（*Planning for Quality*）等。朱兰在1979年建立朱兰学院，后来成为世界上著名的质量管理咨询公司。他在82岁发表的论文《质量三部曲——一种普遍使用的管理方法》，被各国推崇为“朱兰三部曲”——质量计划、质量控制和质量改进。

威廉·爱德华兹·戴明（William Edwards Deming）首次提出质量环（又称为PDCA循环，戴明环）的概念，P、D、C、A的代表意义如下：

P（Plan）——计划，包括对活动方案和活动目标的确定，以及制定活动计划。

D（Do）——实施，也叫执行，是根据已掌握的信息和计划方案，设计实施计划和步骤，以实现计划方案中的内容。

C（Check）——检查、检测，对前面执行计划的结果进行检查和检测，以发现正确和错误的地方，确定实施的效果，找出问题。

A（Action）——行动、处理，对上一步骤中的检查结果进行处理，总结成功的经验和失败的教训，并在以后的工作中注意。对于本循环中尚未解决的或仍然存在的问题，继续在PDCA循环中解决。

PDCA循环并不是一个单一独立的循环，而是不断循环、周而复始的连续运转过程。目前已经不仅局限于质量管理过程中，而是被运用到管理工作的其他可循环领域。

---

① 阿曼德·费根堡姆．全面质量管理［M］．杨文士，等译．北京：机械工业出版社，1991. 51－52.

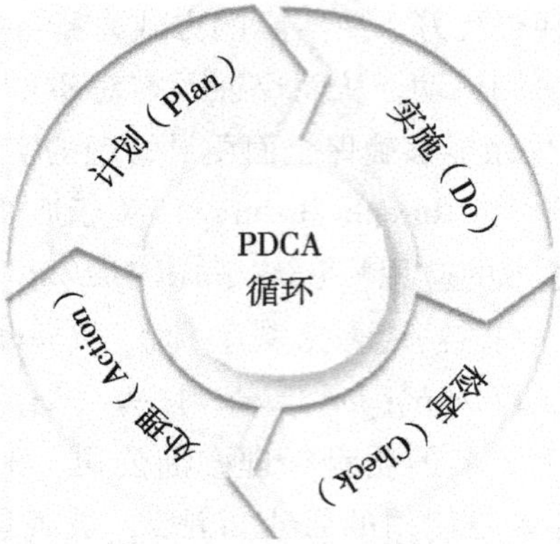

图 2-3　PDCA 循环

决策理论学派是在“第二次世界大战”后发展起来的，这一时期，科学技术突飞猛进、生产作业社会化程度提高，管理科学的各种学派“百花齐放”。① 决策理论认为管理就是决策。决策理论是在运用运筹学和计算机等科学技术的基础上发展起来的一门科学，主要代表人物是赫伯特·西蒙。

赫伯特·西蒙（Herbert A. Simon，1916—2001）认为，决策行为并不是单纯地在备选方案中挑选出最合适的一个，也不是一下子就能完成的行为，而是要通过复杂程序的过程。西蒙认为决策过程包括四个步骤：（1）找出决策的依据，即收集情报信息；（2）制定可能的行动方案；（3）从备选方案中选择一个；（4）对已选择的行动方案进行检查和评价。这四个步骤相互交错，共同组成决策过程。西蒙认为，在决策过程中，最优的、完全合理性的决策是不存在的，应该用满意化决策准则来取代最优化决策准则。

四、结束语

纵观企业组织管理思想的发展过程，企业组织管理的需求和环境的压力是企业组织管理思想不断演变的根本动力。

古典科学管理学派理论对组织管理研究的核心问题是企业组织的效率

① 张守纪．决策理论学派第一人——西蒙［J］．企业改革与管理，1998（11）：27-31.

问题，无论是韦伯、法约尔，或是当时的其他管理学者，强调的都是“效率原则”，并且以此为出发点提出企业组织管理理论与管理原则。当时的组织管理思想强调企业组织内部的权力集中和严密的组织控制，试图以此来达到提高组织效率与控制力的目的，并且试图找到一种可以适应一切情况的刚性“理想组织”模式一劳永逸地解决企业组织问题。当时组织管理理论强调组织内部的专业化分工原则、等级原则、权力集中原则和纪律原则，从而形成了所谓官僚体制组织的基本理论和基本模式。

基于当时相对稳定的企业生存环境和比较缓和的市场竞争形势，传统企业组织管理在确定企业各职能机构和岗位的职责和作用的同时，也决定了企业的工作流程，决定了组织的管理关系。在此基础上建立刚性的机械式组织结构，显然这种面向专业分工和内部控制的刚性组织模式难以应对现代快速多变的社会环境，以及激烈的市场竞争环境给企业带来的影响。

随着信息化社会的到来，现代市场竞争日趋激烈。为了适应复杂多变的环境和激烈的市场竞争，现代企业组织必须有足够的应变能力和应变空间来应对不断出现的挑战。显然古典刚性组织模式和组织原则难以应对这种挑战及这种挑战给企业带来的影响，因此，当代企业组织管理学者们认识到必须改变过去那种以不变应万变的思维方式。那种古典管理学者所孜孜以求的普遍适用的“理想组织”模式在现代社会中也是不可能存在的。

为了应对现代技术环境变化和市场激烈竞争带来的挑战，企业必须不断推出新的组织形式以满足需要，需要不断变革和重新构建企业组织模式，以形成高效的企业组织，以提高企业竞争力，完成企业的组织目标。现代管理学者们开始思考和探索新的组织管理理念和组织模式，他们众多的现代管理思想的核心指导原则就是面向顾客需求、重视组织弹性化、柔性化和信息化，更加强调提高组织的应变能力、学习能力、变革与创新能力。

对于现代企业，没有最好的企业组织管理思想和组织模式，只有最合适的管理思想和组织模式，企业应该根据自己的发展需要和环境条件来选择最适合自己的企业组织管理思想和组织模式，同时需要不断地进行创新和变革以适应新的需求和环境变化。

第二章 企业组织结构的发展

企业的组织形态的设计需要考虑组织的性质、目标、规模、技术和权力分配方式。从某种角度来讲，组织形态的设计的优劣直接影响着企业组织行为的效果和效率，继而影响着企业组织任务目标的实现能力，影响到企业的竞争力，甚至是企业的生存能力。因此，如何设计合理的企业组织形态来适应企业的发展需求，是每个企业组织管理者必须面对的问题。

企业组织结构是企业为了完成企业的经营任务，提高整个企业的工作效率的一种企业组织内部的社会分工与合作的结构性安排。企业对组织各部分相互之间的排列顺序、空间位置、聚散状态、权力关系、联系方式以及各要素之间的协作关系进行安排，进行企业内部有效分工协作形成企业整个管理系统的“框架”，形成组织内部分工协作体系。

组织结构设计水平是决定企业组织效率的主要因素之一，组织结构的设计应形成一个企业高效率组织的指挥链、权力链和信息链，从而使整个组织形成一个有机的和高效的工作系统。

组织结构中职能部门的划分和岗位划分是社会的专业分工和劳动分工的表现，组织的管理层次划分是管理幅度限制的产物，由此产生了组织的横向结构和纵向结构。组织结构设计内容主要包括组织的纵向结构设计和组织的横向结构设计。组织的纵向结构是组织的上下级之间的隶属关系，横向结构是组织中的职能部门化，这纵横两方面关系就构成了组织的正式结构关系，形成了一个从上而下的统一的组织管理的指挥系统。

随着企业组织建设目标的变化，企业组织也在不断创新发展，从过去强调企业组织内部的职能分工、工作效率和控制能力，到现代企业组织建设更多地强调企业组织的弹性，以及企业组织的创新能力和适应能力，企业组织形态也相应地出现了许多变化，产生了一些新的组织结构形式，随之现代企业组织建设的思想与理念也都发生了巨大的变化，产生了一些新的组织结构形式。

一、企业组织结构相关概念

在现代人类的社会中存在许多的组织，这些不同的人类组织的任务性质是不同的。比如军事组织是以完成军事任务为目的的组织，企业是以通过向社会提供商品来获取利润为目的的组织，学校是以教书育人，为社会培养人才为目的的组织。正是因为这些不同的组织的任务性质有很大的不同，所以，这些组织在管理上也就有了很大区别。不同性质的组织，它们的任务不同，组织的目标不同，运作模式不同，因而组织的管理方式与组织形式也是有差别的，它们体现出不同的组织对完成组织任务方面的不同要求。

组织是实现组织目标的工具。为了实现组织的目标，需要提高组织的有效性。所谓组织的有效性，体现在组织实现目标的能力和组织的工作效率上，以及组织在实现目标过程中成本控制、风险控制和环境适应能力等方面。为了提高组织的有效性，根据不同组织的性质与任务，需要在不同的社会环境与技术环境中，构建合理的组织结构、以完善和提高组织的管理水平，从而提高组织有效性。

作为人类进行合作的一种形式，组织是人们为了共同目标形成的具有一定的关系结构和共同规范的力量协调系统。在组织内部，人们为了提高工作效率，进行了劳动分工，从而形成了工作岗位；为了提高业务合作能力，组成了专业业务部门，从而形成了组织内部的职能部门划分；因为管理人员的管理幅度的有限性，组织管理产生了管理层次，从而形成了组织内部的管理层级划分。最后，人们为了有效地协调组织内部各个岗位、各个部门和各个管理层次之间的工作，在组织内部确立了各个有机组成要素之间的相互关系和协调方式，建立了组织内部的指挥链、控制链和信息链，从而形成了所谓的组织结构。

因此，组织结构是组织各部分相互之间的排列顺序、空间位置、聚散状态、权力关系、联系方式以及各要素之间的协作关系，是整个管理系统的“框架”，是为实现组织战略目标而采取的一种组织内部分工协作体系。组织结构是根据组织的目标、发展战略、组织的规模、技术环境和权力分配方式而采取的组织管理形式。简单来说，企业的组织结构就是指企业的全体成员为了实现既定的企业目标，与责任的范围、职务、工作的内容及权利的归属等方面相称的组织结构体系。而通过这个定义也可以看出：

（1）员工之间的分工合作关系是组织结构的本质。

（2）实现企业的目标是企业组织结构设计的目标，也就是说组织结构可以作为实现企业目标的一种手段。

（3）人们在职能、责任及权利方面的结构体系就是组织结构的内涵，所以又可以将组织结构体系称为职责权利结构。而职能结构、层次机构也称作纵向结构，部门结构也称作横向结构，层次结构、部门结构及职权结构就构成了组织结构体系的主要内容。

第一，企业作为一个有机的系统，它所具备的各种职能不是彼此孤立、简单并列的关系，而是相互联系、在不同环节和层次上发挥着不同作用，构成了具有内在联系的整体。因此，企业管理的各种有机联系形成的体系，称为职能结构。

职能结构的概念说明，描述或设计一个企业的组织结构，必须做到三点：

（1）识别企业管理系统的各种各样的职能，也就是职能结构的要素。

（2）阐明这些组织职能之间的相互关系，即这些职能在企业中是如何配置、是依照怎样的关系连接起来的。

（3）职能结构主要有市场主导型、技术主导型、生产主导型、分散经营型、混合经营型、集中经营型、分层管理型等。

第二，企业的层次结构又称企业的纵向组织结构，是指管理层次的构成及管理者所管理的人数，其考察的维度主要包括管理人员分管职能的相似性、管理幅度、授权范围、决策复杂性、指导与控制的工作量、下属专业分工的相近性等。

第三，部门结构又称横向组织结构，当一个组织中人数一定时，纵向组织结构的层次与横向组织结构的维度成反比，也就是层次越多，同一横向组织结构维度越小。而这个维度又称为管理幅度，是指管理人员所能直接管理或领导的下属人数，管理幅度的大小直接影响到一个组织的管理效率的高低。

第四，职权结构是指各部门及各层次在责任和权力方面的分工和联系。

组织结构设计是指为了在组织结构的层面上保证组织目标的实现而对一个组织的结构进行规划、构思、变革或重新塑造。正是通过组织结构设计确定组织内各部门和人员之间的正式关系和各自的职责。组织结构设计的目的是通过组织的部门划分和关系确定，确保组织的有效运转及其任务目标的实现。组织结构设计的内容主要包括组织的纵向结构设计、组织的横向结构设计和职权结构设计。组织结构的纵向结构是组织的上下级之间的隶属关系，横向结构是组织中的职能部门化，这纵横两方面关系就构成了组织的正式结构关系，形成一个从上而下的统一的组织管理指挥系统。

组织的横向结构设计就是在组织的同一层次上进行的组织的职能部门的划分与相互关系的设计。组织的职能部门划分是组织结构设计的主要内容之一，是解决组织内部的专业化分工、职能分工和专业化管理问题的必要措施。通过组织横向结构设计确定组织内各职能部门的职能划分、工作职责、权力关系和协作关系。因此说，组织的横向结构设计本质上是一种更大范围上的专业化分工行为。

组织纵向结构中自上而下具体应划分多少个管理层次取决于多个因素。一般来讲，影响的因素包括：一是组织的规模大小。组织的规模愈大，管理层次需要得愈多。二是各级管理人员的管理幅度（管理能力）的大小。管理人员的管理幅度的大小主要与管理人员的个人素质有关，素质愈高的管理人员的管理幅度一般也愈大。同时，管理人员的管理幅度的大小还与组织的管理信息系统的技术水准有关，信息系统的技术愈高，管理人员的管理幅度愈大。三是组织的性质。一般来讲，企业的生产方式如果要求下级行为高度统一，则组织的权力就需要高度集中，因此权力下放的余地就较小，下级缺乏决策权力，上级管理人员的管理幅度就会减小，管理层次会相应增加。相反，如果企业管理方式允许下级有较大的自主空间，权力就可以有较多的下放，上级管理人员的管理幅度也就相应可以加大，组织的管理层次也就可以随之减少。

一般来讲，组织的管理层次愈多，组织的信息传递能力愈差，组织的反应能力和决策能力也随之下降。因此，如何减少组织的管理层次，实现组织结构的适度扁平化，对于处在复杂多变环境中的现代企业来讲至关重要。这就是现代企业组织管理追求组织结构扁平化的主要原因。但是由于组织结构的扁平化会造成上级管理人员的管理幅度加大，因此，为了提高上层、上级管理人员的管理幅度，管理权限需要适度下放，这样对下级管理人员的管理能力要求就会较高，同时要求组织有较先进的管理信息系统作为技术支持。在上述这些条件不具备的时候，实行组织结构的扁平化会造成组织管理质量下降，甚至会导致组织管理失去控制。

组织结构的设计，从纵向方面看，要有利于形成一个从上而下指挥自如的统一的管理指挥体制系统，从横向方面看，要有利于形成各部门（或单位）的工作的科学合理的划分。组织结构设计的优劣直接影响着组织行为的效果和效率，影响着组织实现任务目标的能力，组织结构的设计水平是决定组织效率的主要因素之一。组织结构设计的结果就是组织结构图。组织结构图是组织结构的简化和抽象的模型，表明组织内的职位系统和结构系统。而一个企业一般在以下三种情况下需要进行组织设计：一是新成立的企业需要进行组织结构的设计；二是当企业原有的组织结构无法适应当前企业的发展、外界环境的变化或不再适应企业的组织目标；三是企业当前的组织结构需要进行局部的调整和完善。

二、企业传统组织结构

可以把企业组织看成一个投入—产出系统。由此，组织进行部门设置的思路主要有两个：一个是按照相同的产出进行组织部门的划分和归类；另一个是根据不同的业务性质进行组织部门的划分和归类。按照相同的产出来进行组织部门的划分，可以将组织中同一产出的相关业务岗位归并到一个业务部门中去进行统一管理，从而加强产品的部门管理能力。按照相同的业务性质进行组织部门的划分，可以将完成同一业务职能的工作归并到同一个业务部门中去进行统一管理，或将在同一生产过程的不同环节的业务岗位归并到一个业务部门中进行统一管理，从而进行专业化的部门管理。

组织的部门化管理有利于提高专业化管理水平和增强组织部门内部的业务协调能力，以及提高组织部门内部的信息沟通能力。但是组织的部门化管理如果处置不当，也可能造成一些问题，比如部门设置过多容易造成组织的机构臃肿，以及各部门之间的繁复的业务条块分割现象，从而造成各部门之间的工作协调困难，降低组织业务流程的整体性和工作效率。

同时，过分地强调组织的部门化管理，容易导致组织管理上的“隧道视野”的现象。所谓“隧道视野”现象是指由于各职能部门的专业化管理使职能部门的专业人员在工作上产生的视野局限现象，这就如同汽车司机在开车过隧道的时候，隧道范围内的视野之外的东西司机就看不见了。这种“隧道视野”现象容易在组织管理中导致部门本位主义，给部门之间的工作协调带来很大的困难。所以进行组织职能部门划分的同时应该强化业务流程角度和全局角度的共同利益，加强不同的职能部门之间的协作关系。

古典管理理论学者们以为应该存在一种“理想的组织”形式，认为社会组织应该按照“普遍适用的”理想组织原理与组织形式进行组织管理。因此，古典组织管理学者们设计的企业组织是一个建立在人们进行专业化分工协作的基础之上的机械式的刚性结构，组织依据业务将岗位划分成职务和职位，从上到下形成一个垂直的行政权力指挥链，组织的各层次上的职务人员在处理组织事务时按照完全理性的原则，遵照一些基本的组织管理原则工作。他们一直在寻找这种“普遍适用的”理想组织原则和组织形式。著名组织管理学者马克斯·韦伯认为，理想的行政组织体系应该有明确的职权分工，权力等级形成的组织结构，组织的规则和纪律，以及组织人员之间的理性关系。韦伯认为这种高度集权、刚性的行政组织在精确性、稳定性、纪律性和可靠性方面都优于其他的组织形式，是适用于所有组织的最好的组织形式，是最符合理性原则、效率最高的组织形式。韦伯根据以往的经验，认为纯粹从技术观点上来看，完全的、纯粹的官僚集权式的行政组织是能够取得最大效率的组织形式。因此这种组织模式被后人称作“官僚组织”。著名的古典组织管理学者亨利·法约尔也提出了一系列的组织管理基本原则和管理分析，他提出的组织管理活动原则中列出了有名的 14 条组织管理活动原则，强调组织中实行劳动分工、权力与责任划分、统一指挥和统一领导、适度集权与分权、建立必要的组织等级等基本组织原则。

高度集权的金字塔形组织结构是一种典型的“官僚集权”组织形式。这种组织结构的特点是管理权力高度集中于上层，逐级授权，下级权限十分有限。金字塔形组织的组织严密，等级森严，强调制度化和程序化管理，强调管理正规化和专业分工。因此，在管理上，这种组织的指挥高度统一，控制严格，每一个组织成员的分工明确，职责清楚，上下级关系和相应权限一目了然，组织管理规范很正规，一旦形成，便于管理。因此，这种组织形态便于组织实施严格的管理，特别是在一些生产稳定，需要严加控制和指挥高度统一的企业中，这种组织形态具有一定优势。但是这种“官僚”组织形式在组织管理上缺乏必要的弹性，所以组织的适应能力和改革创新能力较差，难以应对多变和复杂的环境，是一种典型的刚性组织形态。这种组织最常见的形式是直线—职能组织结构。事实上，这也是在目前最常见到的企业组织结构形式之一。

下面介绍直线—职能制组织。

（一）直线—职能制组织的定义

直线—职能制组织结构是现实中运用得最为广泛的一个组织形态，它把直线制结构与职能制结构结合起来，以直线为基础，在各级行政负责人之下设置相应的职能部门，分别从事专业管理，作为该领导的参谋，实行主管统一指挥与职能部门参谋、指导相结合的组织结构形式。

（二）直线—职能制组织的特点

直线—职能制组织结构的特点是企业各业务部门都是成本中心，战略投资决策权与日常经营管理决策权都集中在企业的最高管理层。在直线—职能制组织结构中，企业各职能业务科室在企业最高负责人的领导下负责企业的专业业务工作，同时向下级部门提供专业业务指导，但是这些职能科室没有指挥权，在企业管理中仅发挥参谋作用。由于权力高度集中和管理幅度的限制，直线—职能制组织结构具有较多的管理层次，组织的形态因此就酷似一种高耸的金字塔形状。

这种直线—职能制组织结构如图 3-1 所示。

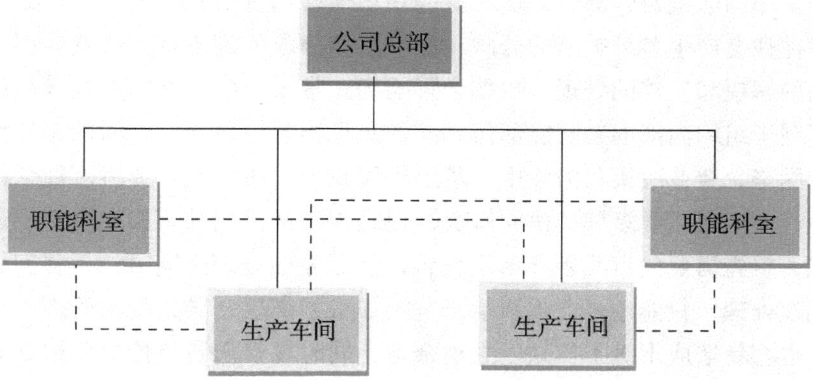

图 3-1　直线—职能制组织结构

采用这种组织结构的组织指挥高度统一，控制严格，步调一致。同时每一个组织成员的分工明确，职责清楚，上下级关系和相应权限一目了然。采用这种组织结构的企业，各个直线领导人员都有与之对应的人员或智能结构作为助手或参谋，从而可以有效地指挥所管辖的部门的生产、销售或其他类型的活动，也就可以更好地适应现在企业管理工作的特点。因此，这种组织形态便于组织实施严格的管理，特别是在一些生产稳定和需要严加控制和需要指挥高度统一的企业中，比如钢铁制造企业和核工业企业中，在这些企业中，这种组织形态有一定优势。

（三）直线—职能制组织的优缺点

直线—职能制是直线制与职能制的结合。它是在组织内部既有保证组织目标实现的直线部门，也有按专业分工设置的职能部门；但职能部门在这里的作用是作为该级直线领导者的参谋和助手，它不能对下级部门发布命令。这种组织结构形式吸取了直线制和职能制的优点：一方面，各级行政负责人有相应的参谋机构作为助手，以充分发挥其专业管理的作用；另一方面，每一级管理机构又保持了集中统一的指挥。但在实际工作中，直线—职能制有过多强调直线指挥，而对参谋职权注意不够的倾向。

直线—职能组织结构的缺点是由于现代企业在生产或经营活动中会遇

到一些问题需要各个部门的相互合作才可以完成，但是由于各个部门所分管的工作的区别及各部门人员本身的知识储备和价值观的差异，在处理问题时往往会产生各种类型的分歧，如果这些分歧处理不好，必然会影响到问题的解决和妥善的处理，也就会影响到正常工作的进行。但这种组织形式不利于组织内部的各职能部门之间的意见沟通，各部门之间的工作协同比较困难，企业决策权力集中，基层决策权力很小。在企业生产经营活动中，许多问题需要多部门协同解决，但是由于各部门缺乏横向联系，遇到问题，首先需要向直线领导请示报告，然后才能处理。同时，一些问题基层无权处理，只能逐级上报请示，这既加重了高层领导人员的管理工作负担，也容易造成下级工作缺乏主动余地，同时在横向各单位之间缺乏有效沟通渠道，所以组织的反应能力较差，反应迟缓，造成组织效率下降和企业对环境的适应性降低。

由于这种组织模式缺乏弹性和柔性，对环境与客户需求变化缺乏足够的适应能力和变通能力，因此较适合生产经营稳定，进行大规模批量生产的企业，以及一些需要权力高度集中管理的企业，比如钢铁企业等。但是当企业实行多种经营、跨国经营和强调面对客户需求进行小批量、多品种生产的时候，由于产品种类繁多，业务较复杂，企业下属单位所处环境差别较大，企业需要较大变通能力和适应能力，这种权力高度集中的刚性组织管理方式和组织结构的弊病就比较突出了。

三、企业组织结构的发展

作为企业竞争力的主要基础之一，企业组织效率决定着企业在市场的生存与发展能力。随着社会和技术的不断进步，以及市场竞争的激化，人们已经认识到不存在古典管理理论学者们以为存在的一种“理想的组织”形式，也不存在社会组织应该按照“普遍适用的”组织原则。面对多变的环境和激烈的市场竞争，同时对企业组织效率的要求也在不断地提升，对企业组织管理工作的要求也愈来愈高，现代企业组织结构设计必须考虑到组织对环境变化的适应能力和创新能力。

在现代，企业强调对环境变化的适应能力和满足客户多种需求的能力，以提高企业的适应能力和竞争力。为此，企业不断推出新的组织结构形式以满足需要，同时管理学者们在观念上也发生了巨大改变，他们开始思考和探索新的组织管理思想和组织模式。当代管理学者们不再试图找到一种可以适应一切情况的刚性“理想组织”来一劳永逸地解决企业组织问题，他们认识到企业组织应该不断改变自己以适应新的需求，因此，他们更加强调组织的适应能力、创新能力和变革能力。

现代企业组织结构不再囿于过去高度集权的多层次金字塔组织结构，各种弹性化和扁平化的组织结构愈来愈普及，涌现出了许多新的组织结构模式。现代企业组织结构设计的基本出发点是提高企业对环境变化的适应能力，提高企业组织的效率和应变能力。

（一）事业部制组织结构

企业组织弹性化强调企业组织对环境变化的适应能力和对客户需求的灵活反应能力。因此，现代企业组织的结构特点是专业分工程度相对较低，管理上放权程度较高，组织管理层次减少，管理人员管理幅度加大。为了做到这点，企业组织中管理人员需要提高管理素质，能够胜任更大的管理难度，同时组织需要借助信息化技术和先进管理模式加大每个管理人员的管理幅度，从而实现组织管理权力的下放和组织结构的扁平化。在这一方面，企业的事业部制组织结构是一个主要的典型。

1. 事业部制组织结构的定义

美国通用汽车公司在 20 世纪 30 年代由于企业规模过大，管理效率和管理质量下降，为了解决这个问题，企业总裁斯隆于 1924 年提出了一种将总部部分决策权力下放的组织结构模式，被称作事业部组织结构，也被称为“斯隆模型”，这是一种典型的权力下放组织结构。

2. 事业部制组织结构的特点

事业部制组织结构的特点是把企业的生产经营活动，按产品或地区不同，建立不同的经营事业部。在企业中，每个经营事业部都是一个利润中心，在总部的领导下，各事业部实行统一政策和分散独立经营。与传统的部门管理不同，总部下属的各事业部实行独立核算和自负盈亏，拥有很大的经营决策权和很大的管理自主权，在管理上成为一个拥有日常经营管理决策权力的利润中心，而总部可以不再过问各事业部的日常经营管理事务，专心于企业整体战略决策的管理，成为企业的投资决策中心。这样，既有利于企业的最高领导层集中精力进行战略决策，又能加强各事业部领导人的责任心和积极性。同时，将经营决策权力下放到事业部，可以使各事业部的经营灵活性加强，提高企业的反应能力，增强企业对环境变化的适应能力。事业部组织结构如图 3－2 所示。

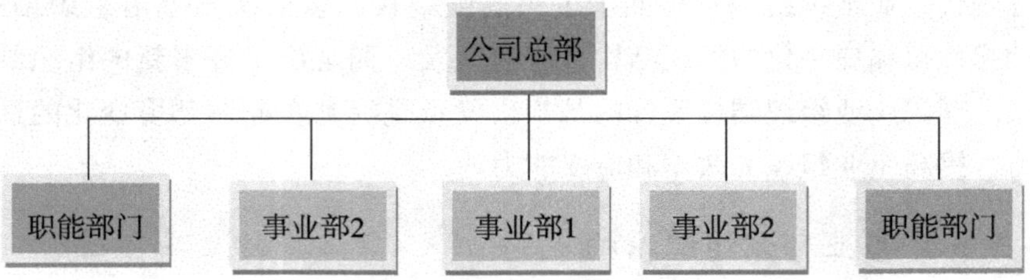

图 3－2　事业部组织结构

3. 事业部制组织结构的类型

事业部制是分级管理、分级核算、自负盈亏的一种形式，即一个公司按地区或按产品类别分成若干个事业部，从产品的设计，原料采购，成本核算，产品制造，一直到产品销售，均由事业部及所属工厂负责，实行单独核算，独立经营，公司总部只保留人事决策，预算控制和监督大权，并通过利润等指标对事业部进行控制。也有的事业部只负责指挥和组织生产，不负责采购和销售，实行生产和供销分立，但这种事业部正在被产品事业部所取代。还有的事业部则按区域来划分。这里就产品事业部和区域事业部做些简单的介绍。

（1）产品事业部（又称产品部门化）

按照产品或产品系列组织业务活动，在经营多种产品的大型企业中早已显得日益重要。产品部门化主要是以企业所生产的产品为基础，将生产某一产品有关的活动，完全置于同一产品部门内，再在产品部门内细分职能部门，进行生产该产品的工作。这种结构形态，在设计中往往将一些共用的职能集中，由上级委派以辅导各产品部门，做到资源共享。

产品部门化的优点：

①有利于采用专业化设备，并能使个人的技术和专业化知识得到最大

限度的发挥。

②每一个产品部都是一个利润中心，部门经理承担利润责任，这有利于总经理评价各部门的政绩。

③在同一产品部门内有关的职能活动协调比较容易，比完全采用职能部门管理来得更有弹性。

④容易适应企业的扩展与业务多元化要求。

产品部门化的缺点：

①需要更多的具有全面管理才能的人才，而这类人才往往不易得到。

②每一个产品分部都有一定的独立权力，高层管理人员有时会难以控制。

③对总部的各职能部门，例如人事、财务等，产品分部往往不会善加利用，以致总部的一些服务不能获得充分的利用。

（2）区域事业部制（又称区域部门化）

对于在地理上分散的企业来说，按地区划分部门是一种较普遍的方法。其原则是把某个地区或区域内的业务工作集中起来，委派一位经理来主管其事。按地区划分部门，特别适用于规模大的公司，尤其是跨国公司。这种组织结构形态，在设计上往往设有中央服务部门，如采购、人事、财务、广告等，向各区域提供专业性的服务。

部门化的优点：

①责任到区域，每一个区域都是一个利润中心，每一个区域部门的主管都要负责该地区的业务盈亏。

②放权到区域，每一个区域有其特殊的市场需求与问题，总部放手让区域人员处理，会较妥善、实际。

③有利于地区内部协调。

④对区域内顾客较了解，有利于服务与沟通。

⑤每一个区域主管，都要担负一切管理职能的活动，这对培养通才管理人员大有好处。

部门化的缺点：

①随着地区的增加，需要更多具有全面管理能力的人员，而这类人员往往不易得到。

②每一个区域都是一个相对独立的单位，加上时间、空间上的限制，往往是“天高皇帝远”，总部难以控制。

③由于总部与各区域是天各一方，难以维持集中的经济服务工作。

总体来说，事业部必须具有三个基本要素：相对独立的市场；相对独立的利益；相对独立的自主权。

4. 事业部制组织结构的优点

事业部制组织结构有利于把大型企业的经营联合化和专业化结合起来，避免企业多种经营和跨地区经营情况下的统一管理的弊病。事业部制结构一方面可以使企业的高层领导从冗杂的日常事务处理中解放出来，从而有更多的时间和精力去思考企业的战略和发展中的重大问题，真正成为一个企业的领导核心及有力的决策中心。事业部制组织结构还有利于锻炼各事业部的主管负责人的工作能力，给各层管理者赋予足够的责任，从而有利于调动他们的责任心和工作积极性。另一方面有助于培养和提高他们的领导素质。从企业的多元化发展及专业化发展方面来考虑，事业部制结构还有助于将企业的多元化和专业化结合起来，这主要是由于，在事业部制的组织结构中，一个企业可以实行多元化的经营战略，生产多种类型的产品；同时，可以按企业的产品类型成立与之对应的事业部，也就是每个事业部都可以集中力量只生产一种产品或几种产品，甚至是只生产某些零部件，实现高度的专业化。另外，结合这种组织结构的特点，即独立核算、自负盈亏，企业可以淘汰与企业经营目标相违背的产品。而且由于各个事业部之间存在一定的竞争，可以激励各个事业部努力提升本事业部的业绩。最后，因为事业部制结构一般都是一个完整的生产体系，即具有生产、供应及销售各个环节，所以，这样组织的领导人可以从整体的观念出发管理事业部的各项活动，从而有助于培养他们的领导能力及职业素养，也可以使他们在各种类型的工作中得到锻炼，提高他们的业务管理能力。

5. 事业部制组织结构的缺点

事业部制组织结构的缺点是组织中间层次较多，容易使造成企业资源的重复配置，造成资源的浪费。同时由于各事业部有很大的自主权，同时又实行独立核算和自负盈亏，容易造成各事业部的利益局部化，影响各事业部之间的协作和企业的整体利益。

6. 调整事业部制组织结构的建议

根据国外大型石油公司的管理经验和实践，改革国内以事业部制为基础的内部管理体制的关键，是在现有基础上赋予事业部完整功能，进一步明确各个层次的职责权利，同时建立有效的激励约束机制，充分调动各个层次的积极性。

（1）尽快完善总部职能

从整体功能定位来看，总部着重负责战略管理、政策管理和企业文化建设等宏观管理工作。战略管理包括确定战略目标和财务目标、决定经营方向和经营范围、优化内部资源配置、确定和提高竞争优势、发挥整体协同作用等。政策管理包括激励政策、监督约束机制，具体涉及财务政策、人力资源政策、绩效考核激励等。文化建设包括确定公司的核心理念、价值观念和行动指南等。因此，总部综合管理部门的主要职能是围绕公司核心管理内容，为总部高层领导的决策提供信息和专业支持，从职能部门的角度提出管理的政策建议，并从专业化管理的角度搞好体系建设和规范制定；对事业部的业务进行协调、指导和考核，平衡事业部之间的资源优化配置，一般不直接对下属企业下达指令。根据上述职能管理内容，完善总部功能应关注以下三方面。

一是进一步强化战略管理功能。首先，应清晰划分战略管理层次，即总部负责公司整体战略的制定，决定公司的发展方向和经营领域；各事业部负责业务层次战略的制定，根据业务投资组合，决定业务的竞争战略；总部职能部门根据总体战略，制定职能层次的实施战略（一般为短期年度战略）。其次，完善落实相应组织职责，尤其是落实总体战略制定和实施的组织职责。最后，重视战略实施环节的监控和调整。

二是适当调整综合管理部门职责范围，实现总部职责分层次设计。根据职责分层次设计原则，总部部门设置分为参谋服务部门和公共服务部门。对参谋服务部门职责适当调整，从为整个公司服务变为只对行政负责，对直线业务部门通过制定业务规范和标准进行指导和监督，参谋服务部门的设置尽量小而精干。总部的决策和管理，大部分通过各种专业小组以矩阵方式进行，这种团队式的工作小组，更有利于组织的快速决策和反映，使组织变“柔”。公共服务部门主要面向事业部和基层服务，通过全公司范围内的集中管理优势有效降低成本和提高运行效率。企业应对公共服务部门进行重构，将事业部及其基层单位同公共服务相关的职能独立出来，由总部公共服务职能部门归口统一管理或公司化运作，运行费用可由事业部按服务量大小分摊。

适应国际化经营战略取向，进一步加快完善“走出去”的管理组织体制。应进一步研究总部层面设立海外事业部的可行性，以集中统一管理海外业务。具体负责公司产品进出口贸易、海外营销网络的建设和品牌管理、海外投资设厂等投资和资本运作管理。海外事业部按照从事业务的类别和专业化管理的要求，在其下进一步分设若干子公司，它们是海外事业部领导下的利润中心，主要从事国际贸易业务、技术转让和合约性安排、投资业务等。建立完善的监督机制。仿照国外大石化公司做法，通过对计划、预算和财务等方面的监督，保证事业部有效运作。为便于监督，在考核上应尽量量化和简化考核指标，抓住影响效益、效率的主要矛盾，制定指标体系。如对事业部的考核，抓住利润、占用资本回报率、劳动生产率、重要业务的市场占有率等方面就可以。重点强化计划和审计监督，根据对事业部计划预算的执行结果建立月、季、年分析制度；采取内部审计、外部审计和联合审计的方法，对事业部绩效、管理、经营以及计划、效率和效果进行审计。

三是进一步强化企业文化建设。建议尽快形成企业文化建设的体系格局，重新定义公司的核心理念，统一制定公司宣言和行动纲领，统一包装企业、产品及员工，加强文化引导和灌输，以简单清晰、特色突出的描述影响职工的行动，甚至影响职工的信仰层次。

（2）推进事业部职能到位

从事业部职能定位上，事业部最终应成为利润中心，或投资使用中心。事业部作为直接管理下属分公司、下达各类技术经济指标和进行日常监督考核的责任主体，在公司总体战略指导下，负责制定业务层次的竞争战略，确定具体的实施计划和方案；统一部署、协调、管理和指挥本事业部内的生产、研发和营销活动，对利润和回报率负责；及时向总部反映市场变化信息，积极配合总体战略计划的制定。赋予事业部必要的权利，包括：业务层次竞争战略的制定权；事业部内部的生产经营自主权，一定限额的投资决策权和预算审批权，建设项目的建议权，事业部内及下属企业的人事任免和奖惩权等。

在事业部制的总体建制上主要是按照产品业务、顾客群体及经营区域划分形成。具体采取哪种形式，应依据公司实际确定。

（3）调整分（子）公司职能定位

从总体定位上看，分（子）公司应成为成本中心，主要对占用资源的运营成本、安全环保、产品质量和产品产量等负责。对只负责产品生产或产品配送的分公司，实行严格的成本中心管理；对只负责产品分销的分公司，可以实行收入中心管理；对既负责产品生产又负责产品营销的分公司，可以实行模拟利润中心管理。全资子公司根据管理控制的需要程度，采取不同管理模式。一般情况下，需要集中控制的实行分公司管理模式，不需要集中控制和发挥灵活性的实行利润中心责任体制。鉴于控股子公司是相对独立的法人实体，只能通过股权按法定程序管理和控制，在业务上是一种指导和协调的关系。科研机构作为费用单位实行成本中心管理，但不是严格意义上的成本中心。

另外，建议参照国外大公司做法，将责权划分进一步细化深入每个岗位，可通过编制统一的授权手册或与各级人员签署意向书，明确每个岗位（职位）的任务、责任和权限等。

7. 事业部制组织结构的管理启示

企业管理的基础是适宜的组织结构。投融资平台作为一类特殊的企业，组织结构较为固定和趋同，一般从投资、融资、工程和行政几大职能进行设置，形式较为简单。但是，随着规模的扩大和产业的完善，此类组织结构已经不能满足平台的管理实际，于是，一些较为复杂的组织结构摆上了决策者的议事日程，事业部制便是其中较为普遍的一种，它在一定程度上契合了平台的集团化管理，对平台的跨区域、跨产业发展有着重要的现实意义。

然而，通过综合性的调研及分析，事业部制仍然无法适用于平台。必须承认，事业部制反映了平台决策者的集团化意愿，但是事业部制并非简单的集团化企业所能应用，尤其是对资产属性不清、营利能力薄弱、产业实力不强的平台类集团企业，具体情况如下：

（1）资产属性或实质运作不清

一些平台为了融资，整合了一些数额巨大的资产，决策者会误认为这些资产体量大，于是可以专门设立事业部制进行管理，但这些资产本身是不受平台掌控的，平台无须消耗专门的精力进行管理。实际上，争取这些资产的掌控权仅是集团化管理的前提。

（2）资产营利能力薄弱

平台由于自身的特殊原因，很多业务无法完全参与市场化运作，于是普遍缺乏竞争力。在这种情况下，事业部制也无从谈起。就事业部本身的内涵来说，它应该是集团的利润中心，如果无法支撑起这一角色，这种结构是没有意义的。就这一点而言，事业部制的一大前提是具备很强的营利能力，而这恰恰是很多平台所缺乏的。

（3）产业布局广，但只是蜻蜓点水

经常看到，一些平台的业务横跨多个行业，包括房地产、公用事业、旅游、金融等，但实际上，每个行业均没有深度发展，都属于行政指令进入或处于初级发展阶段，并未形成完整的产业运作，这些行业仅需要很简单的人员配置或资源便能进行有效的管理，采用事业部制根本无法提高效率。

事业部制是一种高级的组织结构形式，它并非所有的集团都能够适用，尤其是平台类集团，如果要良好地建立并发挥事业部制，至少应该先厘清资产的属性、提升资产的营利性、增强产业的完整性，这才是投融资平台现阶段应该关注的问题。

（二）矩阵式组织

现代企业为了有效地应对现代社会的复杂多变和激烈竞争的环境，有必要扩大企业组织的调整空间和加大企业组织的适应能力。这就需要为了满足这种需要创建弹性组织结构形式。

在以项目为主要经营形式的单位中，由于项目一般是周期性的，因此需要一种以任务为导向，弹性化的组织形式，以满足这种需要根据项目建立、实施和完成的周期循环而不断进行组织结构调整的要求。矩阵型组织结构就是为了满足这种需要创建的一种典型的弹性组织结构形式。

1. 矩阵式组织的定义

矩阵式组织结构的特点是以任务项目单位为基础，在企业中建立的动态立体的企业组织结构系统。在矩阵式组织结构中，企业组织既有按职能划分的垂直领导系统，又有按项目划分的横向领导系统，每个项目小组都接受纵向和横向的双向领导，每个项目小组的存在都是有一定生命周期的，其取决于项目本身的完成周期。

企业运行方式是在项目立项之后，由单位的最高领导部门向项目组的负责人进行授权，由项目的负责人负责项目工程的策划和组织，从各方面招聘和抽调相关人员参加项目组，待项目完成后，该项目组即行解散。

2. 矩阵式组织结构的特点

具有两道命令系统，两道系统的权力平衡是这一组织结构的关键。但在现实中无法存在绝对的平衡，因而在实际工作中就会存在两条相互结合的划分职权的路线：职能与产品，并形成两种深化演化形式：职能式矩阵和项目式矩阵。前者是以职能主管为主要决策人，后者则是以产品/项目负责人为主要决策人。这种组织结构最为突出的特点就是打破了单一指令系统的概念，而使管理矩阵中的员工同时拥有两个上级。

3. 矩阵式组织结构的优缺点

矩阵式组织结构的优点是人员分工机动灵活，适应性强，特别适应项目管理对变动的需求，是一种典型的弹性组织结构。矩阵式组织是根据完成任务的需要把具有各种特长的不同部门的员工调度到一起来工作，这样有利于来自不同部门的员工之间的沟通交流，较容易产生新的认知和工作方式。与此同时，由于各个成员都清楚该任务的情况，当遇到困难的时候可以集思广益，能够促进问题的解决和工作的快速推进。另外由于矩阵式组织把管理中的垂直关系和水平关系更好地结合起来，有利于加强各职能部门以及各职能部门与任务之间的沟通和协作。如同一般弹性较大的企业组织一样，矩阵式组织结构也存在组织控制难度较大的问题，矩阵式组织的最主要的缺点是稳定性差。由于矩阵式组织是因为某项任务而结合到一起的不同部门的员工，但当该任务结束时，各个员工仍需要回到之前从属的部门，所以员工的责任感会较差，这样也会影响到工作。同时，矩阵式组织容易产生多重领导，由于小组成员的双重身份导致他至少要被两个部门的领导指挥，但是当原部门与临时小组的领导意见存在分歧时，该小组成员就会觉得不知所措。而且，单从之前的职能部门来看，人员的频繁调动，也会给职能部门的工作开展造成一定程度的困扰。因此，矩阵式组织结构一般仅在项目管理中应用。矩阵式组织结构如图3－3所示。

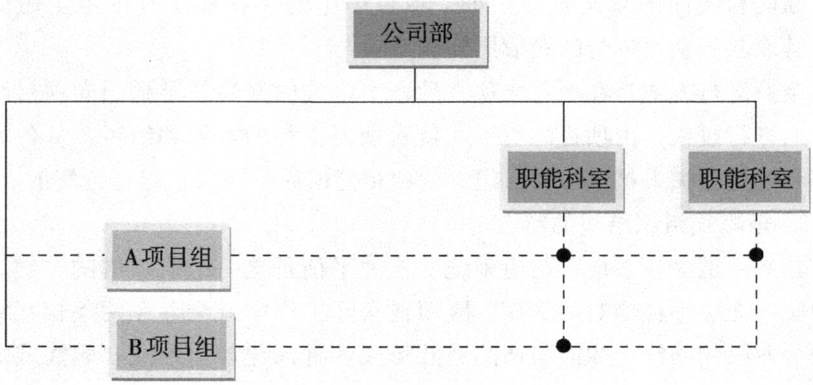

图3－3 矩阵式组织结构

上文叙述的三种组织结构是长期以来在企业组织设计中应用较广泛的组织结构。但是从分析的每种类型的组织结构的优点和缺点中可以看出，没有一种组织结构是完美的，或者说任何一种组织结构都不能通用于所有企业。因此，管理者在设计企业的组织结构时，应结合企业的实际，选择适合自身企业的组织结构类型。一般情况下，企业的组织结构的选择的形式，与企业的性质、企业的规模、产品种类、生产能力及企业的市场环境都有关系。所以，不同类型的企业有不同的组织结构类型，即使是同一个企业在不同的时期，组织结构也会发生变化。一个企业并非只能单纯地选择一种组织结构类型，企业可以根据自身的特点，将不同的组织结构类型加以整理，形成适合本企业的组织结构。

四、企业组织结构的创新

现代经济发展，供过于求和竞争激烈成为市场的主要特点。

为了适应竞争激烈的现代市场环境，企业经营不再是以生产为中心，现在是以顾客需求为中心，从而需要一种具有较大柔性的新的企业组织管理模式，企业的柔性管理应运而生。

过去企业强调实行生产的标准化和稳定化，生产线设计着眼于单一产品的大批量生产，组织的特点是刚性化。组织一旦形成，改变的空间很小。这种组织模式过于刚性化，不适合在小批量多品种的生产模式中采用。柔性管理的组织模式与传统的刚性组织模式比较，其特点在于柔性组织管理模式以满足顾客多样化需求和应对多变环境挑战作为组织建设的基本出发点，企业的生产安排是根据客户的订单而非企业的库存来决定产量，在同一条生产线上要求能够通过组织调整来完成多批量和多品种的生产任务。柔性组织结构特点是扁平化和网络化，目的在于利用组织扁平化和网络化结构提高企业组织的信息传递效率和工作效率，加强各部门之间的横向沟通，缩小和消除各部门间的壁垒，提高企业对环境变化的反应能力和组织变革的空间，从而实现企业组织的柔性化和弹性化。现代流行的网络型组织结构就是一种典型的弹性组织模式。

企业作为一种特殊的社会经济组织，是商品生产过程中分工和合作的产物。在商品的生产过程中进行社会分工有利于生产效率和产品质量的提高，而伴随着商品生产的分工，必然随之产生生产的合作，以完成产品的生产全过程。进行商品生产过程中的合作，一般有两种方式：一种是通过市场的交换机制，即通过商品生产各环节之间的中间产品的市场交换，以完成产品的生产全过程。这会产生中间产品交换过程中的交易费用。一种是将商品生产的各环节之间的合作过程集于一个经济组织中，以完成产品的生产全过程，这就是所谓企业，这会产生相应的企业管理费用。

显然，在选择商品生产完成方式的时候，市场交易费用与企业管理费用的比较是选择的主要标准之一。在市场机制不健全，市场交易费用过高的时期，人们选择以企业方式进行商品的生产，以节约市场交易费用，同时不断扩大企业规模，增加企业生产的规模效益，降低企业的管理费用。但是，当市场机制比较健全，市场交易费用较低的时期，人们可能逆向选择以市场机制代替企业方式进行商品的生产，以节约企业的管理费用，不断减小企业规模，将一些产品生产的环节以外包方式委托给其他企业完成，从而降低企业的管理费用。

首先，顾客需求的个性化。由于消费者知识层次和消费水平的提高，消费者逐渐对产品的规格、样式、功能与质量等出现了越来越多的个性化要求。在这种情况下，传统的大规模生产和标准化生产模式已经难以满足消费者的需求。

其次，产品的生产日益复杂化。由于消费者个性化的需求和知识经济的进步与发展，新产品的开发涉及越来越多的科技领域和生产环节，产品的制造过程日趋复杂，市场竞争也愈来愈激烈，单独企业难以以一己之力面对激烈的市场竞争和不断的市场变化，企业不得不寻求与其他企业的合作，同时强化自己的柔性和弹性能力。

最后，由于经济因素的影响导致企业管理过程日益集成化，即企业管理活动中除了需要对传统的人员、资金和物资进行管理，还有一项管理内容已变得日益重要，那就是需要对信息流进行管理。伴随着互联网的普及和发展，企业的管理信息系统也完成了从初级阶段到高级阶段的不断演进，随着这一过程的推进，企业管理也日益趋于集成化。这种趋势在高新科技企业中表现得尤为突出，也越来越受到当今管理者的重视。

为了应对上述挑战，现代企业一方面改进自己的组织管理模式，组织结构向简单化、扁平化方向发展，同时强化了企业间的合作，产生了以企业合作方式将市场中知识、技术、资金、原材料、市场和管理等资源联合起来进行经营的虚拟企业组织模式和网络型组织结构。

（一）网络型组织结构

企业的网络组织模式是一种介于市场和企业之间的新的经济活动制度安排。企业组织形式实现网络化是在信息技术普及的条件下，在市场激烈竞争的环境中产生的一种企业组织方式。面对激烈的竞争，企业需要进行组织结构的变化，目的是在现代信息技术的平台上，最大限度地降低企业的运营成本，充分地利用各种市场资源和社会资源，加强企业之间的联合，提高企业的经营效益，能及时向客户提供满意的服务，提高企业的竞争力。

1. 网络型组织的概念

“企业网络”借用了神经生理学和计算机科学中网络的概念。但目前的文献对企业网络并没有明确和统一的定义。企业网络作为企业间经济活动的制度安排，是企业间契约关系的形态。马耶等人从多维角度对这一概念进行了分析。第一，经济维度，即企业网络是超越市场和企业两分法的一种杂交组织形态；第二，历史维度，即企业网络组织是各企业之间基于信任、相互认同，互惠和优先权行使等所组成的长期关系系统；第三，认知维度，即一个企业网络组织是大于个别企业诀窍总和的集体诀窍的存储器，允许集体学习过程得以在更广阔的范围内展开；第四，规范维度，所有企业网络都是由旨在确定每个成员义务和责任的一套规则所定义的，这些规则划定了集体活动的领域。具体而言，企业网络指的是企业间通过合作关系形成的企业群体。在企业网络中，各个企业通过某种纽带联系起来，结合成为一个“准企业”；同时，各个企业又是相互独立的，以市场交易实现组织资源配置，这又使之具有了某些“市场”的特征。此外，对于单个企业而言，它们可以较自由地进入或退出某个企业网络，有时，甚至一个企业可以同时参加两个不同的企业网络组织。这一特征使企业网络与市场之间的边界变得模糊了。所以，企业网络有时也被称为“无边界的企业”。

广义的企业网络概念涵盖小企业互助组织、较为松散的企业集团以及战略联盟、分包制等各种企业合作形式。虚拟公司是其中较为重要的概念，是指靠信息技术手段，将供应商、顾客甚至竞争对手等独立企业连接而成的网络，目的是互享对方的技术，分担成本以及市场渗透。虚拟公司既没有办公室也没有组织图，既没有等级层次也没有垂直的整合。[①] 虚拟公司是看不到的公司，所以有人又称其“影子公司”。从以上定义看，虚拟公司概念在很大程度上可以与企业网络组织概念等同，企业网络组织的“准企业”性质正是从虚拟化的角度来观察的。

2. 企业网络组织思想的萌芽

虽然传统的企业理论都没有脱离企业与市场的“两分法”，但实际上在很多企业理论中已出现了企业网络组织思想的萌芽。张五常在其1983年的著名论文中就曾指出，企业并不是用非市场方式替代市场方式，而是用交易费用较低的要素市场替代了交易费用较高的中间产品市场，因而是市场形态高级化的表现。张五常的观点中隐含着企业也是一种市场网络的思想。威廉姆森（O. E. Williamson）是最早提出最为接近企业网络组织概念

---

① Daniels S. The virtual corporation [J]. Work Study, 2013, 47 (1): 20 – 22.

的中间组织的经济学家。他用交易所涉及的资产专用性、不确定性和交易频率解释经济活动的规制结构。一般说来，当这些变量特别是资产专用性程度不高时，市场采购具有大规模和治理优势；相反，若这些变量尤其是资产专用性大时，企业组织就更有优势；而介于这两种情况之间的则是双边、多边和杂交的中间组织形态。企业网络组织思想的萌芽甚至可以追溯到企业理论的奠基人科斯的理论。奥利弗·哈特（O. Hart）就曾指出："实际上，科斯在1937年提出的新古典企业理论，是既与整个世界为一个巨大的企业——每一个现有企业（通用电器、爱克森、尤尼利费、英国石油等）都是它的一个部门的情形相容，也与现有企业的每个工厂和部门都成为独立企业的情形相容的。"① 哈特的说法与传统社会主义经济学有异曲同工之处。后者认为企业规模会随着生产社会化（分工和协作）的发展无限地扩张，以至于囊括整个社会，并在实现社会公共所有制以后使整个国民经济变成一个社会的大工厂。整个国民经济乃至整个世界都成为一个巨大的企业显然是一种空想，但是却可以肯定地说，整个国民经济乃至整个世界是由企业网络所组成的经济网络。企业网络既可以帮助人们更好地了解一国经济（国内市场）和世界经济（世界市场），同样也有助于更深刻地认识企业理论，成为市场与企业之间的一座桥梁。拉森（Rikard Larsson）在研究了组织间关系理论之后，建议用市场、企业网络等组织间协调和科层的三级制度框架替代传统的市场与科层两级制度框架，并遵循亚当·斯密和钱德勒把市场和企业科层分别称为"看不见的手"和"看得见的手"之隐喻，形象地把组织间协调称作"握手"。

3. 企业网络组织的理论基础

任何事物只要能够存在，就必然有其合理性。企业网络组织近年来的迅猛发展也有其深刻的理论基础。具体而言，主要有分工与专业化理论、交易成本经济学、资源外取与共同管理经济理论、企业竞争战略理论和团队生产理论。

（1）分工与专业化理论

亚当·斯密的分工理论被认为是其思想中最卓越的贡献。在斯密和马

① 费方域．哈特论现有企业理论的局限性［J］．外国经济与管理，1997（8）：34－38.

克思看来，劳动分工是国民财富增进的源泉，是经济生活的核心现象。斯密、卡莱斯·巴贝奇（Carles Babbage）等人解释了分工是如何提高劳动生产率的，其中最为重要的原因就是因分工而带来的专业化。分工与专业化使劳动者的技巧因业专而日进，大大节省了劳动时间，也有利于机器的发明与使用。分工和专业化还是企业产生的必要条件，杨小凯和黄有光曾在他们的合著中指出："如果中间产品市场的交易效率低于用来生产中间产品的劳动在市场中的交易效率，则企业制度将因分工的内生演进而产生。否则，企业制度将不会产生。"①

斯密将分工分为三种：企业内分工；企业间分工，即企业间劳动和生产的专业化；产业分工或社会分工。第二种分工形式实质上就是企业网络组织的理论依据所在。正是因为这种分工，企业网络组织才会具有无论是单个企业还是整个市场都无法具备的效率优势。企业内过细的分工极有可能导致规模过大、组织管理成本过高等一系列的"大企业病"，纯粹的市场分工又使企业间的交易成本过高，企业间信任程度也成为制约企业间长期合作关系的障碍。企业网络组织保证了分工与专业化的效率机制，与此同时还能将这种分工与专业化深化下去，使分工与合作的关系得以在更大范围内扩大和加深，从而反过来又促进了企业网络组织的深度发展。这样一种良性循环将大大促进整个网络组织效率的提高和收益的增加。

（2）交易成本经济学

交易成本的概念最早是由科斯提出的，它包括了寻找市场交易的成本、谈判成本、拟订合同和监督合同执行的成本等。通过引入交易成本，科斯将企业的边界定在外部交易成本与内部管理成本相等的地方，而企业的扩张与缩小则完全取决于交易成本的节约。威廉姆森等人在科斯交易成本理论的基础上，又提出了人的有限理性和机会主义行为、资产专用性等理论观点，并于20世纪70年代中期逐步形成了交易成本经济学。威廉姆森认为，企业选择不同的制度安排，目的是使生产成本和交易成本最小化。

根据交易成本经济学的理论，企业网络的形成就是为了获得一种成本

① 杨小凯，黄有光．专业化与经济组织［M］．张玉纲译．北京：经济科学出版社，1999.

最低的制度安排。由于交易费用的存在，企业有一种不断将相关企业一体化的倾向，以通过规模经济降低交易成本。但当一体化达到一定程度后又会产生规模不经济，企业为维持其组织的完整性，即让企业与市场的界限保持稳定，需要支出昂贵的组织成本。因此，企业开始尝试不把所有的企业都一体化，而是通过资金、技术或人员等纽带与某些企业保持较为紧密的联系。这样就逐渐演变成为企业网络组织。企业网络组织各成员在节约交易费用的同时，仍在一定程度上享有一体化组织的规模、范围和分散风险的经济性。交易成本经济学理论特别能说明大规模 R&D 项目中的企业网络合作关系。

（3）资源外取与共同管理经济理论

企业经营活动的复杂环境往往要求必须依靠其他组织才能获得所需要的资源。换句话说，企业产生了对资源的外部依赖性，必须面对如何管理因失去独立性而形成的资源问题。在这种情况下，企业不得不通过组织间的协调与管理，采取各种形式的合作，形成一种稳定的资源流动方式。各具优势的企业联合起来，相互支持、互为补充，不仅可以使每个企业获得开展生产经营活动所需的资源，而且在生产经营活动中强化了自身的优势。这便是资源外取的核心思想。美国经济学家奎因（Quinne）指出，在过去，资源外取被认为是企业的一种劣势，但是现在，资源外取却可能是智慧型企业运作的关键。企业网络组织中，各企业在相互间的协议或合同的共同管理与协调下，保证了资源外取方式下的资源流动的持续性和可靠性。

与资源外取相关的一个概念是共同管理经济。共同管理经济是由英国的邓宁教授（John H. Dunnng）提出来的，是指跨国公司对全球各地的分支机构进行管理协调而带来的各种额外收益。[①] 主要包括：充分利用各国要素禀赋差异带来的经济效益；对于同一产品各国生产函数不一致的情形，共同管理活动也有助于实现成本最小化。内部化和虚拟化是企业改变共同管理边界最常见的两种途径。正如前面提到的，企业网络组织实际上就是一种虚拟化。如企业的分包制就是一种典型的虚拟化，越来越多的企

① 约翰·H. 邓宁．国际生产与多国企业［M］．乔治·艾伦及昂温出版公司，1981.

业只能保留其核心业务，而将别的业务分解或承包给其他企业来完成。因此，共同管理经济可以很好地解释企业网络组织，尤其是像耐克公司这类跨国性企业分包网络的优势。

（4）企业竞争战略理论

美国哈佛商学院教授迈克尔·波特（Michael Porter）于1980年首先提出了竞争战略理论。波特的理论是以产业的竞争分析为基础的。他认为一个产业内部的竞争状态取决于五种基本竞争作用力：进入威胁、替代威胁、买方砍价能力、供方砍价能力及现有竞争对手的竞争。企业应根据对上述五种因素的分析制定相应的竞争战略。波特提出了三种一般战略，即全面成本领导战略、产品差异化战略和目标集中点战略。波特还引入了“价值链”作为分析的基础工具，认为企业的竞争优势来源于企业在设计、生产、营销、交货等过程及辅助过程中所进行的许多相互分离的活动。

企业网络组织恰恰十分符合上述三种一般战略。比如，规模的经济性可以形成相对的成本优势；产品的差异离不开先进的技术与产品质量，细分市场能够促进不同需求的全面增加等。同时，企业网络使企业可以将前述价值链的诸多环节分散到不同企业中去，加强各个企业的专业化程度，使各个环节都蕴含着明显的竞争优势，再通过各企业间的合作达到整个企业网络的优势提升。这对于每个成员企业来说都能够获得最大的收益。正如里查森（Richardson）所指出的，企业只是从生产和服务过程（价值链）中截取某些阶段从事分工活动，也就是说，企业间的活动是互补的。因此，企业间相互协调的各种组织安排就必不可少了。

（5）团队生产理论

在阿尔钦（A. A. Alchian）和登姆塞茨（H. Demsetz）的古典企业理论中，团队生产以及与之相关的测度、监控、偷闲和剩余索取权等一系列概念占有非常重要的地位。所谓团队生产，意思是一群人以任务为中心，互相合作，每个人都把个人的智慧、能力和力量贡献给自己正在从事的工作。阿尔钦和登姆塞茨认为，企业的实质不是雇主与雇员的长期合约，而是团队生产。他们在论证了团队生产的高效性后，指出组织就是由合约、协议和内部各成员之间的默契构成的一系列关系的总和，组织内团队的各成员必须要同时受到激励与监控，团队的效率才能得到最大的发挥。

团队生产理论虽然主要集中在企业内部成员的合作关系的讨论上，但当将之用到企业网络组织各成员企业之间关系的分析上时，可以发现同样是非常适用的。一个企业网络组织就是一个团队，这个团队的成员即参加企业网络的各个企业。各个成员企业同样是在一定的激励机制和监控机制的管理下，相互合作，最终在整个团队效率大幅提高的同时，各企业也得到最大利益。

4. 网络型组织的特点

（1）外形扁平化：实行轻薄、弹性的“大幅度、少层次”的扁平式管理

网络型组织的管理机构就只是一个精干的经理班子，组织的部门化程度很低，近乎缺失，管理结构呈现“大幅度、少层次”的扁平式。管理层次的减少，大大减少了管理的费用，提高了管理的效率，这使管理工作保持高度的灵活性，保证了组织以最快的速度回应市场需求的变化，适应现今追求企业弹性化的经营管理潮流。如今国际市场变化太快，企业必须具有非常敏锐的市场反应能力，抛开“大而全”“小而全”的经营思路，不能再钟爱犹如巨龙般的架构，应讲求轻薄、弹性，能够更有效地适应市场的变化。跨国公司采用传统的组织结构从基层到最高层有十几个层次，而一个网络组织结构的跨国公司可能只有两到三层。

（2）运作柔性化：组织可以不断地改变自身以适应新的产品和市场机会

在知识经济时代，市场变化快、技术进步快、产品研制开发难度加大，企业的战略调整必须及时。网络型组织最大的优势是具有灵活性。因为网络型组织不是一个结构固定的组织，它可按需要与外部机构之间以契约关系产生联结，是一个在一定的利益条件下结合成的一个松散组织，可以不断地改变自身以适应新的产品和市场机会，增强了组织对环境变化、战略调整的快捷适应力，使组织结构的运作带有柔性化的特征。IBM公司于20世纪80年代初在不到一年的时间内成功开发PC机，依靠的是微软公司为其提供软件，英特尔公司为其提供芯片。

（3）效益最大化、风险最低化：借助全球资源，增强核心竞争力

网络结构的优点是：一是具有全球性竞争能力。网络组织即使规模很

小，也可以是全球性的。网络组织可以在世界范围内获得资源，从而实现最优的品质和价格，并在全球范围内提供其产品和服务。二是劳动力的灵活性和挑战性。灵活性来自可以按照所需服务购买，如工程和仓储，并在几个月之后改变这一切，而不被拥有的工厂、设备和设施所拖累。网络型组织吸纳、聚集全球最具有竞争力的外部机构在各个环节上，而核心机构自身仅保留了真正创造最大价值的最关键的功能。世界驰名的体育用品制造商耐克公司，它的美国总部实际上什么都不生产，他们早已将做鞋的业务，以合同承包的方式转向一些低工资的亚洲国家，核心机构只控制产品的设计、研究耐克鞋的最关键的部分——气垫系统和市场营销管理。耐克公司这么做的科学之处就在于：合理地区分并识别出制鞋行业获得成功的关键业务，即高档球鞋行业的战略环节是真正创造最大价值的产品开发设计和营销组织管理，而不是制造环节。这不仅保证了组织最大效率地集中有限的资源从事最擅长的、最具增值潜力的环节，减少了投资，降低了成本，实现效益最大化、风险最低化；而且灵活的优选全球最具竞争力的外部机构，借助全球竞争力，实现优势互补，使组织保持最强的核心竞争力。

（4）组织结构虚拟化：网络型组织是一种动态“联邦制”网络联盟企业

网络型组织与相联结的多个外部机构之间并没有资本所有关系和行政隶属关系，是一个外部化的虚拟企业。网络型组织在结构上突破有形的界限，虽有生产、营销、设计、财务等职能，但这些职能的大部分是虚拟的，都是从组织外“购买”的，这些联合的成员可以是一个小企业，也可以是大企业的一个车间，可在不同的地区和国家。它们分别控制某项核心技术和某种产品，其产品设计、生产工艺、质量等在同行业中处于领先地位。外部机构与中心机构间是以最终产品为纽带的契约关系、信誉关系、利益关系，因此网络型组织不是法律意义上的完整的经济实体，是虚拟企业，是在经济全球化、信息化、知识化的形式下演变而来的一种动态网络联盟企业。它最重要的特征是将传统企业固定的、封闭的集权式结构改变为开放式网络结构，形象地说就是由“集权制”转变为“联邦制”。

（5）重心两极化：积蓄主要力量创造和完成产品设计与营销管理两

方面

从企业经营的过程来看，传统组织机构从研发设计、生产到营销面面俱到，尤其是中间的生产环节占用企业主要的资源，而网络型组织集中主要资源投入产品设计和营销管理两方面，企业结构特征正在形象地由“橄榄型”转变为“哑铃型”。耐克公司总部着重研究耐克鞋的气垫系统，只完成产品开发设计和营销组织管理两方面。埃默森无线电设备公司在电视机、音响和其他家用电器产品方面自己进行设计和营销，而将制造外包给亚洲的供应商。卡西欧是世界有名的制造手表和袖珍型计算器的公司，却一直只是一家设计、营销和装配公司，在生产设施和销售渠道方面很少投资。当今世界，市场竞争加剧，技术进步加快，企业竞争双赢的法宝是品牌竞争和快速适应市场的需求。所以，企业的产品研究开发和市场销售成为当今企业的中心问题，也是资源配置的重点。网络型组织利用社会上现有的资源，不断缩小内部生产经营活动的范围，相应地扩大与外部单位之间的分工协作，使自己快速发展壮大起来。

随着经济全球化和知识经济时代的到来，网络型组织日益显示出的巨大优势和生命力，已成为目前国际上流行的一种新的组织形式，它不仅是小型组织的一种可行选择，也是大型企业在联结集团松散层单位时通常采用的组织结构形式。

5. 网络化组织的表现形式

（1）转让和收购

在业务核心化的名义下，公司应该卖掉有问题的业务，并收购一些掌握自己所欠缺的竞争力的企业，但是需要注意的是，收购是需要认真权衡其中的利弊关系的。

（2）企业合伙或战略联盟

在变化的市场环境中，一些企业（特别是那些渴望获得新的竞争能力的成长性的企业）通常只有在和其他公司的合作下，才能实现自身的目标，这是战略联盟和企业合伙得以发展的主要原因。但是战略联盟在执行的时候需要注意以下几点：确定可以得到上层领导者的支持，在合作伙伴或者战略伙伴的选择上要有远见，并且要进行全面的考核，用开放的思维来协商本次合作事宜。

（3）外包

由于一些非核心的业务会分散领导层对核心业务的关注，所以。很多企业会选择将非核心业务外包出去，这样可以更好地维持和发展自身的核心竞争力。为了保证外包的成功进行，需要做到以下几点：一是企业的管理层必须在企业的核心业务和非核心业务的区分上达成共识；二是选出最容易或最紧迫的非核心业务，并且仔细检验工序以检验如何能够更加高效地完成这些工作；三是在外包商的选择上要多搜集一些外包商名单，并且这些备用的外包商安排可能影响任务的进行。

6. 网络型组织的优缺点

由于网络型组织不同于传统的官僚行政组织结构，组织的成员之间没有刚性的行政隶属关系，也没有企业间常见的股权关系，它们之间的关系一般只是一种契约关系，所以网络型组织成员之间的关系一般较松散，是一种具有很大弹性的关系。同时和传统行政组织模式相比，网络型组织高度平面化，没有传统意义上的上下级关系和权力隶属关系，没有许多的组织管理层次，这就使网络组织较传统的官僚行政组织具有了大得多的灵活性和适应性，组织结构具有极大的弹性以适应市场变化。由于网络型组织建立在契约基础上，所以网络组织从理论角度讲没有确定的边界，是一种典型的无边界组织模式。

网络型组织的特点使企业经营者需要转变经营管理的传统思想观念。管理者应改变过去的高度集权的管理观念，对下级进行充分的授权。同时企业员工应具有较高素质，知道如何正确地处理各种突发问题，有效地使用权力。在这种条件下，过去担负着信息传递职责的中层管理者都可以大大减少，从而导致组织结构向扁平化方向发展。

由于网络组织的特点使网络组织具有经营灵活的优势，网络结构使一些企业可以利用社会上现有的一些经营资源和社会资源使自己快速发展壮大起来。目前，网络组织结构已经成为国际上流行的组织结构。

企业组织的网络化，也对企业经营管理提出了新的挑战。企业经营管理者需要掌握现代信息技术作为组织运作的技术平台，企业要在信息技术的应用平台上实现网络组织的成员企业的信息共享和资源共享。网络型组织是建立在契约基础上的虚拟企业，网络型组织的劣势在于组织成员之间缺乏有效控制，组织的稳定性较差，这也会增加加盟企业的经营风险。因此，完善成熟的市场法制体系和社会信用体制是网络型组织运作的必要社会基础。

随着人类社会的进步，在不同的地域、不同的环境条件下，伴随不同的主体特色，必然形成多种多样的网络组织模式。进行案例研究，归纳总结各种网络组织模式的共同特征，形成系统科学的网络型组织理论，是今后理论研究的重要方向之一。将经过规范研究所得到的关于网络组织的科学理论进行推广运用，为企业在网络竞争环境下实施组织结构再造提供有效的理论指导和技术分析方法，是网络组织理论研究的另一重要价值。

（二）虚拟企业

随着计算机技术在全球的普及，计算机网络技术成为通信手段的自然延伸。计算机网络的普遍使用对企业组织结构产生了显著影响，计算机网络技术使企业之间可能通过网络联系，形成跨越空间的企业间的大协作，形成资源共享，相互协作的企业网络组织——虚拟企业，而一旦合作目的已经完成，合作关系的结束也宣告了该虚拟企业的结束，因此虚拟企业是一种暂时的、跨空间的合作形式。虚拟企业的基础是通信技术和信息技术的普及，虚拟企业的目的是技术共享、费用共担、合作开发。

1. 虚拟企业的定义

学者们从不同的角度对虚拟组织的内涵进行了阐述，目前对虚拟企业的定义有三个角度。

（1）产品角度

1992 年威廉·戴维陶（Willam H. Davidow）与麦克·马隆（Michael S. Malone）合著的《虚拟企业》（*The virtual Corporation*）一书中，认为虚拟企业是指具备生产虚拟产品的……经过彻底改造的企业。而虚拟产品是相对传统产品而言的，“生产及运输等合成为效益原则，费时短，且可以同时在许多地点提供顾客多样化的选择；给一般人的印象是迅速，以致人们很容易忽略另一特点——提供顾客的满足感。”相对于传统产品，戴维陶称它为“虚拟产品”。“具备生产虚拟产品的……经过彻底改造的企业”称为虚拟企业。显然，这类定义主要是从虚拟企业的运行结果阐述虚拟企业的。

（2）信息网络角度

信息网络是虚拟企业运行的技术基础，计算机、网络技术专家从技术角度阐述虚拟企业。组织结构无形化、通过信息网络加以联结的企业组织，称为虚拟企业。网上商店、银行等是虚拟企业的典型形态。波士顿尔菲集团董事长科勒普罗斯曾说："我们坚信，虚拟组织这个概念，更多是出于技术方面的热情，而不是产生于正确的思维方式。"

（3）运行方式角度

虚拟企业是组织类型之一，可以从组织运行方式角度阐述其定义。普瑞斯、戈德曼、内格尔在《以合作求竞争》一书中指出："虚拟组织是由各种企业单位形成的一种集团，其中人员工作过程都来自于这些企业单位，他们彼此紧紧联系，相互影响和作用，为了共同利益而奋斗……虚拟组织工作过程都仍然保持相互独立，互不影响……现代虚拟组织关系是一种相对较新的组织形式，利用信息技术把人力、资产和思想动态地连接起来，是一种有机的企业网络组织……虚拟组织是为了迎合明确的时间机遇或预期的时间机遇而产生的。"从运行方式角度定义，虚拟企业就是功能特点专长化，存在形式离散化、运作方式合作化的企业。

另外，虚拟企业的指代对象至今为止仍然是很含混的。虚拟企业指的是通过虚拟关系运作在一起的企业集团，还是该企业集团中的某个企业？在实际运作中，它的指代对象具有二元性。称单个为虚拟企业，而单个实为整体的代称，称整体为虚拟企业时，总是以某单个观察对象的企业名称代称整体。称某个企业为虚拟，不排斥把参与运作的"企业集团"也称为虚拟企业，只是做此称呼时，仍以某个企业为观察对象。所以，虚拟企业有时是参与运作的个体，有时是参与运作的整体。

2. 虚拟企业的产生

自20世纪60年代以来，企业所处的环境发生了根本性变化，市场需求日趋多变，技术水平突飞猛进。20世纪90年代以来，随着科技进步和社会发展，世界经济环境发生了重大变化，蓬勃发展的知识经济使工商业面临着前所未有的机遇与挑战，进入21世纪以后，这种机遇与挑战更加激烈，主要表现在以下三个方面。

（1）个性化的顾客需求

由于消费者知识层次和消费水平的提高，消费者逐渐对产品的规格、样式、功能与质量等提出了越来越多的多样化与个性化的要求。在这种情况下，传统的大规模生产和标准化生产不能满足消费者的需求。

（2）复杂化的产品开发

由于消费者个性化的需求和知识经济的发展，新产品的开发涉及越来越多的科技领域和生产环节，产品的制造日趋复杂。企业面对不断变化的市场，为求得生存与发展，必须变得具有高度的柔性和快速反应能力。

（3）经济全球化

进入21世纪后，就经济发展来看，国与国的界限变得越来越模糊，任何一个国家或者企业都很难独立于世界经济之外。这给企业带来了种种机遇，同时也带来了全世界竞争对手的挑战。

面对以上三个方面的压力，单个企业很难在短时间满足消费者的个性需求，很难独自面对消费者并与所有对手竞争。快速反应、灵活机动的经营方式是21世纪企业制胜的法宝，因此，现代企业向组织结构简单化、扁平化方向发展，于是就产生了能将知识、技术、资金、原材料、市场和管理等资源联合起来的虚拟企业。随着网络技术的高速发展，虚拟企业作为一种以合作求竞争的全新现代组织与经营模式就应运而生了。

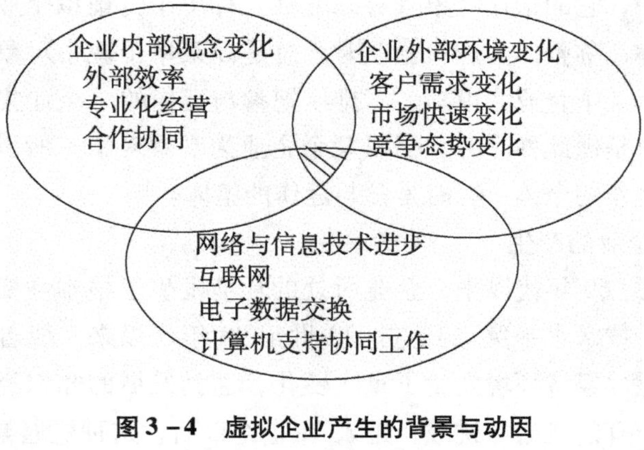

图3-4　虚拟企业产生的背景与动因

3. 虚拟企业的发展

在一定意义上，虚拟企业的发展有较长的历史。虚拟组织的概念是由肯尼斯·普瑞斯（Kenneth Preiss）与斯蒂文·L. 戈德曼（Steven L. Goldman）、罗杰·N. 内格尔（Roger N. Nagel）在共同完成的题为《21世纪制造企业战略》的研究报告中首次提出的，该报告富有创造性地提出了虚拟企业的构想，即在企业之间以市场为导向建立动态联盟，以便能够充分利用整个社会的制造资源，在激烈的竞争中取胜。在这之后，企业界和学术界对虚拟企业的研究层出不穷。几十年来，日本一些企业集团间以及大企业与中小企业的合作都采用了具有本国特色的虚拟企业形式。大量外部资源在虚拟企业中集成，企业业务相互渗透，以低成本的运行达到组织柔性的目的，业务效率显著增加。由于虚拟企业无论从内部或外部都不属于传统意义上的等级组织，因此可以通过较低的成本对外部反应做出敏捷的变化，适量增减联盟成员，实现资源配置。

随着计算机技术在全球的普及，计算机成为通信手段的自然延伸。计算机的普遍使用对企业组织结构最显著的影响是，企业之间与企业内部的协调运作模式发生了重要变化，出现了不受地域限制和国界限制的大协作，计算机技术使全世界的企业向虚拟方向发展。虚拟企业在利用人力资源方面，计算机技术发挥了重大作用。一方面，虚拟企业可以通过计算机网络找到适合自己企业的员工，并创造一定的宽松环境和跨地域的管理协调机制；另一方面，有一定技术的业务人员可以通过网络寻找和参与工作，实现人才定位的便捷。

随着时代变迁和经济的发展，仅靠宽松的环境是不够的。现代企业不但要善于开发个人创造力，而且要坚持集体主义的原则。良好的业务成果不是靠个人英雄主义得来的，而是集体智慧的结晶，团队合作在虚拟企业中显得尤为重要。

为什么企业要采用虚拟组织形式，开展虚拟化运营？迈克尔·波特（Michael E. Porter）的价值链理论认为，企业运行是一个整体过程，是由包括市场调研、产品开发、销售活动、生产组织乃至后勤服务等诸多环节构成的。从企业的经营价值活动分析，并不是所有的环节都会给企业带来价值。真正能够给企业带来价值的，是企业在具有竞争优势的运行环节的价值活动。

虚拟企业代表了一种新的企业组织形式和管理模式。虚拟企业一般是由一个核心企业和几个成员企业组成的，以信息网络为依托，选用不同企业的资源，把具有不同优势的企业通过契约联系起来的动态联盟。它的最大特点在于：突破了传统企业组织的实体界限，强调通过对企业外部资源的动态有效整合，从而提高了企业适应市场中机遇和挑战的能力。在虚拟企业中，企业之间的业务相互渗透，形成企业间的优势互补和资源互补，从而产生企业间的协同效应。

4. 虚拟企业的基本特点

虚拟企业代表了一种新的组织形式和管理模式，它的最大特点在于：突破传统企业组织的有形界限，强调通过对企业外部资源的有效整合，迎合某一快速出现的市场机遇。虚拟企业的基本特点主要表现为以下几点。

（1）合作型竞争

虚拟企业是以建立在共同目标上的合作型竞争为基础的，在数字化信息时代，合作比竞争更加重要。虚拟企业一般由一个核心企业和几个成员企业组成，在推出新产品时能以信息网络为依托，选用不同企业的资源，把具有不同优势的企业组合成单一的靠信息技术联系起来的动态联盟，共同应对市场的挑战，联合参与国际竞争。虚拟企业以网络技术为依托，跨越空间的界限，在全球范围内的许多备选组织中精选出合作伙伴，可以保证合作各方实现资源共享、优势互补和有效合作。虚拟企业是建立在共同目标上的联盟，它随着市场和产品的变化而进行调整，一般情况下在项目完成后联盟便可以解散。

（2）动态性

虚拟企业能动态地集合和利用资源，从而保持技术领先。它快速有效地利用信息技术和网络技术，各成员企业以及各个环节的员工都能参与技术创新的研究和实施工作，从而维持技术领先地位。虚拟企业不仅向顾客提供产品和服务，更重视向顾客提供产品和服务背后的实际问题的“解决方案”。传统的组织常常为大量顾客提供同一产品，而忽视了同一产品对不同顾客在价值上的差异，虚拟企业则能从顾客的这种差异入手，综合所有参与者给顾客提供一个完整的解决方案。因此虚拟企业能够按照产品新观念和灵敏性的要求，有针对性地选择和利用经济上可承受、已有或已开发的技术与方法，同时十分重视高新技术的研究与开发，保证了技术的领先性。

（3）组织扁平化

扁平化的网络组织能对市场环境变化做出快速反应。信息技术的高度发展将极大地改变企业内部信息的沟通方式和中间管理层的作用，虚拟企业通过社会化协作和契约关系，使企业的管理组织扁平化、信息化，削减了中间层次，使决策层贴近执行层。企业的组织结构是“橄榄型”或“哑铃型”，组织的构成单位就从职能部门转化成以任务为导向、充分发挥个人能动性和多方面才能的过程小组，使企业的所有目标都直接或间接地通过团队来完成。组织的边界不断被扩大，在建立起组织要素与外部环境要素互动关系的基础上，向顾客提供优质的产品或服务。企业能随时把握企业战略调整和产品方向转移、组织内部和外部团队的重新构成，以战略为中心建立网络组织，通盘考虑顾客满意和自身竞争力的需要，不断进行动态演化，以对环境变化做出快速响应。

（4）学习型组织

虚拟企业竞争的核心是学习型组织。学习型组织提倡“无为而治”的有机管理，突破了传统的层次组织。虚拟企业在其经营过程中，往往处在十分复杂的动态变化中，企业经营者必须不断地根据环境的变化而做适应性的调整。所以虚拟企业的经营过程是企业管理者和员工互动式教育过程，因此人力资源不仅要从学校里产生，而且要从企业中产生。企业要具备一种适应动态变化的学习能力。虚拟企业的学习过程不仅局限在避免组织犯错误或避免组织脱离既定的目标和规范，而且鼓励打破常规的探索性的实验，是一种允许出现错误的复杂的组织学习过程。它在很大程度上依赖反馈机制，是一个循环的学习过程。

由于虚拟企业的组织结构特点是虚拟化、平面化、扁平化。虚拟企业是通过社会化协作和契约关系组建成的网络组织，因此没有传统组织的立体行政隶属关系和组织层次结构，同时可以根据需要调整企业的组织成员构成。所以，虚拟企业具有极大的弹性和适应能力，可以随着市场变化进行调整，不断进行动态演化，以对环境变化做出快速响应。同时，虚拟企业是建立在契约基础上的网络组织，因此具有很大的变化空间，可以根据企业的业务需要变化和市场变化调整企业的合作伙伴，重新组建新的网络，新的虚拟企业，从而达到使组织高度弹性化的目的，提高了企业的市场适应能力。

5. 虚拟企业的运作平台

（1）信息网络

虚拟企业是信息时代的产物，只有充分利用先进的信息技术与设施，虚拟企业才能对顾客需要做出及时的反应。信息时代是信息和知识在社会中扮演主要角色的时代，衡量一个时代是否进入信息时代，通常有五个主要因素：

A. 劳动力结构已出现根本性转变，从事信息工作的人员占在业人员总量的50%以上。

B. 信息经济占国民经济总产值的50%以上。

C. 已经建立起先进的信息网络系统。

D. 知识已成为社会发展的巨大资源和主要推动力。

E. 社会生活已经信息化。

虚拟企业是准市场企业，兼具中等程度的企业与市场特性，通过大量的双边规则与其他企业发展联系，企业活动在很大范围，甚至全球范围内开展，需要高效快速传递，否则分散化的工作关系无法有效协调。

（2）知识网络

知识是信息的内容，信息是知识的显化。知识指人类对自身、社会及自然的经验、认识、记忆，以及思维方式、技能等，信息是知识的载体，知识通过信息化，才能被传输、商品化、社会化，实现人类共享。知识网络是指通过信息网络将各具核心能力的企业连接起来，构成“核心能力”网络。虚拟企业既要利用企业内部的知识网络，更要将内部网络与其他虚拟企业的知识网络连接，形成一个全球范围之内的知识网络。知识网络的出现，使传统的创新模式被新的创新模式所取代，通过科学、工程、产品开发、生产、营销之间的反馈环路和边疆的交互作用来创新，这种创新称为交互创新。创建知识网络的步骤包括：

A. 建立知识资料库，收集能与本企业形成能力互补的优秀企业的详细信息。

B. 与上述企业建立长期伙伴关系，互相向对方让渡各自核心能力使用的“期权”，形成“契约网络”。

C. 通过信息网络将契约网络内的企业联结起来，形成知识网络。

（3）物流网络

工业时代中，物流的承担者包括商品市场与要素市场，其交易成本很高，运作速度也很慢。在商品市场中，一般由商业流通系统承担市场的功能，通过一级批发商、二级批发商……零售商将产品传递到顾客手中，生产企业根据市场需求信息从事组织生产经营活动，而这些信息首先由零售商从顾客那里得到。再由它向上一级机构传递，一直到生产企业那里。生产企业采取直销模式，也无法从根本上摆脱原来商品流通体系的影响。在每次信息传递中，难免失真、失效，使物流系统长期在低效率下运转。虚拟企业有效运作是建立在物流网络基础上的，建立程序主要是：

A. 根据经济项目选择合作对象，形成暂时起作用的知识网络。

B. 根据该经济项目的客户对象的主要特征，选择物流的核心企业，将它们纳入准备运转的知识网络。

C. 在知识网络内建立契约网络，从而形成物流网络。

（4）契约网络

知识网络、物流网络的形成，都离不开契约网络。虚拟企业既不是单纯企业，又不是单纯市场，而具有“半企业、半市场”的特征。从契约角度研究，虚拟企业是大量间续式双边规则的实际形态，即虚拟企业形成的“契约网络”。契约网络的建立是在对合作对象的核心能力是否具有互补关系的确认基础上，首先形成骨架性的契约网络即一级网络，然后，在此架构下再由任何一个企业向下继续发展次级契约网络来完成的。契约网络的维护主要不是靠制度规范、再谈判等手段对契约进行适当调整，而是靠彼此之间的真诚信任来维持长期合作关系，否则就难以保证虚拟企业低成本运作。

信息网络、知识网络、物流网络、契约网络四个平台构成了虚拟企业运作的整体平台。知识网络、物流网络的建立以信息网络、契约网络为基础；物流网络、知识网络又使信息网络、契约网络本身具有实际运用价值；契约网络的形成也需借助信息网络。四个网络具有一定的重叠关系，知识网络与信息网络有重叠，契约网络包含在物流网络与知识网络之中。

6. 虚拟企业的优势与劣势

（1）虚拟企业的边界模糊

有些传统企业为了扩大市场或提高市场的占有率，无节制地拓宽企业的产品线或丰富企业的产品类型，不仅在横向上扩展，部分企业还会进行向前或向后一体化，最终导致企业的规模过于庞大。但是市场不是一成不变的，当市场上发生变化时，这些规模太大的企业难以快速适应市场上的变化，出现“船大难掉头”的窘境。而以通信技术和信息技术为基础的虚拟企业，作为一个基于网络为实现某种目的而建立的动态合作组织，就会打破传统组织结构的边界限制，可以迅速适应市场上的变化。

（2）虚拟企业内部的组织结构较为精简

对于虚拟企业而言，是为实现某种目的而建立的临时的动态性合作组织，他们可以集中自己的优势，以尽可能少的人力和物力促成目标的实现。而将其他对实现该目标附加值较低的资源虚拟化，借助其他网络成员的力量将这些附加值较低的资源进行整合，这样既可以缩小企业的规模，又能保证组织中各个成员发挥自己的优势。

（3）虚拟企业具有较强的竞争优势

这个主要是由于虚拟企业可以大大降低企业的交易成本和协调成本。各个网络成员都可以基于发达的网络技术选择适合自己的合作伙伴，而这个选择的基础一般是该网络成员是否具有完成该项目标的特定的优势。因此这种基于优势互补建立起来的组织结构，必然具有其中任何一个网络成员都无法匹敌的强大的竞争优势。

（4）速度优势

在信息时代，速度代表了一切，快速的响应速度往往成为制胜的法宝。被称为“信息高速公路”的互联网具有高速数据传输能力，基于互联网的企业管理软件可以迅速传播企业的产品信息；可以迅速为客户提供服务；可以迅速了解竞争对手的信息，及时调整价格策略、产品策略；可以迅速搜集消费者的需求；可以迅速进行网上支付和结算。如此多的活动都可以快速完成。

（5）成本优势

基于互联网的企业管理软件可以实现许多业务活动的自动化，订单的自动搜集，采购集中执行等，各分支机构的数据自动汇总到企业总部……由于软件的自动化处理，无疑会降低对人员的工作量要求，同时也降低了人力成本支出。

由于互联网的地域无关性，特别是在我国加入 WTO 后，基于互联网的采购为人们提供了在全球范围内寻找原材料或服务供应商的可能，采购质优价廉的原材料和服务将会为企业节省大量的采购成本。

在互联网上对市场的开拓，没有区域的差异，进入国内市场和进入国际市场的基本成本是相同的，不需要传统意义上的高昂的国际市场开拓费用，企业的营销成本可以得到大大降低。

以上各方面的优势，使虚拟企业能够迅速地形成资源优势组合，抵抗市场的冲击，并且其形式灵活多变，能够根据市场的变化快速调整、整合组织形式，转变经营方向，以适应市场的变化。因此，虚拟企业有着广阔的发展空间，是现代企业实现共赢战略的良好选择。

尽管虚拟企业有着一些传统企业所无法比拟的优势，但是由于虚拟企业的组织特点，使其在经营组织方面具有较明显的经营管理问题需要重视。

（1）企业文化问题

众所周知，企业文化是指企业在其长期的生产经营和管理实践活动中逐渐形成的价值观、企业精神、文化氛围等的总和，是企业的经营哲学与经营理念之所在。虚拟企业作为不同企业的一个组合体，其本身的动态性决定了虚拟企业无法形成统一的企业文化，无法实现单一文化的管理。成员中的不同企业，尤其是跨国虚拟企业间合作伙伴关系所带来的文化差异，常常会给虚拟企业的管理与协作带来许多方面的困难，比如虚拟企业的某个成员认为自己文化价值体系优越，坚持以自我为中心的管理观念对待与自己不同文化价值体系的合作伙伴，必然会导致合作的失败。

（2）成员间的信用问题

虚拟企业各成员间的合作是基于经济利益，合作的目的在于共同创造更大的经济价值，最终分享所获得的收益。要使虚拟企业的各成员都对彼此的合作充满信心，不仅要有很好的政治法律环境，使各企业都自觉守法经营，而且合作的每一方都要有良好的信用。因为法律只能在一些大的原则方向上对当事方进行规范与约束，但许多更为具体复杂的事情要如何处理，更重要的还是靠各成员合作的认可程度与重视程度，以及各方合作的长期态度，而这些通常都是以信任为基础的。然而，在现实经济活动中，由于信息不充分、不对称等诸多方面的因素，各成员在决定合作时，对合作方的有关详细情况不能做到非常清楚，因此，虚拟企业各成员间的合作存在着较高的信用风险。

(3) 技术与知识产权风险问题

首先，虚拟企业联盟内成员的退出，会增加其技术投入的风险。参与虚拟企业联盟的各成员总有一定相对于合作方来说存在优势地位的能力，特别是一些技术方面的优势，但伴随着时间的推移，高新技术、技术优势在联盟合作中运用推广，当技术处于劣势的某一企业成员完全熟悉生产工艺、掌握技术的关键之后，就完全有可能出现该企业成员脱离虚拟企业联盟而单独经营以谋取更大利益的情况。其次，虚拟企业中技术创新特别是全新技术的创新和核心技术的创新，其开发难度非常大，而高新技术创新即使能够开发成功，但由于其稳定性难以达到，或者本身的不确定性很大，都会导致技术创新达不到预期效果。最后，基于虚拟企业中的合作形式，有时还会因为技术的外泄和核心能力的丧失，使知识产权保护的风险增大。

(4) 利益分配问题

尽管虚拟企业联盟的合作各方有着共同的利益，相互间有着相同的战略目标，各成员间建立了互补型的合作关系，但在实际运行过程中仍不可避免地会发生一些经济利益上的冲突，这种情况会在一定程度上削弱虚拟企业联盟的生命力。收益与风险的不对称问题就是很好的一个例子，虚拟企业在进行收益分配时，有时会很难充分考虑到各成员企业参与该虚拟项目所投入的资源以及该资源的消耗程度。收益与风险不对称问题如果不能得到很好的解决，将直接影响到虚拟企业合作联盟成员企业间的关系，甚至引起整个合作联盟的破裂。

此外，不同所有制企业之间的合作也存在着障碍，处于不同所有制企业的企业家们追求的利益往往有差异，有的企业追求利益最大化，而有的企业则更追求对虚拟企业联盟的控制权等。

7. 虚拟企业对管理模式的影响

信息时代管理模式的转变，可以作为构建虚拟企业管理模式的基础。在由工业时代向信息时代转变过程中，管理在结构、控制、权力、交流等方面也将发生巨大的变化。

（1）从例行程序到复杂性的转变

真正对企业利益造成损失的不是过程中的工作，而是过程中的决策。许多良好的构思常常被搁置起来，束之高阁或不屑一顾，当认真考虑这些构思时，为时已晚，同时还常常被市场机会陷阱所困惑。正是这些随意做出的决策耗费了企业的力量、灵感与智慧，其原因就在于技术变革在信息时代已司空见惯，决策往往需要在事实不清楚、相关信息缺乏的时候做出。

（2）从顺序向并行的转变

序列化的生产过程使人们及各工序相互割裂开来，每一职能部门都有其特定任务，而对其他职能部门运转缺乏正确认识。当通过并行方式平行工作时，一种新的推动力就可产生。这不仅意味着各职能部门同时运转，更重要的是进行协作。传统的组织有一套复杂的操作程序来决定报告渠道、权力层次、部门特权、工作界定和操作。在该结构中，决策来自组织的顶层，而行为在底层，中层管理人员根据高层的意见，指导、监督、控制下层人员。严格的等级制度，使工作有顺序地传递给下一个部门。新技术的发展使企业更容易并行工作，通过将来自不同职能部门和公司的人员组建成多任务组合处理复杂的市场问题。虚拟企业的运行过程建立在市场上多方主体的参与上，通过专长性资源及信息的共享，延伸了各方的能力及战略意图。合作化否定内部化，使虚拟企业资源调解能力增强，参与各方没有行政隶属关系，彼此相互独立，自律与协商成为运行中的基本规则。

（3）从命令和控制到集中和协调的转变

严格的等级制具有一种命令—控制结构，其指令来自高层。只有高层人员才具备学识和智慧，下层人员必须在有关高层人员许可下才能从事创造性活动。组织中人的重要程度依赖于他所在的进位，通过接受直接汇报的数量、批准预算的权限、是否接近权力中心而体现出来。常常看到这样的情形，高层人员只擅长发号施令，从来不试图提出具有创新思想的建议。这主要是由于经常愿意提问题的人往往被认为是无智慧的人，与自己所在的高层位置是不相称的。虚拟企业以任务为导向，在自组织的虚拟工作团队中，任务的频繁变换，知识的专用性程度非常高，必须根据具体项目将领导的职能决策权转移给不同的人。信息时代中，环境的变化、知识更新速度不断加快，任何人都不可能具备长期担任领导所应具备的完全有效的知识，固定领导制无法保证组织的适应性。

（4）从职位权威到知识权威的转变

在严格的等级制中，职位与权威已被公式化：职位越高，权力越大。职位高的领导，不需要倾听下属意见，只需要监视和控制下属。上级给下级交代工作时，都有详细的说明与解释，下级只需接受游戏规则，并不需要创造性。而信息时代要求企业利用跨职能部门、超越企业界限的知识资源取得市场战略的成功，严格的等级制必然会被以任务为中心的团队所代替。在虚拟企业中，个人的知识变得更重要，也更容易获得，而缺乏知识的人，即使有很高职位也无法隐藏在职位后面。通过信息网络，人们很快知道谁拥有知识，谁能够分享知识，拥有知识的人必将成为虚拟企业中的核心人物。职位权威建立在根据职位安排来确定分配方案的基础之上，即使知识最少的人也有合理的成功机会。一方面对职员的受教育程度要求很高，另一方面又不可能充分利用其才能；即使上级人员实际上什么都不知道，但往往却被认为什么都知道；不同级别之间的人无法进行良好的沟通与学习。而虚拟企业是建立在知识权威基础上的，管理者必须真诚地对待他人，发现他人真正知道什么，掌握下属的能力、需求、经验。知识不仅体现在知道某事这个表面层次上，知识具有多种表现形式：①知道如何做（Know－how），即完成任务的方法；②知道找谁（Know－who），即应从何处找到关键资料；③知道干什么（Know－what），即具有鉴别基于知识基础上的主要模式的能力；④知道为什么（Know－why），即能够理解事件背景和企业意图；⑤知道在何处（Know－where），即知道事件可能和应该在何处发生；⑥知道在何时（Know－when），即具有英联邦感、选择电动机的能力和现实主义的态度。

（5）从不信任和服从到信任和诚实的转变

不信任似乎已根植于严格的等级制中，结构的分散性导致了职能部门之间的相互不信任，部门之间相互抱怨已习以为常。企业再造理论的运用极大地提高了生产力，使企业运行效率发生了根本性变化，打破了企业内部部门间的独立界限，在部门合作的界面上取得了很大的进展，但企业之间的合作问题并未解决。信息时代，需要企业间的真诚合作，虚拟企业是一种随时的、随机的组织，其合作的价值来源于重复与浪费的减少、借助彼此的核心能力、创造新机会三个方面，而合作的价值基础是信任与诚实。

（三）学习型组织

1. 学习型组织的定义

学习型组织理论是美国麻省理工学院教授彼得·圣吉在他的著作《第五项修炼》中提出来的。该书出版后，受到了管理学界和企业家们的广泛关注，彼得·圣吉于1992年荣获世界企业学会最高荣誉的开拓者奖，《第五项修炼》则被喻为21世纪的管理圣经。

这种理论认为传统的组织类型已经越来越不适应现代环境发展的要求，未来真正出色的企业将是能够设法使组织成员全心投入，并有能力不断学习世界的变化使在组织管理再也不像过去那样被动地去适应，而是在知识更新愈来愈迅速的环境中面向未来主动地去学习，以便将新的知识应用于不断创新的管理实践。

圣吉认为现代企业面对环境的变化必须做出努力，企业应该能面对环境变化所产生的新问题进行主动的学习和修炼，能够及时地察觉管理中的问题，及时地做出反应，确立组织的持续发展的机制，以达到在竞争中立于不败之地的目的。

圣吉认为，企业的组织是一个完整的有机系统，企业组织就像一个人，他的内部结构、思维方式和自身的素质直接关系到企业对外在变化的反应。企业组织能力的提高与个人的各项技能提高一样需要学习才能达到目的。同时企业组织又是一个有机体，必须强调总体能力和企业各部分对整体的有效作用，即通过个体—总体的关联反应达到自我适应的反应目的。

2. 学习型组织的五个要素

（1）建立共同愿景（Building Shared Vision）

愿景可以凝聚公司上下的意志力，透过组织共识，大家努力，学习型组织力的方向一致，个人也乐于奉献，为组织目标奋斗。

（2）团队学习（Team Learning）

团队智慧应大于个人智慧的平均值，以做出正确的组织决策，透过集体思考和分析，找出个人弱点，强化团队向心力。

（3）改变心智模式（Improve Mental Models）

组织的障碍，多来自于个人的旧思维，例如固执己见、本位主义，唯有透过团队学习及标杆学习，才能改变心智模式，有所创新。

（4）自我超越（Personal Mastery）

个人有意愿投入工作，专心于工作技巧的专业，个人与愿景之间有种“创造性的张力”，正是自我超越的来源。

（5）系统思考（System Thinking）

应透过资讯搜集，掌握事件的全貌，以避免见树不见林，培养综观全局的思考能力，看清问题的本质，有助于清楚了解因果关系。

学习是心灵的正向转换，企业如果能够顺利导入学习型组织，不只能够达致更高的组织绩效，更能够增强组织的生命力。

3. 学习型组织的适用性

管理理论的发展是为了适应社会进步，战略的柔性要求企业成为学习型组织，由于社会环境、管理基础、制度效率等因素，引入学习型组织的时候，需要考虑其适用性。

（1）要与社会环境及相关背景相适应

学习型组织的五项修炼不是拿来即用的，学习型组织这一尚未成熟的理论在我国企业中的运用必须有一个本土化的过程。

（2）要与企业管理的基础相适应

在学习型组织案例中，都是管理基础较好的企业。学习型组织是众多组织形式中的一个，并不是每一个企业都适合建立。

（3）要与企业的发展阶段相适应

从制度效率角度来看，一个企业在生命周期的不同阶段，应采取一个能够实现其效用最大化的组织形式，不求最先进的，而应该采取最合适的组织形式。

4. 学习型组织的特点

学习型组织具有如下十个特点。

（1）共同的愿景

组织的共同愿景，来源于员工个人的愿景而又高于个人的愿景。它是组织中所有员工愿景的景象，是他们的共同理想。它能使不同个性的人凝聚在一起，朝着组织共同的目标前进。

（2）创造性的个体

企业的工作有两类，一类是反映性的，一类是创造性的。反映就是上级来检查了下级反映一下，出了事故反映一下，反映有什么作用？最多能维持现状，绝大多数人、绝大部分精力都用于反映，而没有用于创造。企业的发展是创造性的工作。没有创造企业就会被淘汰。

案例：长虹靠不断地创造，新产品一个个被推出来，占据了上海市场，令当初小瞧长虹的彩电企业一个个不行了，如今长虹已研制出液晶彩电。金星艰难奋起，能动用的资金只有长虹的一个零头，金星靠的是平均一个月推出三个新产品获得一席之地。海尔来到上海，平均一个星期推出两个新产品。

（3）不断学习

这是学习型组织的特征。所谓“善于不断学习”，主要有四点含义：一是强调“终身学习”，即组织中的成员均应养成终身学习的习惯，这样才能形成组织良好的学习气氛，促使其成员在工作中不断学习。二是强调“全员学习”，即企业组织的决策层、管理层、操作层都要全心投入学习，尤其是经营管理决策层，他们是决定企业发展方向和命运的重要阶层，因而更需要学习。三是强调“全过程学习”，即学习必须贯彻于组织系统运行的整个过程之中。约翰·瑞定提出了一种被称为“第四种模型”的学习型组织理论。他认为，任何企业的运行都包括准备、计划、推行三个阶段，而学习型企业不应是先学习然后进行准备、计划、推行，不要把学习和工作分割开，应强调边学习边准备、边学习边计划、边学习边推行。四是强调“团队学习”，即不但重视个人学习和个人智力的开发，更强调组织成员的合作学习和群体智力（组织智力）的开发。在学习型组织中，团队是最基本的学习单位，团队本身应理解为彼此需要他人配合的一群人。组织的所有目标都是直接或间接地通过团队的努力来达到的。

学习型组织通过保持学习的能力，及时铲除发展道路上的障碍，不断突破组织成长的极限，从而保持持续发展的态度。

（4）学习模式

E－Learning，代表了一种以互联网为平台的新型学习模式。充分利用现代计算机技术和互联网的特性，提供一种可以随时、随地、自我计划管理的一种成本低、效益高的学习机会和资源。

E－Learning 不同于传统的电化教学，也不同于电视教学和远程教育。其中，“E”除了代表电子外，还代表学习者的体验（experience）、现有学习方法的延伸（extension），以及学习机会的增长（expanded）。

企业的竞争力来源于知识。世界知识管理之父斯威比博士（Karl－Erik Sveiby）早在 20 世纪 80 年代初就提出了企业的知识资本是市场价值与账面价值之差，隐性知识是企业的核心能力。同时，他还进一步强调，企业的核心能力不是企业个别的专家知识，也不是企业家的领袖知识，它来源于企业对市场、客户及技术方向的集体共识，是区别于个人知识的组织知识。

E－Learning 正是通过共同学习为创造这种知识提供方法和手段，因而成了学习型组织终身学习的最佳模式。

（5）兼学别样

组织中的成员不仅要掌握本岗位上的工作技能，而且要学习了解其他岗位工作能力。学习型组织能顾全大局、相互协作、高效，做到组织精简。

案例：宝钢电厂与一般电厂一样，由机、电、炉三部分组成，宝钢电厂硬是花了三年半时间分批让这三部分工人都分别学会另外两种技术，也就是说，一个人可以做三种不同的事情，经考核合格者才可以上岗，通过学习，原有机、电、炉三组，每班只剩下 13 人，比日本某世界先进水平的电厂还少 1 人。宝钢电厂的做法在宝钢集团也得到了应用，宝钢成立时，年产量 670 万吨，工人 4 万多人，现在年产量 882 万吨，提高三分之一，工人减少到 1 万人。

（6）扁平式结构

传统的企业组织结构是金字塔式的垂直组织结构，上下级之间是决策输送和信息反馈的逆转传递，上情下达或下情上传都同样要经过中间的层层结构传递。这导致了诸如信息损耗大、传递成本高、传递速度慢等不良后果。另外，企业内部的不同职能部门，往往形成部门职员之间沟通与合作的障碍。这种严格定位、分级负责的模式在传统经济发展阶段由于行业发展的可预测性较强而较有效。但面对变化多端的现代化市场行情则变得反应迟缓，缺乏灵活机动性。西方经济学者把传统企业组织模式的失效归因于传统企业组织里一贯的“边界”，认为传统企业之所以存在边界，其原因在于按照需要把员工、业务流程及生产进行区分，使各要素各有专攻、各具特色，但是经济发展的现实是经济信息化和全球化根本改变了企业生存的内外环境，要求企业从内部到外部建立合作、协调、高效的机制，变大规模生产观念为灵活生产，变分工和等级为合作，调动职工积极性，协调外部经营环境，这就是对企业边界改革的呼唤。

学习型组织结构是扁平的，即从最上面的决策层到最下面的操作层，中间相隔层次极少。它尽最大可能将决策权向组织结构的下层移动，让最下层单位拥有充分的自主权，并对产生的结果负责。例如：美国通用电器公司管理层次已由 9 层减少为 4 层，只有这样的体制，才能保证上下级的不断沟通，下层才能直接体会到上层的决策思想和智慧光辉，上层也能亲自了解到下层的动态，吸取第一线的营养。只有这样，企业内部才能形成互相理解、互相学习、整体互动思考、协调合作的群体，才能产生巨大的、持久的创造力。

（7）无边界行为

无边界行为是通用电气公司第八任总裁杰克·韦尔奇提出的。韦尔奇反对通用旧有的“不是土生土长的”学习型组织观念，提倡员工之间、部门之间、地域之间广泛地相互学习，汲取新思想，他说：“你从越多的人中获取智慧，那么你得到的智慧就越多，水准被提升得越高。”这种“无边界”的推广，使通用公司将注意力集中在发现更好的方法和思想上，促使公司发展不断升级。“无边界”成为通向学习型文化和自我实现的关键一步。为了真正达到“无边界”的理想状态，韦尔奇坚决执行减少管理层次的决定，加强公司硬件建设；大力提倡全球化思维；创立“听证会”制度。“听证会”制度不仅使普通员工参与公司的管理，而且成为领导者和员工相互沟通、学习的场所，大大提高了工作效率。

无边界行为是企业组织结构的创新。无边界原理认为，企业组织就像生物有机体一样，存在各种隔膜使之具有外形或界定。虽然生物体的这些隔膜有足够的结构强度，但是并不妨碍食物、血液、氧气、化学物质畅通无阻地穿过。得益于这一现象的启发，企业各部门、上下级之间虽然存在边界“隔膜”，但信息、资源，构想及能量也应该能够快捷便利地穿过企业的“隔膜”，像是没有边界一样。虽然企业各部分的职能和界定仍旧存在，仍旧有权高任重的领导，有特殊职能技术的员工，有承上启下的中层管理者，但组织作为一个整体的功能，却可能已远远超过各个组成部分的功能。可以看出，无边界原理其实是以有边界为基础，并非对所有边界的否定，其目标在于讨论让各种边界更易于渗透扩散，更利于各项工作在组织中顺利开展和完成。

根据以上原理，企业必须对现有的一些组织结构边界进行重新定义。

第一，垂直边界。

旧的垂直边界主要表现为由传统的垂直式组织结构建立的内部等级制度，组织设置为层级机构，各层都界定了不同的地位、权威及权力的上下限，其中的各个职位都有明确定义，位高则权重，位低则权轻，是理所当然的事。无边界组织突破了这种僵化的定义，撇开所拥有的权威与地位，职位让于能力，以谁提出的建议更有价值为标准，只要利于企业发展的建议都会受到重视和采纳，显然，新的垂直边界（实际上任何时候都不可以完全抛弃边界）提高了企业各级间的可渗透性，使企业能聚集所有职工的智慧，从中得到上佳的决策。

第二，水平边界。

旧的水平边界正如房间的隔墙存在于企业内不同的职能部门，不同产品系列或经营小组之间，由于各职能部门都依据自身的进度表行事，往往与其他部门发生矛盾和冲突，各个部门都不顾企业的整体目标而片面夸大自己的目标，从自身专业或部门的立场评价公司的政策，难怪“政策的制订或计划的编制通常是有利害关系的各方协商的后果，而不是根据公司全盘需要做出反应”①。因此，水平边界的突破就需要设计能够穿越部门边界的工作流程和结构，使信息和资源工作进程在部门之间顺畅流动和快速交接，把被分割的职能重新融为一体。

（8）自主管理

按照学习型组织理论，现在的企业管理方式有两类，一类是权力型的，一类是学习型的。权力型的基本管理模式是等级式的，一级级管下来，问题要一级级上报。这种模式的一个致命弱点就是任何问题都是权力大的人在做主，虽然大多是正确的，但不可否认也有下级正确的时候，有许多工作在基层的员工有好的想法和经验，要充分发挥员工的管理积极性，实行“自主管理”。自主管理是使组织成员能边工作边学习，使工作和学习紧密结合的方法。通过自主管理，可由组织成员自己发现工作中的问题，自己选择伙伴组成团队，自己选定改革进取的目标，自己进行现状调查，自己分析原因，自己制定对策，自己组织实施。自己检查效果，自己评定总结。团队成员在“自主管理”的过程中，能形成共同愿景，能以开放求实的心态互相切磋，不断学习新知识，不断进行创新，从而增加组织快速应变、创造未来的能量。日韩企业几乎都实行自主管理，不定期地召开会议，气氛很活跃，领导们都坐在后面以示支持。一个聪明的领导不仅要让员工的手动起来，还要让他们的脑动起来，给他们以自主管理的机会，肯定他们的工作成果，让他们体会到人生价值，这样他们就乐于奉献，领导也就成功了，企业也就成功了。

当然，实行自主管理，必须拥有高素质的员工，这就需要学习。

（9）员工家庭与事业平衡

学习型组织努力使员工丰富的家庭生活与充实的工作生活相得益彰。学习型组织对员工承诺支持每位员工充分的自我发展，而员工也以承诺对

---

① 艾尔弗雷德·D. 钱德勒. 看得见的手——美国企业管理学革命［M］. 商务印书馆，1987：534.

组织的发展尽心作为回报。这样，个人与组织的界限将变得模糊，工作与家庭之间的界限也将逐渐消失，两者之间的冲突也必将大为减少，从而提高员工家庭生活的质量（满意的家庭关系、良好的子女教育和健全的天伦之乐），达到家庭与事业之间的平衡。

（10）领导者的新角色

在学习型组织中，领导者是设计师，仆人和教师。领导者的设计工作是一个对组织要素进行整合的过程，他不只设计组织的结构和组织政策、策略，更重要的是设计组织发展的基本理念；领导者的仆人角色表现在他对实现愿景的使命感，他自觉地接受愿景的召唤；领导者作为教师的首要任务是界定真实情况，协助人们对真实情况进行正确、深刻的把握，提高他们对组织系统的了解能力，促进每个人的学习。

学习型组织有着它不同凡响的作用和意义。它的真谛在于：学习一方面是为了保证企业的生存，使企业组织具备不断改进的能力，提高企业组织的竞争力；另一方面学习更是为了实现个人与工作的真正融合，使人们在工作中活出生命的意义。

在学习型组织中，员工们是通过积极地参与和工作有关问题的识别与解决过程来不断地获取和共享新的知识，并且参加到组织的知识管理中来的。这种在完成工作任务过程中的学习以及应用所学知识的能力，是学习型组织获取持续性竞争优势的源泉。

学习型组织强调“全员学习”和“终身学习”。也就是说，所有的组织成员都必须自觉地进行学习，不断地学习新的知识。这种学习应该是一种持续员工一生职业生涯的学习过程。

学习型组织强调“全过程的学习”和“团队学习”。也就是说，学习必须贯穿于组织运行的整个过程之中，在组织运行的每一个阶段都需要学习，而且团队学习是学习型组织的基本学习方式。

学习是学习型组织的长期战略。在组织的诸多目标中，学习的位置应该放在组织的长期发展的战略位置上。不能因为学习不能带来一些短期的利益而影响组织的学习战略的实施。

圣吉所倡导的学习型组织的特点是通过所有的员工积极地参与和工作有关问题的识别与解决过程来不断地获取和共享新的知识，从而使组织获取持续适应和变革的能力。因为组织结构会促进或阻碍组织的学习能力，因此学习型组织理念对组织结构设计有着重要的影响。

组织结构是实现组织目标的手段。一个学习型组织的结构应该适应学习型组织的要求。无论管理者选择了何种的组织结构设计，这一设计都应该能有助于组织中的员工们进行学习。因此，为了有助于实现“全员学习”的目的，学习型组织的组织结构设计的原则应该是尽量向下放权，而不是集权，组织结构应该尽量扁平化，而不是建立高度集权的金字塔形组织结构。同时，为了有助于实现“团队学习”，学习型组织的结构设计的原则应该是尽力在不同的组织部门之间的横向联系，组织结构应该尽量实现网络化。

学习型组织理论实际上是以倡导企业的全员学习和全过程学习的方式，使企业组织内部形成一种不断学习新知识和研究新问题的氛围，从而达到提高企业组织的创新能力和发展能力，提高企业对竞争激烈和不断变化的环境的适应能力，提高企业的竞争力的目的。

五、结束语

各种组织结构都有其长处与短处，企业究竟采用哪种形式应该从实际出发。一般说来，选择组织结构形态要考虑企业的目标，发展战略，生产性质，规模，产品种类，生产工艺特点，以及市场状况和企业的管理信息系统水平等因素，同时还需要考虑到企业所处的环境条件要求和企业的发展要求。不同的企业往往采取不同的组织结构，同一个企业在不同时期，不同环境中，组织结构形式也会有变化，另外，在实践中，同一企业，往往可能把几种不同的组织结构形式结合起来应用，形成一个多种形式的复杂组织结构以适应具体的需要。

企业组织结构一直在不断发展和变化。这种不断发生的变革是由于现代企业的性质与生产方式正在发生着巨大的变化，是由于现代企业面对着愈来愈复杂多变的环境，愈来愈激烈的竞争，这些因素都要求企业不断地调整与发展企业的组织形态与结构，创新组织的理念和模式，从而使企业可以充分地发挥企业核心能力优势，提高企业竞争力，提高企业适应环境变化的能力。

决定企业的组织形态和组织结构，以及组织的管理理念和管理模式的是企业的生产方式、企业的技术环境、企业的规模、企业外部的社会环境和文化环境，以及人们管理经验与认识的水平。这些决定因素随着社会的发展不断地发展变化，所以导致现代企业的组织，无论是组织理念，还是组织管理模式，组织结构都在一直不断发展变化。

企业组织创新是现代企业管理的基本要求。在不断发展变化的现代社会环境中，企业为了适应多变的环境，有必要随时准备调整和改革组织的形式与管理方式。在激烈竞争的现代社会环境中，企业有必要不断进行组织目标和任务的调整。在组织的任务与目标不断调整过程中，企业组织形式与管理方式也需要进行相应的改变、创新和发展。企业的组织创新和变革不仅是环境变化的要求，同时也是企业性质的一种内在要求。企业需要不断提高自身的竞争力以应对激烈的市场竞争，所以企业在不断发展的过程中，必须不断地调整自身的组织形式和管理模式以适应企业内在要求带来的新的需要和解决新的问题，进行组织创新和变革来使企业在市场竞争中取得竞争优势。

归纳起影响组织结构设计的因素，主要包括以下三个方面。

1. 企业组织的等级结构趋于扁平化

根据企业组织理论的知识，企业组织等级结构的形成主要是因为有效管理幅度的限制，随着企业组织规模的扩大，必须通过相应增加管理层次才能保证领导的有效性。而且当企业规模一定时，企业的管理层次与管理幅度成反比。也就是说管理层次越多，那么相应的管理幅度越小，企业所呈现的组织结构就是高耸型的金字塔结构；相应的当管理层次越小时，对应的管理幅度越大，企业则趋于扁平式结构。自从韦伯的行政管理体系确立以来，高耸型组织由于分工明确、管理系统严密一直备受管理者的青睐。但是随着管理层次的增加以及信息量的爆棚，高耸型组织结构的缺点也日益凸显出来。这种结构下管理者需要花费大量的时间来处理信息有效的上传下达工作，而且底层工作者的积极性也会受到打击，尤其是在信息科技迅速发展的现在，及时性成为衡量信息有用性的一个非常重要的指标，所以企业的组织结构必须能保证信息有效而快速地传达。但是高耸型的组织结构由于管理层级较多，已逐渐成为许多大企业的通病。那么简化组织的管理层级已经势在必行，组织结构扁平化也日益重要。然而，值得注意的是，扁平化组织的高效运行离不开当今信息技术的支持。

信息技术的进步，组织中信息上传下达的程度在很大程度上依赖现代信息技术发展所提供的通信功能。管理人员可以通过电子邮件、微信、视频会议等网络形式组织公司成员和各部门进行信息之间的交流和传递。伴随着这种情况的产生，之前为了保证信息能有准确传递的许多中间管理层也就变得不再重要，所以企业需要简化公司的管理层次，因此，组织的等级层次数量就减少了，这样也就大大提高了信息传递的速度。而且随着组织管理层次的减少，企业高层与公司员工的互动会相应的增加，这样既可以保证高层领导很好地了解公司的一线员工，也可以调动员工的工作积极性。

2. 企业规模由片面追求越大越好转为适度发展

长久以来，决定企业规模的重要因素一直都是“规模经济”。人们普遍认为，只有当产量足够大的时候，企业才能够使用更多的专门化生产设备，更细致地进行劳动分工，这样才能把产品的单位生产成本降下来。在规模经济的影响下，如果企业没办法将产量提高到规模经济的范围内，其单位产品的生产成本就会偏高，企业在竞争中也难以取得有利地位。然而，以上分析的“规模经济”的模式正在受到严峻的挑战，也就是企业生产规模越大越好的观念正在受到质疑。尤其是20世纪90年代以来，高新技术的快速发展及全球经济一体化的快速发展，传统的4P理论，也就是产品、价格、渠道、促销，逐渐被新兴的4C理论取代，所谓4C就是指消费者、成本、便利和沟通，这也推动了消费者、竞争与变革成为影响企业发展的三大因素。在这样的大背景下，企业的组织形态出现了一系列的创新，企业也不再一味追求大规模，合适的企业规模是符合企业战略和企业目标的能够适应企业发展的规模。而这些变化主要体现在以下几个方面：一是大量的中小型企业因为灵活、适应性强的特点越来越受到关注，“小的就是美好的”成为很多企业的理念。二是很多大企业内部采用较灵活的经营方式，实行高度分权，创造了一些崭新体制的分公司，充分发挥底层组织的积极性和创新精神。例如很多美国企业采用独立经营单位的形式，日本和瑞士的部分企业出现团队工作形式等。三是一些比较有实力的大公司，例如通用、杜邦等企业，也在不断缩减企业规模，解散官僚机构，并且将各种后勤服务工作甩给逐渐完善的社会服务业。四是“战略联盟”这种新型合作形式成为很多企业生存和发展的有效途径。在竞争日益激烈的市场经济条件下，很多企业因为同一市场机会而快速联合，利用联盟中的协同作用，推进企业纵向一体化的发展，在保持规模不变的情况下增强企业的经营能力。

3. 组织成员的行为方式和人员结构发生了较大的变化

企业管理的主体是管理者，在信息技术逐渐渗透到现代企业组织中的现在，企业管理者的行为方式、思想观念、素质要求及人员结构等都发生了翻天覆地的变化。

随着企业组织逐渐趋于扁平化，企业的领导者的工作方式和领导风格也必须适应扁平化组织的要求，适应同环境进行有效的沟通。在新的组织结构中，信息将变得越来越重要，成为未来企业家最需要掌握的东西。掌握和运用信息的能力将成为衡量管理者水平的一个重要指标。高层管理者现在所需要的不再是坐在金字塔的顶端发号施令，而是主要从事那些需要大量信息技术支持的战略规划和综合协调的工作。

中层管理者的行为和职责也发生了彻底的变化，中层管理者在不以信息为主导的传统组织中既没有决策权利也没有指导作用，他们的主要职责是上传下达那些需要中转的信息。然而，扁平化的组织会大大减少对中层管理者的需求，中层管理者的职能发生了很大的变化，一些升职到高层组织结构中，但是更多的是下移到了执行层次。

归纳当代社会里，现代企业组织变革的主要趋势如下。

（1）复杂多样的组织模式取代千篇一律的组织模式

早期的古典科学管理理论学者们一直在孜孜以求一种适合所有企业的“普遍适用的”组织模式。现代的企业管理学者们已经完全放弃了这种无谓的努力。在现代社会中，企业处于复杂多变的社会环境之中，面对着激烈竞争的社会环境，每一个企业都必须面对着不同的经营管理问题。因此，寻求一种“普遍适用的”单一的组织模式是没有意义的。从这个角度来看，对一家企业来讲，没有必要去寻求适合所有企业的组织模式，需要寻求的是适合自己企业的组织模式。

（2）弹性组织结构取代刚性组织结构

为了有效地应付现代社会的复杂多变和激烈竞争的环境，现代企业的组织模式必须能够根据实际需要进行必要的调整，因此，企业不适于采用过于刚性的组织结构模式。这也就是为什么现代企业愈来愈多地采用富于弹性的组织结构，比如扁平的组织结构、网络型组织结构和矩阵型组织结构，而不是传统的金字塔形的刚性组织结构。采用富于弹性的组织结构，可以有效地提高现代企业的应变能力与适应环境变化的能力，从而提高了现代企业的组织有效性和生存能力。

（3）分权的扁平组织结构取代集权的金字塔组织结构

为了提高现代企业的应变能力和反应能力，企业的组织模式的设计愈来愈重视权利的下放和管理层次的减少，实行组织结构的扁平化。由于扁平化的组织结构可以缩短上下级之间的信息传递路线，同时下级人员拥有更多的决策权力，不必事事都需要上级批准，所以这种组织模式可以有效地提高在现代复杂多变环境中的企业组织的应变能力和生存能力。这就使得组织的扁平化成为一种时代性的企业组织模式的发展大趋势。

（4）松散的网络型组织结构取代传统的官僚行政组织结构

网络型组织是一种在现代信息技术，特别是网络信息技术平台上建立和发展起来的虚拟型的经营组织。网络型组织的特点在于扩大企业与外部单位之间的分工协作，建立的一种基于契约关系基础上的新型的组织形式，这是一种非传统的、虚拟的企业式的经营体。

由于网络型组织不同于传统的官僚行政组织结构，组织的成员之间没有刚性的行政隶属关系，也没有企业间常见的股权关系，它们之间的关系仅是一种基于共生关系之上的契约关系，所以网络型组织的成员之间的关系是较松散的关系，是一种具有很大弹性的关系。这就使网络型组织较传统的官僚行政组织具有了大得多的灵活性和适应性，从而增强了在现代复杂多变环境中的企业适应能力。因此，在现代社会中，网络型组织的经营体得到了迅速的发展。

需要强调的是，虽然上述组织变革的趋势正在影响着现代企业的组织模式的选择和设计，但是，这并不等于说传统的组织模式就没有应用价值了。还是那句话：没有最好的组织模式，只有最合适的组织模式。企业应该根据自己的需要来选择和设计最适合自己的组织模式。企业进行组织变革的直接动力来自于提高企业组织的效能和有效性的需求，来自于企业适应环境变化的需求和提高企业竞争力的需求。企业组织的效能和有效性，直接关系到企业完成任务目标的能力。为了提高企业组织的效能和有效性，企业的管理者需要不断地对企业组织进行诊断和分析，及时地发现企业在运作过程中出现的各种不正常的现象，寻找影响组织效能发挥的内部原因和外部原因，发现组织存在的问题，从而拟定组织变革方案，并且据此进行必要的组织变革，解决组织上存在的问题。提高企业对环境的适应能力直接关系到企业的生存能力和发展能力。不能有效地适应环境的企业，是没有生存能力的企业。为了提高企业的生存能力，企业的管理者需要对所处的社会环境进行认真的分析与预测，及时和准确地察觉环境的变化和可能发生的变化，正确地判断这种变化对企业的组织效能和有效性造成的影响和可能造成的影响，进而研究和提出企业的组织变革的方案，进行企业的组织变革，从而有效地提高企业组织对环境变化的适应能力。提高企业竞争能力，是现代企业面对激烈竞争的环境所必须解决的问题。在激烈竞争的市场环境中，企业经营如同逆水行舟，不进则退，不进则衰，不进则亡。企业为了生存和发展，企业的管理者必须时时对竞争对手和自身进行认真的分析与研究，不断地调整企业的经营方针和管理模式，包括研究企业的组织变革和创新的方案，以达到不断地提高企业组织的工作效能和有效性，提高企业竞争力的目的。

在企业组织的创新变革过程中，会产生许多的干扰力量和很大的阻力。这些干扰力量和阻力，有的来自企业组织的内部，有的来自企业组织的外部。对这些组织变革的阻力的准确和科学的认识是有效地推行企业的组织变革的必要前提。在没有认识清楚组织变革的阻力的前提下盲目地推行企业的组织变革很可能会导致组织变革的失败，甚至会导致灾难性的后果。

企业进行组织变革的阻力一般来自多方面。过去的企业文化会对企业组织创新变革造成阻力。企业进行组织创新变革，意味着改变企业过去的工作方式和工作理念，也就是改变企业的旧文化。文化属于人们的思想意识层面，由于人们的思想意识的改变需要一个过程，所以改变企业的旧文化也需要一个过程，尤其当过去的企业文化较成功和深入人心的时候。因此，企业进行组织变革，必然遭遇到持有旧文化观念的人们的抵制，从而形成企业进行组织变革的一种阻力。人们的既得利益也会对企业组织的创新变革形成阻力。在旧有的组织模式下，会形成既有的利益分配格局，形成一些人的既得利益和一些部门的既得利益。而进行组织变革，必然会影响一些人的既得利益，从而遭到这些人的反对，形成对组织变革的阻力。企业的生产技术因素也会对企业组织的创新变革造成阻力。企业进行组织变革，意味着改变企业旧有的工作方式，需要采用一些新的技术和技术设备，这就涉及一些技术因素。同时企业人员的相关技术素质和学习能力等都会对组织变革造成问题，从而形成组织变革的阻力。

经验证明，许多企业的组织变革就是因为无法有效地化解技术因素造成的阻力而失败的。经济因素是造成企业组织的创新变革的一种重要阻力。企业的组织变革必然会带来一定的经济成本。这种经济成本是企业为了提高企业的组织的有效性所必须付出的代价。但是，如果企业无力为这样的组织变革付出一定的经济代价的话，那么企业的组织变革将难以进行。

第三章 公司治理结构

公司制度的最早形态可以追溯到11世纪欧洲经营海上运输业的康孟达契约组织，康孟达是劳资合伙经营的一种商事契约，它是最早的一种商业合伙形式。康孟达对后来的公司制企业的影响在于这种契约形式首创了有限责任制的合伙形式，而这正是现代公司制度的重要内容。古典的私人股东主导的公司治理模式是股份公司产生以后最早出现的公司治理模式，是自由竞争资本主义阶段的主流模式。此后随着技术的发展和企业规模的扩大，出现了职业经理阶层，职业经理阶层的形成使企业成为现代化的科层制企业。①

公司治理结构的建立，可以追溯到17世纪的英国和荷兰。当时英国和荷兰具有了明显的现代股份公司特征的特许海外贸易公司。但是在这些特许贸易公司中，股东无法介入公司的经营，公司的经营交给了经理人员，于是便出现了股票所有权与公司经营权相分离的格局。这就需要建立一套董事会领导下的经理人员经营制度，使经营者对股东负责。自股份公司18世纪产生于欧洲起，开始广泛流行于资本主义国家。公司治理源于两权分离下的委托—代理问题。随着股份公司的经营规模的扩大、竞争的激烈，在所有权与经营权分离的情况下，由于股权分散，股东有可能失去控制权，企业被内部人（管理者）所控制，股东大会地位的弱化，严重挫伤了广大股东参与公司决策、行使监督权力的积极性和有效性。由此可见，公司治理结构问题是随着股份公司的产生而产生并发展的，其核心是所有权

---

① 石明虹，张喜民．日、美家族企业制度演变及对中国民营企业制度变革的启示［J］．山东工会论坛，2003，9（1）：65－67.

和经营权分离，所有者与经营者利益不一致产生的委托代理关系。

美国经济界提出，公司治理结构是涉及公司股东及其相关利益群体的利益能否正常实现和公司能否正常运营的重要问题，既要保证投资者盈利目的的实现，经营者经营权的健康顺利行使，又要促使公司治理结构发挥作用时各利益主体之间关系的合理协调。因此，公司治理结构在不同的时期，不同政治、经济、社会文化等因素的前提下展现不同的特点，但归根结底，结合现状研究公司治理结构，建立并完善内部组织体系，将有利于保证公司股东对公司的控制与利益回报，妥善处理所有权与经营权等相关利益群体的关系，提高公司治理水平与生命力，最终实现公司效益的最大化与健康发展。①

一、产权理论

产权是由政府和市场两方面强制形成的相互统一的权力关系。② 产权是一种财产权利，正如张五常曾说："产权结构可以采取各种不同的形式，私人产权为一个极端，共有产权为另一个极端。"③ 因此，产权形式可以分为两种：私人产权和共有产权。

产权制度是制度化的产权关系，是关于产权的划分、界定、保护，以及行使产权和进行产权交易的一系列的规则内容，直接影响人们利益分配。产权结构是产权主体划分与他们之间的关系。产权结构直接影响产权主体确定、边界划分，责任认定、权利和义务确定，从而对市场交易的效率和成本产生直接影响，因此是重要的产权制度。而产权是否清晰是指主体是否明确、边界是否清楚，责任、权利和义务是否清楚。产权制度规定影响着产权的市场交易的内容和方式，从而影响产权交易成本、产权交易效率和市场资源配置。科斯认为，在存在市场交易费用的时候，产权制度安排是否清晰，是否合理，会对市场交易的最终结果和资源配置的效率产生影响，从而影响整个市场的运行效率。

---

① 崔建淑．公司治理结构下的内部控制问题研究［D］．北京：首都经济贸易大学，2009.

② 袁庆明．新制度经济学教程：New Institutional Economics［M］．北京：中国发展出版社，2011：103.

③ 张五常．经济解释［M］．北京：商务印书馆，2014：427.

下面介绍产权与产权结构。

企业的产权就是企业的财产所有权，包括所有权、使用权、支配权和转让权。这里要注意区别企业所有权和财产所有权。

企业是一种由契约所组成的团队生产模式，由于存在不确定性问题，这种契约就必然是不完全契约。由于企业是由不完全契约组成的，因此企业存在剩余权利——剩余索取权和剩余控制权。剩余索取权是指企业收入去除相关契约规定的支付之后（契约收益之后）的剩余部分的索取权，剩余控制权是指企业中契约没有规定归属的决策权利。

企业产权结构是产权归属主体的组成和相互关系。企业的不同产权结构直接影响到企业中各种生产要素所有者的利益分配，从而可能产生搭便车现象、偷懒现象、渎职现象和机会主义行为。企业的产权结构直接影响到企业中各种生产要素所有者的生产积极性，也就影响到企业的运行效率和经济成本，即监督成本问题。因此，企业的产权结构问题是企业制度安排的核心问题，而企业的效率问题归根结底是企业的产权制度安排问题，这是一种有效激励问题。

（一）业主企业的产权结构分析

业主企业的产权是由一个人所拥有和管理的，业主既是企业的所有者，又是企业的经营管理者，也就是说企业的经营权与所有权是统一的，两者没有分离，那么企业的剩余控制权与剩余索取权也必然是统一的，不会导致权力滥用和缺乏积极性问题。但是业主企业存在员工没有剩余索取权，也没有剩余控制权的问题，从而导致员工团队缺乏积极性，需要解决他们的有效监督问题。业主企业是团队经营生产模式，员工既没有剩余索取，也没有剩余控制权，两权的缺乏导致员工积极性的缺失。员工可能有偷懒、搭便车和机会主义的问题，从而降低企业效率。因此，员工的工作需要有监工监督，监工同样可能有偷懒、搭便车和机会主义的问题，从而降低企业效率。因此，监工的忠诚和效率同样需要有效监督，从而使得企业管理成本大增。在业主企业中，剩余索取权和剩余控制权统一归于一个业主所有，因此从理论上讲，在最高经营管理层次不存在企业治理问题。在企业中，由于员工没有剩余索取权和剩余控制权，导致员工可能产生偷懒、搭便车和机会主义的问题，从而产生员工的工作监督需要，使企业管理成本大增。因此，从理论上讲业主企业规模不宜过大。

1972 年，阿尔钦（Armen Alchian）和德姆塞茨（Harold Demsets）在《生产、信息费用与经济组织》一文中从企业产权结构的角度解释了员工偷懒行为的原因：企业在本质上是一种团队生产，这就必然导致团队成员对团队贡献份额在计量上的困难，如果监督需要花费费用的话，团队成员就不可避免地出现偷懒行为。阿尔钦和德姆塞茨认为减少团队成员偷懒行为的方式有两种：市场竞争和设立专门的监督者来评估团队成员的工作绩效。市场竞争可以帮助监督团队生产，团队成员会因为担心被团队外或团队中其他只需比自己支付更低报酬就能完成相同任务的人所替代，就会更加努力认真工作，偷懒的机会就会因此而减少。设立专门的监督者来评估团队成员的工作绩效时，要赋予监督者剩余索取权，使其监督工作更有效率。

（二）合伙企业的产权结构分析

合伙企业，是指自然人、法人和其他组织依照《中华人民共和国合伙企业法》在中国境内设立的，由两个或两个以上的合伙人订立合伙协议，为经营共同事业，共同出资、合伙经营、共享收益、共担风险的营利性企业组织。合伙企业包括普通合伙企业和有限合伙企业。合伙企业和业主企业作为市场经济中出现的较典型的两种企业，都比现代公司出现得要早，这两种企业形式在产权结构的基本特点上并没有本质的区别。所有权和企业的经营权没有发生分离，只是不再归属于一个主体所有，而是归属于两个或大于两个的主体所有。在合伙企业中，剩余索取权和剩余控制权是由几个合伙人所共享的，也就是说，在合伙企业中，合伙人之间同甘共苦，共同分享利益和承担亏损。合伙企业的产权是由几个合伙人共同拥有和管理的，他们既是企业的所有者，又是企业的经营管理者，也就是说企业的经营权与所有权从理论上讲是统一的，没有分离，那么企业的剩余控制权与剩余索取权也必然是统一的，不会导致权力滥用和缺乏积极性的问题。但是合伙企业在人数较多的时候实际上往往存在多数合伙人搭便车和偷懒现象，以及剩余权力分配问题，从而导致合伙人团队矛盾。因此，合伙企业的规模都较小。

1976年，詹森（Jensen）和麦克林（Meekling）[①] 发表的论文中对合伙企业产权结构进行了系统的分析，并且提出合伙企业要保持高效率工作必须满足的两个基本条件：一是合伙人之间就剩余收入分享达成相互满意的协议，二是每个合伙人都确保自己的监督工作做到位，认真行使或履行了监督权力和义务。这两个条件任何一个得不到满足，都会造成合伙企业问题的出现，例如合伙人搭便车现象、偷懒行为都会影响合伙企业的工作效率。

（三）公司企业的产权结构分析

现代公司的产权结构最早可追溯到14—15世纪，是西方欧洲一些国家将自己的财产委托给有能力的人来经营的一种组织形式，这是股份公司最早的形式，经营收入按照事先约定的比例进行分配，如果经营失败，委托人只需承担有限责任。1960年，在英国成立的，由政府特许的专门经营海外贸易的东印度公司，被认为是世界上第一个公司制企业，到17世纪，英国已经明确了公司独立法人的地位。[②] 这种股份公司和前面所讨论的业主企业和合伙企业在产权结构方面，最主要的区别是：股权结构的分散；企业所有权和控制权的分离。股权结构的分散主要体现在股份公司的企业所有权不再像业主企业和合伙企业那样归属于一个或大于一个的少数人手中，而是开始出现“集体所有”，即为大多数人所有，根据伯勒和米恩斯20世纪20年代末至20世纪30年代对美国公司统计资料的研究，发现：“所有权的分散，在各大公司显然已被推进至极端的程度，而在中规模公司之间，也有相当的程度。再者，一般说来，公司愈大，其所有权愈会朝大众分散。”[③] 企业所有权和控制权的分离主要体现在所有者拥有的所有权是财产价值的权利凭证，而控制权是指财产的实际支配权归经营者所有，

---

① 陈郁．所有权、控制权与激励［M］．上海：上海三联书店，1998．

② 袁庆明．新制度经济学［M］．北京：中国发展出版社，2005：142．

③ 伯勒，米恩斯．现代股份公司与私有财产［M］．甘华鸣等译．北京：商务印书馆，2005：53－58．

已经从过去的所有权中完全分离出来。[①]

公司是以营利为目的，根据《中华人民共和国公司法》，经有关主管部门批准成立的从事商业经营活动的经济组织。根据现行《中华人民共和国公司法》（2005），其主要形式为有限责任公司和股份有限公司两类公司。

有限责任公司，又称有限公司。有限责任公司指根据《中华人民共和国公司登记管理条例》规定登记注册，由一个以上、五十个以下的股东共同出资，每个股东以其所认缴的出资额对公司承担有限责任，公司以其全部资产对其债务承担民事责任的经济组织。有限责任公司的特点：

（1）有限责任公司股东不得将股资抽走，股东之间可以相互转让其全部或部分股权。股东向股东以外的人转让股权，应当经其他股东过半数同意。

（2）有限责任公司股东表决实行一人一票表决方式。

（3）注册资金较少，仅 3 万元，一人有限责任公司 10 万元。

股份有限公司全部注册资本由等额股份构成并通过发行股票（或股权证）筹集资本，公司以其全部资产对公司债务承担有限责任的企业法人。股份有限公司主要特征是：公司的资本总额平分为金额相等的股份；股东以其所认购股份对公司承担有限责任，公司以其全部资产对公司债务承担责任；每一股有一表决权，股东以其持有的股份，享受权利，承担义务。股份有限公司的特点：

（1）股份有限公司股东不得将股资抽走，股东之间可以相互转让其全部或部分股权，也可以向股东以外的人转让股权，不需要经其他股东同意。

（2）股份有限公司股东表决实行一股一票表决方式。

（3）注册资金较多，要 500 万元。

股份有限上市公司是指所发行的股票经过国务院或国务院授权的证券管理部门批准在证券交易所上市交易的股份有限公司。上市公司是股份有限公司的一种，这种公司到证券交易所上市交易，除了必须经过批准外，

① 伯勒，米恩斯．现代股份公司与私有财产 [M]．甘华鸣等译．北京：商务印书馆，2005.

还必须符合一定的条件。

股份公司企业的产权是由所有股东共同拥有，并且可以在证券市场里公开自由转让，具有分散性和流动性。股份公司的产权是分割的：所有权归股东所有，而控制权和使用权归企业经营管理者所有，导致企业的所有者往往不是企业的经营管理者，也就是说企业的经营控制权与所有权从理论上讲是可以分割的。因此，股份公司企业的剩余控制权与剩余索取权往往是分离的，从而会导致权力滥用、缺乏积极性和企业内部人员控制问题——公司治理结构问题和公司委托代理成本问题。

二、公司治理结构的发展

（一）传统公司治理结构的历史演进

1. 股东会中心主义

18 世纪中叶以后，公司治理结构发展出现了所谓的“股东会中心主义”时期。这一时期，公司规模不大，股东人数少，业务也相对简单，股东能够拥有较多的股权，因此，能够对公司进行运营管理和决策。股东大会成为公司的最高权力机构。公司的重大决策必须经过股东大会批准才能完成。董事会也由股东大会选举产生，但是，董事会并不拥有独立于股东大会的法定权力。这就形成了传统公司治理结构的主要模式。

2. 董事会中心主义

随着时间的推移，到了20 世纪初，新的科技革命推动生产力进一步发展，公司规模也呈现出巨型化、集团化的发展态势，使公司不能够由单一或少数股东控制，公司股权逐步分散。在多变的市场环境下，董事会能够根据外部环境和内部环境灵活地做出反应。此时，“股东会中心主义”已经不能够适应各国大型公司的继续发展的需要。这就是所谓的“董事会中心主义”时期。

3. 经理中心主义

公司规模的扩大以及快速变换的市场环境，要求董事会加强权力，对公司的经营管理做出快速且正确的决策。然而，随着公司规模的继续扩大，董事会的会议体制使董事会的决策效率受到限制。为了高效决策，辅助董事会执行业务的经理阶层的作用日益显露，公司的经营权逐渐控制在经理手中。这一时期，出现了所谓的“经理革命”。在1932年，伯利和米恩斯在《现代公司和私有财产》一书中论述了有关“经理革命”的思想，认为所有权和经营权的分离使经理阶层事实上取得了对企业的控制权。①

（二）公司治理结构的理论演进

1. 委托代理理论

委托代理理论的出现一方面是由于企业规模扩大、市场竞争激烈、企业经营管理技术难度加大，需要专业经理人也就是代理人对企业进行管理。另外一方面是企业股东为了企业经营效益提高，将企业经营权力交给职业经理人因而导致企业经营权与所有权分离。所有权与经营权分离所产生的委托代理关系是委托代理问题产生的基础。委托代理关系是指委托方与代理方之间存在的一种分享利益、共担风险和责任的关系。詹森和麦克林认为委托代理关系是：“一种契约，在这种契约下，一个人或更多人（即委托人）聘用另一个人（即代理人）代表他们来履行某些服务，包括把若干决策权托付给代理人。”② 如果代理人是经济人，他在委托代理过程中，可能会出现目标和委托人的目标不一致的情况，代理人作为经济人，在使自身利益最大化的同时往往很难再使委托人利益最大化，从而就产生了委托代理问题。企业委托代理关系会导致企业所有权与经营权的分离，也即剩余控制权与剩余索取权的分离，职业经理人缺乏工作积极性，甚至是滥用权力，这也会产生职业经理的激励问题和监督问题，同时也会产生委托代理成本问题和内部人控制问题。内部人控制问题产生的原因主要包括三点：一是信息不对称；二是美国公司股权分散和流动性大；三是中国国有控股公司一股独大和所有者缺位。解决委托代理问题的思路有两条：采取剩余索取权分享的办法来激励经理人；所有者从公司治理结构上对经营者监督。在避免团队成员偷懒行为时，阿尔钦和德姆塞茨认为赋予监督

---

① 余汶芨. 公司治理结构的历史发展逻辑及对我国的启示研究［J］. 企业导报，2012（9）：79－79.

② 陈郁. 所有权、控制权与激励［M］. 上海：上海三联书店，1998：5－6.

者剩余索取权可有效激励监督者监督团队成员，使其减少偷懒行为。这里同样也是采取剩余索取权分享的方式激励代理人。剩余索取权是指企业收入减去相关契约规定的支付之后（契约收益之后）的剩余部分的索取权，剩余索取权分享也就是通常所说的股权激励的办法。林毅夫认为，公司治理结构是指所有者对一个企业的经营者管理和绩效进行监督和控制的一整套制度安排。为了解决公司委托代理问题，减小内部人控制风险和代理成本，公司股东通过制度性安排，采用权力制衡的方式对企业经营决策者进行监督和控制。公司治理结构实质上是股东对企业经营管理者，即代理人进行监督的一整套制度性安排。

2. 古典管家理论

古典管家理论是在新古典经济学理论基础上建立的。新古典经济学的基本假设是，企业处于完全信息和完全竞争的市场环境中，市场的运作不存在任何成本。因此，古典管家理论的前提是企业的所有者和经营者之间不存在代理问题。无疑，这里视企业为理性经济人，市场具有充分灵活性。[①] 如此一来，公司治理结构，就是仅停留在公司内部的一种控制权安排的模式，这就是古典管家论。在这种环境下，公司的治理行为并不取决于公司内部的信息和控制权的安排，而只能被动地接受市场的配置。显然，古典管家论并不能解释现代市场经济条件下公司的治理行为。因为现代公司所面临的市场是一个不完全的市场，其行为是对企业的所有者、经营者的经营思想、行为目标和外部条件等综合表现的结果。[②]

3. 制度安排理论

现代企业契约理论认为，企业是一系列契约的组合，是每个人交易财产权的一种方式。为了履行这种契约的约定，就需要一套制度来规范。公司治理结构正是在所有权和经营权分离的现代公司里，用以支配若干公司利益相关者——投资者（股东和债权人）、经理人员、员工之间的关系，实现公平与效率的一整套制度安排，涉及指挥、控制、激励等内容。具体

① Bailey W, Jagtiani J. Foreign ownership restrictions and stock prices in the Thai capital market [J]. Journal of Financial Economics, 1994, 36 (1): 57－87.

② 余汶芨. 公司治理结构的历史发展逻辑及对我国的启示研究 [J]. 企业导报，2012 (9): 79.

包括：如何配置和行使控制权；如何监督和评价董事会、经理人和职工；如何设计和实施激励机制。一般而言，良好的公司治理结构能够利用这些制度安排的互补优势和内在机制，选择一种结构降低两权分离后产生的委托代理关系中代理人的成本。

4. 相互作用理论

相互作用理论来源于信息经济学中的委托代理理论。信息经济学对新古典经济学的根本性突破表现在放弃对信息完全和无私性的假设。而委托代理理论正是在这种环境下，试图通过考察企业如何处理其代理关系以使自己的效用最大。可以说，正是“两权分离”的现实，使现代企业产生了股东阶层和管理人员阶层，并形成了他们之间的委托代理关系。基于此，相互作用论将公司治理结构看作股东、董事会和经理人员之间的一种相互作用。科克伦和沃特克曾指出：公司治理包括在高级管理阶层、股东、董事会和公司其他的有关利益人的相互作用中产生的具体问题。可见，委托人与代理人之间的目标不一致和信息不完全，使公司治理结构重在权衡和协调各利益方之间的关系。

5. 组织结构理论

现代组织理论和组织行为方面的研究表明，委托代理理论的提出固然有助于解决两权分离及绩效的关系，但是其假设存有不妥，并且也有许多实证研究结果与委托代理理论相悖。在此基础上，代理理论对经营者内在机会主义和偷懒的假定是不准确的，而且经营者对自身尊严、信仰以及内在工作满足的追求会促使他们努力经营公司，成为公司资产的“管家”。可见，组织结构论认为在自律的约束下，经营者和其他相关主体之间的利益在大体上是一致的。

6. 决策机制理论

哈特分析了公司治理分析框架，发现只要存在以下两个条件，公司治理结构就要进行必要的决策。第一个条件是由代理问题产生的各方的利益冲突；第二个条件是交易费用的增大使代理问题不可能通过合约来解决。如果委托代理问题和签订委托代理合约的交易费用都存在，各利益方就只能签订不完全的合约。这意味着当新的信息出现时，合约将需重新谈判。如此一来，公司治理结构被看作一个决策机制，而这些决策在初始合约中没有明确的设定。更准确地说，治理结构分配公司非人力资本的剩余控制权，即资产使用权如果在初始合约中没有详尽设定的话，治理结构将决定其如何使用。①

7. 现代管理理论

随着市场的不断发展，古典管理理论的前提——完全信息已经不符合现实，随着企业中逐渐出现董事长与总经理两个职位分离与合一，以及不完全信息的现象，使委托代理理论出现缺陷。各种研究以及相关的实证结果也证明，代理理论的前提假设是不成立的。因此，Donaldson（1990）在委托代理理论的基础上提出了现代管家理论。经营者除了对自身利益的追求外，还包括对尊严、信仰以及荣誉的追求。因此经营者会认真工作，增加企业财富。② 经营者通过努力工作，不仅使个人目标实现，也会使企业资产及股东利益实现最大化。

8. 利益相关者理论

利益相关者理论的中心思想是：公司是由不同要素提供者组成的一个系统，他们提供的要素有许多的公司专门资产。他们是公司的利益相关者，公司经营是为公司利益相关者创造财富服务，而不仅是为股东利益最大化服务。因此，就应当让利益相关者享有公司所有权并参与公司治理。M. Blair 极力主张利益相关者进入公司治理结构，其观点是："公司并非简单的实物资产的集合，而是一种法律框架结构，其作用在于治理所有公司财富创造性活动中做出特殊投资的主体间的相互关系。"投资者并不局限于股东，供应商、贷款人、顾客，尤其是企业雇员往往都做出特殊的投资，这些投资在极大程度上依赖于那家公司的持久关系利益相关者正好可以弥补委托—代理理论关于委托人主体资格仅限于股东的缺陷，使公司治理结构的理论体系更加丰富和完善。利益相关者理论的研究，推动了公司治理理念的变化和公司治理结构的变化，人们不再将公司治理问题局限于所有者与经营者间的委托—代理关系，而进一步认识到，公司治理是由各

① 贾鑫．内部控制视角下的公司治理结构研究［D］．兰州：兰州大学，2010.

② Donaldson L，Davis J H. Stewardship Theory or Agency Theory：CEO Governance and Shareholder Returns［J］. Australian Journal of Management，1991，16（16）：49－64.

利益相关者组成的一个系统，就使得对公司治理结构的综合性和复杂性有了进一步的认识和了解。①

（三）公司治理结构的定义

在我国，理论界对公司治理具有代表性的定义有吴敬琏、林毅夫、李维安和张维迎的观点：林毅夫认为，公司治理结构是指所有者对一个企业的经营管理和绩效进行监督和控制的一整套制度安排。吴敬琏则认为，公司治理结构是指由所有者、董事会和高级执行人员即高级经理人员三者组成的一种组织结构。要完善公司治理结构，就要明确划分股东、董事会、经理人员各自权力、责任和利益，从而形成三者之间的关系。李维安和张维迎都认为公司治理（或公司治理结构）有广义和狭义之分。李维安认为狭义的公司治理，是指所有者（主要是股东）对经营者的一种监督与制衡机制。其主要特点是通过股东大会、董事会、监事会及管理层所构成的公司治理结构的内部治理；广义的公司治理则是通过一套包括正式或非正式的内部或外部的制度或机制来协调公司与所有利益相关者（股东、债权人、供应者、雇员、政府、社区）之间的利益关系。张维迎的观点是，狭义的公司治理结构是指有关公司董事会的功能与结构、股东的权力等方面的制度安排；广义地讲，指有关公司控制权和剩余索取权分配的一整套法律、文化和制度性安排，这些安排决定公司的目标，谁在什么状态下实施控制，如何控制，风险和收益如何在不同企业成员之间分配这样一些问题，并认为广义的公司治理结构是企业所有权安排的具体化。②

本书对公司治理结构的定义是，为了解决委托代理人问题，减小内部人控制风险和代理成本，公司股东通过制度性安排，采用权力制衡的方式对企业经营决策者进行监督和控制。公司治理结构实质上是股东对企业经营管理者——代理人进行监督的一整套制度性安排。公司治理结构包括内部治理结构和外部治理结构。

公司内部治理结构设立原则是通过决策权力制衡来监督企业经营者行

① 贺顺．我国公司治理结构存在的问题与对策研究［D］．湖南大学，2009.

② 百度百科：公司治理，http：//baike. baidu. com/subview/170079/5119339. htm.

为：股东大会、董事会、监事会和总经理分立制衡，各司其职，相互制约。股东大会由全体股东组成，是公司的最高权力机构和最高决策机构。公司董事会由股东大会选举产生，是股东大会闭会期间的最高决策机构。总经理在董事会领导下负责执行决策，履行日常经营管理职能。监事会由股东大会选举产生，负责对企业经营管理进行监督。

外部治理结构是以竞争为主线的外在制度安排，主要研究公平的竞争环境、充分的信息机制、客观的市场评价以及优胜劣汰机制，还包括政府和社区对公司所进行的治理。美国等一元委员会体制国家企业治理主要依赖于外部治理结构。

（四）公司治理结构的内涵

关于公司治理的内涵，有多种解释：一种解释认为，公司治理是由所有者、董事会和公司高级经理人员组成的一种组织结构，在这种组织结构中，上述三者之间形成一定的制衡关系，所有者将自己的资产交由公司董事会托管；公司董事会是公司的最高决策机构，拥有对高级经理人员的聘任、奖惩以及解雇的权利；高级经理人员受雇于董事会，在董事会的授权范围内管理企业。再一种解释认为，公司治理是一整套法律、文化和制度安排，这些安排决定了公司的目标、行为，以及在公司众多的利益相关者（股东、债权人、经营者、雇员、供应商和用户等）当中，由谁来控制公司。还有一种解释认为，公司治理包括董事和董事会的思维方式、理论和做法，它涉及的是董事会和股东、高层管理部门、规制者与审计员，以及其他利益相关者的关系，因此，公司治理是现代公司行使权力的过程。[①]

公司治理结构包括三个方面的内容：一是企业控制权的配置和行使；二是对董事会、经理人员和员工的监控，以及对他们工作业绩的评价；三是激励方案的设计和推行。这三个方面都体现了对权责利的安排。

往往说权利是经营者履行受托责任的前提，由于代理合约的不完善，对权利的如何配置和行使不可能在合约中全面体现，对合约以外的剩余财

---

① 何自力．公司治理模式：比较与借鉴［J］．南开学报：哲学社会科学版，1999（6）：41－50.

产权的分配就成了权利安排的一个核心问题。剩余财产权是在所有者和经营者之间进行分配的。企业控制权的行使取决于其产权的性质。在独资或合伙企业中，企业的所有者拥有企业的全部控制权，而在股份制企业里，由于两权的分离，所有者和经营者共享企业的控制权，并按照股权的分散程度来承担。因此，股权越集中，所有者享有的控制权越集中，反之越少。激励的一个基本手段就是利益的分配，这里不单是指金钱，还包括社会地位、成就、名声等。由于所有者已经逐渐退出企业，企业主要靠经营者来经营，为了提高经营者的积极性，剩余收益的分享应该在所有者和经营者之间分配。①

三、公司治理结构模式的类型

由于各国历史传统、经济制度、市场环境、法律观念及其他条件的不同，各国公司治理模式也不尽相同，主要有亚洲国家的家族式治理模式、日本和德国的内部治理模式、美国和英国的外部治理模式。即使是同一国家的不同企业的公司治理体系及其运作方式也有相当大的差别，企业在不同发展阶段也会采用不同的运作方式。

（一）公司治理模式的大致分类

1. 私人股东主导的公司治理模式

该模式的主要特点：一是从股权结构看，股东均为私人股东，股份持有相对集中，股票主要被少数私人家族所持有，持股比例一般在50%以上。二是从持股的稳定性看，股东持股的目的主要是对自己的投资行使直接的控制，而不是通过股票买卖投机获利，因而持股的稳定性很强。三是从持股形式看，长期性、投资性持股是主要形式。大股东大都采取“参与制”的形式持股，即私人资本以其所开办并直接掌握的股份公司作为“母公司”，去购买别的公司的股票，掌握一定的股票控制额，使其从属于自己，成为自己的“女儿公司”；各“女儿公司”又用同样的方式控制更多的公司，使其成为“孙女公司”等，如此逐级控制，就形成了庞大的资本

① 贾鑫．内部控制视角下的公司治理结构研究［D］．兰州：兰州大学，2010.

联合体。四是从权力结构看，主要设立股东大会、董事会、总经理等三个机构，由于股票持有很集中，大股东往往支配着股东大会和董事会，有关公司运营的各项重大决策均由大股东亲自参与做出，公司董事会全面负责这些决策的落实和贯彻，职业经理只负责公司的日常管理事务，如生产、开发、人事、营销、融资等。五是从外部控制机制看，资本市场已有初步的发展，存在流动性较强的股票市场，资本市场的存在为股票交易提供了条件，使大股东通过购买股票控制别的企业成为可能。再者，资本市场的存在也为公司通过并购扩大自身规模创造了条件。由于大股东持股较稳定，对职业经理的约束主要来自公司内部强有力的董事会，所以资本市场对公司运营的影响不大。股东主导型治理模式是股份公司产生初期普遍存在的模式，其最基本的特点是所有权与经营权相分离，而所有权与控制权相统一，大股东能够对公司的运营施加直接且有力的影响，经理人员违背大股东意志谋求私利的情况极少发生。在这里，所谓“代理成本”几乎不会产生。①

2. 经理主导的公司治理模式

该模式的主要特点：一是从股权结构看，股东人数众多，持股主体是大量的私人股东，股票持有呈现高度分散化态势，每个股东的持股比例都很小。二是从持股的稳定性看，由于股东的持股额很小，不足以对公司经营施加有效的影响，因而比较关注公司短期经营状况和股息及红利分配水平，一旦对公司业绩不满，或发现所持股票价格下降，绝大多数股东都会抛售手中所持股票，所以，持股的稳定性差。三是从持股形式看，短期性、交易性持股是主要形式。四是从权力结构看，也设有股东大会、董事会、总经理等机构，股东大会名义上依然是公司的最高权力机关，董事会代表全体股东在公司日常经营中对重大问题行使决策权，然而公司实际运营的真正支配者和控制者是经理阶层。这主要是因为公司股票持有高度分散，单个股东的持股额不足以对公司运营施加有效影响，对参与公司决策缺乏兴趣和能力，即使个别股东试图联络别的股东共同参与决策，也会因

① 何自力. 公司治理模式：比较与借鉴［J］. 南开学报：哲学社会科学版，1999（6）：41－50.

为难以承受巨额的联络成本而无法达到目的。而经理人员则可以凭借自己的职业优势来影响公司的决策，特别是当股东大会开会时，经理人员不但向股东提供事先议定的投票内容，而且还接受许多不愿参与会议的股东的委托投票书代其投票。这样一来，股东大会便形同虚设，董事会成为橡皮图章，经理人员控制了公司的决策机构，在事实上成为公司的控制者。五是从外部控制机制看，资本市场十分活跃并发挥着决定性作用。资本市场活跃表现为股票市场流动性很强，公司控制权市场非常活跃。在资本市场十分活跃的情况下，敌意兼并和收购频繁发生，对公司经理人员的职业稳定构成严重威胁。为了防止“袭击者”并购企业，公司经理人员往往要千方百计提高公司短期盈利率，保持较高的股息和红利分派水平，以避免股票价格下降。因为如果股息和红利分派额减少，股东势必抛售手中持有的股票，而抛售股票必然引发股价下降，股价下跌便会给“袭击者”造成可乘之机，公司很可能因此成为“袭击者”的囊中之物。一旦公司被并购，公司经理人员就会被解雇，其职业经理生涯便会被断送，这对公司经理人员无疑是莫大的打击。以公司控制权市场为主体的外部控制机制的存在，固然对经理人员加强责任心、不断改善管理、增加股东收益产生一定作用，股东也可以通过它对经理人员进行一定的控制；但是，过分活跃的资本市场，对公司运营具有非常明显的消极效应，即短视效应。在这种效应的作用下，公司经理阶层往往难以有长远打算，不太重视长期投资，不愿进行设备更新，公司经营行为具有明显的短期化倾向。①

3. 法人股东主导的公司治理模式

前述的私人股东主导的治理结构主要存在于股份公司产生的初期。20世纪初，经理主导型治理结构出现。到20世纪70年代末，该模式达到成熟阶段。而自第二次世界大战结束以来，在西方发达资本主义国家，以退休基金、商业银行信托机构、保险公司、投资银行、共同基金等为主体的机构投资者逐渐崛起，它们以灵活的经营活动、广泛的业务范围、新颖的服务方式见长，成为最具竞争力的投资场所，从而吸纳了巨额的社会闲置

① 何自力. 公司治理模式：比较与借鉴［J］. 南开学报：哲学社会科学版，1999（6）：41－50.

资本。在此基础上，这些机构投资者又将资本投向股票市场，成为股票市场的主要交易者。机构投资者是以法人而非个人身份投资于股票市场的，这就使大公司的股东身份发生了非个人化的转变，随着股票逐渐向机构投资者手中集中和机构法人持股比例不断上升，大公司的股东主体亦由大量的个人股东转变为少数机构法人股东。法人股东的崛起已经和正在改变着大公司的股权结构，相应地，也对公司治理机制产生了重要影响，这种影响的实质在于推动公司治理由经理主导型向法人股东主导型模式转变。现在，法人股东主导型治理模式已成为发达资本主义国家公司治理的具有方向性的、比较普遍的模式。① 由于赖以存在和运营的环境和条件不同，法人股东主导型治理模式又有不同的存在形式，最典型的有三类：美国模式、日本模式和德国模式。

（二）国际上公司治理的主要模式

1. 美国公司治理模式

（1）美国公司治理模式的特点

美国公司法人治理结构中最鲜明的特色就是首席执行官制度。在美国的公司治理实践中，首席执行官的地位异常突出，通常在公司召开董事会时担任会议主席，并实际决定会议的议事日程和向董事会成员提供关于公司运营状况的信息。公司的实际经营由他们的首席执行官（总裁，总经理）来主持进行，并且这种领导机制更多地体现为个人负责制，而不是集体负责制。在公司的首席执行官与其他不掌握业务执行权的同事之间所形成的权力平衡，通常取决于个人素质和人格方面的因素。在一般情况下，首席执行官是公司对外代表和某种可见的标志，作为董事会成员所占据的主导地位，实质上构建了社会公众对其职位所具有的重要性的普通理解。首席执行官就职之初，董事会的人事一般不会有太大变动，但随着时间的推移，他所掌握的委任权，即指派公司重要职位的权力，将逐渐地对董事会的组成产生影响，并且董事的人选将最终呈现出控股首席执行官本人在

① 何自力. 公司治理模式：比较与借鉴［J］. 南开学报：哲学社会科学版，1999（6）：41－50.

公司中的地位的趋势。即使他指派像他一般强势的其他公司的独立首席执行官们为本公司的执行董事，这些外部董事会决策也将受他的影响和制约。在决策过程中，通常会支持首席执行官的意见，尤其是对公司业务的重要性相对缺乏了解的外部董事，很少与首席执行官产生立场上的重大分歧。因此，要求在今后的公司法人治理结构的调整中改变这种首席执行官与董事会之间权力不平衡状态，强调和突出权力结构中董事会的更大独立性与更有效的监督职能，从而发展出两者之间的一种新型合作与互动关系，是近年来投资者普遍关注和观察家们热切讨论的问题。综上所述，英美两国的治理结构模式核心是确保股东的利益，将股东的利益作为公司的利益。但是股东行使权力的主要途径是选举董事会，而不是直接派人参与公司的管理。股权结构高度分散化，机构持股力量在公司治理结构中作用弱小。

（2）美国公司治理模式的成因

美国公司股权具有高度分散化和高度流动性，一般股东不关心企业的经营，采用以外部监控机制为主的治理模式，股东主要通过其国内发达的资本市场、经理人市场及产品市场来实现对公司经营者的监督。实行单委员会的“一元制”公司机关构造，不立设监事会，董事会拥有决策和监督的双重权力。对经营者以长期激励手段为主。

第一，公司股权高度分散化；流动性强，一般股东不关心用手投票。

美国公司的股权极为分散，一些上市公司往往有几十万、上百万、甚至上千万个股东。单个股东的持股数量比例很小，股权极为分散。美国的“有效市场理论”认为，各种股票价格是所有上市公司业绩的综合反映，投资者不可能找到一个将来业绩超群的企业，而将购买股票所承担的风险主要压在这家公司身上。相反地，应该通过购买多家企业的股票，靠投资的多元化来减少购买单一股票所带来的过高风险。因此，投资者的投资多元化、分散化，在每家公司股票的份额都较小，也就不会对具体哪一家企业的业绩感兴趣，只是关注整个股价指数的变化，随时准备抛售或购买某一公司的股票。在高度分散的股权结构下，股东对公司经营者实施监督，一方面要付出监督成本，另一方面因此得到利益大部分被其他股民所共享，监督的费用大大高于监督对个人的回报。因此，为避免自己成为“搭便车”的牺牲品，美国公司的股东一般都很少有积极性去监督经营者而“用手投票”。

美国公司个人股份占1/2，机构投资者股份占40%以上。美国的有关法律规定限制机构投资者干预公司的运转，如《投资公司法》规定，人寿保险公司和互助基金所持有的股票不能超过该公司股票总价值的5%，养老基金和互助基金不能超过10%。这样，机构投资者股东也只有非常有限的发言权，不足以对经营者产生任何压力，也只能“用脚投票”。因此，美国公司的股权流动性非常大，投资者持有一个公司股票的时间平均也只有1.9年。

第二，实行单委员会的“一元制”公司机关改造，董事会拥有决策和监督的双重权力。

美国各州的法律都要求采用一元委员会制，不设监事会，董事会拥有决策和监督的双重职责。法律规定，董事由股东大会聘用，即董事会提名，股东大会批准。实际上是首席执行官（CEO）向董事会提出候选人。现在的趋势是提名委员会寻找和提名董事人选。

董事会由内部董事（执行董事）和外部董事（非执行董事）组成。董事会人数7—13人，不少企业远大于13人。以外部董事为主。占董事会成员的70%以上。这些外部董事多为担任过其他公司高级领导职务或者一方面的专家。独立董事（外部董事）具有“独立监管者”的功能，可以为企业的经营管理提供独立的监管，来保证投资者的利益。

董事会中设立各种委员会，典型的有设计委员会、提名委员会、报酬委员会、道德规范委员会、公共政策委员会、财务委员会、执行委员会等，比较普遍的是前三种委员会。这些委员会的作用只是向董事会全体做出会议报告和提出建议，不能做出最后决策。这些委员会成员的70%由独立董事组成。

董事会作为公司资产控制权的拥有者，在公司的治理结构中具有极其重要的地位，拥有公司的决策权和监督权。但目前普遍趋势是董事会的权限在向经理班子转移，由“管理公司的日常事务”逐渐变为“监督公司的管理”，董事会的作用主要是任免经理班子，指导咨询，监督评价经理班子的工作。

第三，设立独立董事，强化对公司经营的监督。

独立董事是指公司制企业中独立于公司股东且不在公司内部任职的董事。目前，在许多西方国家，企业聘请独立董事已成为一种趋势，逐渐形成一项重要的企业制度。

独立董事的任职资格，要求独立董事与公司不存在任何雇佣关系，与公司不存在任何交易关系，与公司高层职员不存在任何亲属关系，以保证独立董事的独立性。

独立董事的设立，将会对现行的董事会给予有力和有效的制衡，强化其对经营者的监督和约束。独立董事的权利和责任主要是：公司财务报告必须经过独立董事设计；公共关联交易必须经过独立董事签字后方能生效；独立董事在一些重大决策中有否决权；两名以上独立董事可以提议召开临时股东大会，可以直接向股东大会、证监会报告情况。

美国已经通过立法从法律方面保证了独立董事的独立性，但美国的监管机构仍在不断地对相关法律进行完善，以提升独立董事对所代表企业的责任感。

第四，设立首席执行官（CEO），缩小董事会的决策权。

在跨国公司拓展全球业务，企业内部信息交换日益繁忙的情况下，为了解决决策层和执行层之间存在的信息传递停滞和沟通障碍，提高经理层对企业重大决策的快速反应和执行能力，许多大公司设立了首席执行官（CEO），董事会把至少50%的权力赋予了CEO，而使董事会变成了一个小董事会，其主要职责仅限于选择、评价和制定以CEO为重的高级管理层的薪酬制度等方面的问题，主要实施对人力资本的管理。CEO虽然并不是企业的出资人，但却有着对企业重大问题决策的拍板权。CEO的权力是总经理加50%的董事长。

对CEO的约束，主要不在董事会，而是企业中类似战略决策的权力机构。这个权力机构由社会上的企业管理、经济学、法学等方面的知名专家组成。实际上，这个委员会就成为能支持或否决CEO经营权的主要权力机构。CEO下再设执行总裁和副总裁。美国许多公司的CEO和董事长由一人担任。目前这种做法不断受到批判，分离的呼声越来越高。

第五，以股票期权制度为激励经营者的主要手段。

股票期权制度是授予经营管理者能在今后10年内以给期权时的市场价

格购买公司股票（条件是2—4年后才能购买）的权利。这样，如果以后股票价格上涨，经理人就能赚得现价与以后股价之间的差价。股票期权制度在美国经理人员的报酬收入中占有重要的地位。例如，美国最大的1000个公司中，经理人员总报酬的1/3左右是以股票期权作为基础的。

2. 德国公司治理模式

（1）德国公司治理模式的特点

德国在大陆法系中为公司治理开辟了一条独特的路径。在上市公司的治理中，首先根据自然经济合作与发展组织（OECD）的要求制定了《公司治理规则》，并且为了使《公司治理规则》具有强制执行的法律效力，同时修改了《股份法》第161条。与美国相比，德国公司的股东与管理者的分离程度低，对公司的直接控制强，公司的治理活动较多的是由股东直接推动的，股东对治理活动有较多的资源投入，公司董事会较多地参与经营活动中的决策，对管理者进行直接的控制和监督。形成独特的双层董事会制度，由股东大会选举产生监事会，再由监事会公开招聘管理董事会成员组成理事会。理事会负责企业的日常经营管理活动，其职能相当于美国公司经理人员。监事会主要代表股东利益监督管理董事会，但不直接参加公司具体经营管理活动，其职能相当于美国公司的董事会。德国公司监事会的特点主要表现在监事会的职能和组成方面：一是德国公司监事会具有经营决策与评价监督职能，监事会是公司的最高决策机构，同时拥有对管理董事会的人事权和评价监督权力。这与英美国家董事会的功能相近。二是德国公司监事会的独特结构即股东监事与雇员监事各半，充分体现了德国公司中雇员参与治理的特点。①

（2）德国与美国治理模式的对比分析

与美国公司股份极为分散不一样，德国公司的股份较为集中，很大部分是法人股。目前约有50%是由其他的法人机构拥有，而且大股东在公司股份中所占份额相对大。因此，它们往往在股东大会上拥有较大比例的投票权，对公司经营拥有较大的权力，有条件对经营者实施密切监控。在德国公司中，银行深深涉足其经营事务中，形成了颇具特色的主银行体系。

① 贺顺．我国公司治理结构存在的问题与对策研究［D］．湖南：湖南大学，2009.

某企业接受贷款中居第一位的银行称为该企业的主银行。德国的银行可以同时经营间接金融和直接金融，既是公司的主要债权人，又是股东。因此对公司治理影响很大。德国公司经营基本特征是：大股东持股比例相对较高，股权结构高度集中；法人股东主要是银行、保险公司等传统金融中介机构，特别是大银行持股是法人持股的主体；股票市场相对不发达，流动性差，大规模股权转移的情况很少出现。与美国的一元治理结构不同，典型的德国公司治理模式是二元委员会体制，即公司的执行权利与监督权利分立，在公司内部，公司同时设立两个机构，一个是监事会，一个是管理董事会。德国公司治理结构采用两会制的目的是强化股东对管理者的控制权限：一方面，股东们可以通过股东会行使自己的基本投资权利；另一方面，也可以通过股东代表所组成的监事会有效地履行监督和控制职能。

在德国公司的治理结构中，股东会、监事会和董事会是三大主体，但其中的董事会和监事会的含义和美国公司中的董事会和监事会的含义是不一样的。德国公司的监事会是公司股东、职工利益的代表机构和企业经营的决策机构，类似于美英公司的董事会。在德国公司中，监事会的监事由股东大会与工会各选出50%，监事可以在公司担任其他职务，但是不得在董事会担任董事职务。在德国公司的监事会中，有独立监事，与美国公司董事会中的独立董事作用类似。监事会的职能主要有以下五点：一是任命和解聘董事会成员；二是对公司的经营发展战略及其他重大事项进行决策；三是审核公司的经营和财务状况；四是必要时召集股东大会；五是监事会可以向董事会提出建议，但是不得干预董事会工作。

德国公司的董事会相当于美英公司的经理层，负责公司战略的实施和日常经营管理，向监事会报告和负责，向股东及其他相关利益人提供相关的信息。监事会对董事会的工作只有监督的权力，并可提出建议，但不得直接干预董事会的正常工作。如果监事会和董事会之间存有分歧，可交股东会来裁决。董事会的成员一般不少于10人，董事一般都担任经理，有明确的业务责任，具体主管计划、技术、财务、人事、供销等业务。

德国公司中的工会依据法律，具有很大的决策权和管理参与权利：工会代表依法在监事会和董事会中拥有至少50%的席位；工会依法有权监督维护职工利益法规和劳资协议的执行情况；工会与资方平等地参与社会福利政策和方案的表决；工会享有对企业生产经营状况的知情权和质询权。

在德国的公司治理结构中，银行为企业提供金额最大的资金，银行与工会成为公司内部治理的两大支柱。银行成为主要股东，法人股东。德国公司的监事会是企业权力核心，具有决策权和监督权力，主要由股东和工人组成。德国公司的董事会是决策的执行机构，主要由经理组成。在治理上，德国公司和美国公司有很大区别，主要依赖内部治理，外部治理不力。

德国与美国公司治理模式比较

比较项目	美国模式	德国模式
文化背景	自由主义、个人主义	集体本位主义
股权结构	股权分散，流动性强	相对集中于企业法人和银行
治理机构设置	一元委员会制	二元委员会制
监事会特点	没有监事会，监督依赖外部	由工人和股东组成，负责决策与监督
董事会特点	由股东和独立董事组成，负责决策	多为企业经理，负责执行决策
外部资本市场	发达、有效，股权流动频繁	不发达

英美模式在强化信息披露的透明度，解决分散化的投资者控制公司方面做得更好，但不利于建立长期稳定的合作关系；德国模式则在减少大部分股东的信息不对称，保持利益相关的各方关系的长期稳定方面具有优势，通常能提高交易的有效性，但在解决代理问题时显得乏力。

德国公司治理模式存在以下优势：一是银行既是债权人又是股东，还通过代理人进董事会对公司进行监督，愿意出力促进公司稳健发展，并为公司提供资金支持和金融服务，使公司绩效得到提高；二是监事会是公司股东与职工利益代表机构，拥有权力，企业职工有参与企业管理的“共同决策权”，能缓解劳资关系，调动职工积极性，制约公司经理人。德国公司治理模式也有自己的弱点：一是经营者同股东之间利益冲突时有发生；二是外部治理机制弱，证券市场不发达，企业外部筹资条件不利，影响资本市场的发展。未来，德国公司治理模式可以从以下方面进行改革：改善传统的受内部人控制的公司治理结构的运作；强化外部治理机制，促进资本市场发展；确立鼓励资本市场发展的基本制度和规章；采取一些改革措施以促进现有公司治理体系的运作。

（3）形成这种特点的原因

第一，决策权与监督权的统一。

德国公司采用监事会和董事会“二元制”的公司机关构造。监事会不仅是一个监督机构，还是一个决策机构。监事会的主要作用是：聘用董事，决定其报酬，监督其行为；对公司重要经营事项做出决策；批准年度报告；向股东提出分红方案；审核公司财务；召集股东大会。监视（除劳工代表外）候选人由监事会提名，股东会通过，聘用任期为5年，可以续聘，监事会每季度开会一次，会议至少要有1/2成员参加才有决定权，监事会成员不能再进入董事会或下属公司董事会，监事与董事、经理严格分离，不得相互兼职。

监事会根据公司职工人数不同，由3—21人组成，其股东代表和雇员代表各占一半，还有1人是从企业外部聘请的“中立”的监视，一般是专家学者或退职的政府官员。监事会主席由监事会成员选举，2/3以上票数通过（国有企业监事会主席由财政部推荐），监事会主席在表决时有两票权利。

董事会是执行监事会决议、负责公司日常运作的执行机构。董事会的职责是：负责公司经营管理，向监事会提供预决算报告，向股东提供有关信息；对内向监事会负责，对外是公司的法人机构。董事会成员由监事会任命、决定其报酬，并签订合约，期限为1—5年。如果有渎职行为或者无能，可随时解聘。股东大会也可以提出解聘董事会成员的要求，但是必须是股额占51%以上的股东的共同意愿。董事会成员必须有生产经营管理专长，董事不少于10人。每个董事都有明确的业务责任，分管生产、技术、财务、人事、销售等。大公司董事会中应包括一名劳动关系董事，其聘用需经过劳工监事代表同意。董事会成员可以是股东也可以不是股东，可以是本公司员工，也可以从社会上公开招聘。董事会负责公司的管理和运作，制定公司的发展战略，不必接受监事或者股东会的指示，监事会不能干预董事会的工作，但董事会必须就计划中的行动、利润和公司发展向监事会汇报，监事会可以提出质询和建议，但是无权改变，当监事会与董事会意见不能达到一致时，交由股东大会裁决。

监事会与董事会是一种垂直领导关系。决策权与监督权要统一，但管理权与监督权完全分离。

第二，劳资共决制。

德国通过1951年，1952年和1976年的法律改变，形成了德国企业的劳资共同决定体制，即承认职工参与企业决策的权利。1976年的《共同决定法》，确定了监事会中劳工代表与股东代表的比例。对于大的公众公司，劳工代表占监事会席位的一半。劳工代表中通常有一名来源于高层经理人员，一名来源于低层的工人。监事会主席通常是股东代表。劳工监事必须得到培训，才能够胜任监事工作。

监事会中的劳工代表有权参与公司决策，监督已经制定的维护职工利益的法规执行情况和劳资协议的执行情况，在社会福利方面有与资方对等的表决权，享有企业经营状况的知情权和质询权。

劳资共决制对于缓解劳资双方的摩擦和对立、使经营者受到劳动者的监督、强化职工参与意识均有良好的作用。但公司生产经营管理权掌握在董事会手中，而监事会每年召开的会议太少，职工参与监事会决策制难以发挥大的作用，况且监事会主席由出资方代表担任，并且有两票的决定权，因此，监事会决策中，雇员监事处于相对少数的地位。监事会对董事会的提案拥有否决权，但终审权却掌握在股东大会手中。

3. 日本治理模式

（1）日本治理模式的特点

日本的企业形态中以私有企业为主，其中又以法人企业占多数。日本在公司内部监督机制立法上吸取了美国和德国的特点，呈现自己的特色。日本的公司治理模式被称为“三角制”。一般认为，在内部监督机制的力量对比上，其与德国的治理模式都是属于银行控制主导型或内部监控模式。在公司法制改革以前，监事会制度是日本唯一的监督制度。但在新公司法中，日本采用了赋予特定类型的公司选择监督机关设置权力的立法规定。日本的治理模式中，股东会为公司最高权力机关，董事会和监事会（监事）都由股东大会选举产生，对股东大会负责，股东大会、董事、监事各司其职，彼此互不隶属，处于权力的平行状态。因此这个模式也称作三角制。在日本的公司里，股东大会享有选任、解任董事以及监事，决定公司重大事项的权力。董事会是公司经营事务的决策机关，承担着对负责执行董事会会议的代表董事的约束义务。公司根据自己的规模，按照法律的规定设置监事会或者监事作为公司的监督机关。监事大多由与本企业交叉持股，或有资金借贷关系的银行，业务关系密切的其他公司代表担任，监事实行个别工作的制度。日本公司法主要借鉴了美国经验，体现出公司法人治理结构设置考虑中致力于学习国外先进制度，适应新的国际经济发展趋势的特点。在外部治理上，日本与德国相近。由于股权结构相对集中，资本市场不够发达，法人之间相互持股。信息公开和外部审计的作用相对较弱。管理人员的终身雇佣制也限制了经理市场的发展。因此，公司以内部监督为主，以银行，保险公司为代表的机构大股东作为积极股东参与公司治理。随着金融危机的加剧，日本企业对银行的依赖开始逐渐减少，两者慢慢分离，证券市场与银行竞争加剧，银行融资功能相对下降。总体上来说，日本公司改革方向在于，加强股票的流动性，强化信息披露，完善外部监督机制。

（2）形成这种治理特点的原因

第一，以法人持股为主的股权结构，股东大会形同虚设。

日本公司主要股份是法人股东所持有的，即金融机构、企业法人、证券公司，法人持股率高达70%以上，银行持有公司的巨额股份，并贷款给公司，公司之间相互交叉持股。法人股东持股的动机主要不在于获取股票投资收益，而在于加强企业间的业务联系，通过稳定经营增加企业的利润。银行持有公司的股票是因为这家公司是自己的重要贷款客户，公司持有某银行的股票，是因为它需要从这家银行不断取得贷款；甲公司持有乙公司的股票，是因为乙公司是甲公司产品的主要购买者，乙公司持有甲公司的股票，是为了建立稳定的材料来源渠道。公司之间交叉性持股，使企业之间、企业与银行之间建立稳定密切的长期关系，具有较小的投资性，股票收益低时，也不轻易出售股票。他们认为，为了获取短期的投资收益而抛售股票的方式去损失有长期业务往来的供应商、客户或贷款银行，是不值得的，不会轻易更换合作伙伴。企业之间交叉持股的结果，实际上是形成了一个集团公司，形成了一个经营者集团，即由相互信任、相互支持和相互配合的企业经营者控制的企业。但这也可能形成垄断、“泡沫经济”，对分散的个人股东的权益保护不够。

按日本商法规定，股东大会是公司的权力机关，拥有任免董事会和监事会成员、对公司经营大政方针做出决策的权力。但在实践中，股东大会却形同虚设。95%以上的股东大会是在30分钟内完成的。会上一般是经营者对某项议案做说明，按董事会的表决通过其事先决定的事项，使经营者的决策合法化。这是由于大股东（法人股东）之间存在着相互持股关系，出于维护共同利益的需要，他们一般不会反对董事会的提案。个人股东持股少且又极其分散，因此，个人股东在公司的权力体系中基本上不起作用。

第二，实行委员会的“二元制”公司机关改造。

日本公司采用董事会和监事会“二元制”公司机关构造。由股东大会选举产生董事会和监事会，两者是相互独立的平行关系。

日本公司董事会规模较大，一般由30—40人组成，主要由公司内部提升起来的高层经理组成。法律规定由股东大会聘用董事，但实际上是由总裁在与一些关键人物商量的情况下确定的。董事任期为两年，可以连任，直到退休。日本企业董事会，非执行董事并不很普遍。也常有派自己企业的职工到附属的或关联的公司任非执行董事的现象。

按公司法要求董事会每季度开会一次。决策的拟定、评价、修改都是在会外进行的行为，以确保企业按照法律和公司的规章行事，起到一种被动的监督作用。

监事会由三名以上的监事组成，其中一个为专职。按法律规定，监事由股东会选举，但实际上是由总裁选定的。监事候选人通常是由公司退休的董事和经理担任，法律要求，监事不可以同时是公司的职工或董事，其中应有一名监事在过去五年里未作为职员在本公司工作过，以加强监事会的独立性。

第三，决策权与执行权的统一。

公司董事会的成员一般由企业内部产生，大多数董事由公司各事业部长，分厂领导兼任。董事分等级，顺序是社长（会长）—专务董事—常务董事——一般董事。公司的代表董事是社长（或会长），作为总经理的辅助机构具有执行机构的功能。这样，董事会主要成员既作为董事参与公司的重大决策，又作为公司内部的行政领导人掌握执行权。决策权和执行权相统一的公司占日本股份有限公司总数的90%以上。

日本公司的管理注重集体决策、共同负责、强调决策的一致性。

第四，强有力的内部监督。

公司大股东的监督。日本商法规定，公司不能持有自己的股份。但是公司之间可以相互持股，包括几个公司间的循环持股。在若干个公司相互持股的情况下，必然会产生一个企业集团，这个企业集团的各个成员是通过持股的纽带联系在一起的，由此而形成了相互控制的关系。在这样一个企业集团中，社长（会长）、总经理会实际上就是大股东会，大股东会的意见在股东大会上当然居主导地位。如果某公司经营不好，经营业绩差，这时大股东会就会意见一致地罢免经营者。

公司“主银行”的监督。日本公司的自主资本率很低，以间接融资为主。由一个或几个有影响力的城市银行持有一个公司最多份额股票，称为主银行。以银行贷款为基础的机制使银行能在企业经营正常时不加干预，而在经营不佳时将控制权自动转向银行。主银行可以通过大股东会、董事会更换经理人员。

专门从事公司监督工作的机构——监事会。监事会对公司承担监控的责任。监事发挥的作用与北美国家公司中的非执行董事的作用相同。

会计监察人。会计监察人是指对公司财务报告进行年度审计的会计师。法律要求，会计监察人由董事会提名并由监事会批准同意。会计监察人在向股东会提交报告前应向董事会和监事会报告。

内部审计师。内部审计师的职责是对公司的管理控制系统的状况进行审计，并向总裁报告。

第五，注重对经营者实行“事业型激励”。

日本公司实行终身雇佣制、年功系列工资制、提升制度等，强调集体的作用和“团队主义”的观念，经营者的收入不高，与一般职工的收入差别较小。由于日本的所得税率很高，最高可达到所得的93%，实际上经营者收入还不到普通工人工资的3倍。但是日本公司的经营者努力程度很高，这主要是靠“事业型激励”，包括职务提升、终身雇佣、荣誉称号等。同时，现任经营者也面对来自公司内部下级管理者的竞争压力。另外，公司经理的劳动资产的专用性对经营者产生较大的约束。

4. 公司治理模式的比较

以美英两国为代表主要体现了外部控制模式，德日则同为内部控制模式的典型代表。其中美、英公司治理结构的特征在内部治理结构方面主要体现在英美公司主要遵循决策、执行、监督三权分立的架构，主要由股东大会、董事会和经理层构成，股权结构较分散，机构投资者（投资基金、保险基金、养老基金和银行信托公司）为主要股东。由股东大会选举产生董事会，董事会拥有公司资产的控制权，是公司经营管理的决策机构，具有业务执行职能和监督职能。为了防止内部人控制，规定董事会应有半数的外部独立董事，由其来发挥监督作用。为协助董事会进行决策、负责决策的实施，董事会一般下设几个专门委员会，在运作模式上则根据各自的分工范围，提出自己的看法或政策主张，再交由董事会讨论表决。① 外部治理结构方面，强调市场机制的作用，政府不直接干预企业经营活动，主要是通过宏观经济形势分析和政策引导为企业发展创造良好的外部市场环境。基于法律的审慎性要求和基金管理者分散化的投资理念，投资者一般持股比例小，分布散，持股人对公司的直接控制和管理的能力极为有限，只关心股票的涨跌，具有较强的流动性，很少有积极性去监督公司的经营者，主要通过市场交易，即借助股票市场来形成对公司行为的约束和对代理人的选择。② 基于此，美英模式的有效治理要求成熟和完善的市场制度和体系，通过经理市场、金融市场、产品市场和技术市场的有效竞争实现对企业的治理。③

其次是日、德公司治理结构模式，主要特征在内部治理结构方面，日本公司的特征为法人交叉持股。主银行制使日本公司之间、公司与银行之

---

① 肖作平，吴世农．我国上市公司资本结构影响因素实证研究［J］．证券市场导报，2002(8)：39-44.

② 青木昌彦．经济体制的比较制度分析［M］．北京：中国发展出版社，1999.

③ Nelson J. Corporate governance practices, CEO characteristics and firm performance [J]. Journal of Corporate Finance, 2005, 11 (1-2): 197-228.

间相互持有对方股份的情况非常普遍。这种交叉持股根据战略目的进行安排，以双方信用为基础，是双方合作关系的象征，没有发行人的同意在交叉持股中的股份通常不能出售。因此，普遍的交叉持股创造了一个相对集中和非常稳定的公司所有权结构。① 德国的治理结构为特殊的“双层董事会”制度，即监督董事会和管理董事会，前者由股东大会选举产生，不直接参与企业具体经营管理，具体的平常经营活动由管理董事会负责；员工参与公司的决策活动程度高，通过选派代表进入监事会参与公司的重大经营决策；德国法律也明确规定员工在参与公司监督方面的作用。在外部治理结构方面，日德公司建立在股权结构集中和以间接融资为主的基础上，股东比较集中、稳定，股票不会被轻易转让，周转率低，市场兼并与收购较少发生；银行在融资和公司监控方面一直参与公司的决策与经营，银行与企业之间形成了通畅、准确的信息传导机制，通过监督公司的运作并代替收购市场通过干预公司经营实现对公司的外部控制。公司的债权人利益是通过公司经营效益而不是通过资本市场的流动性来得到保证的，债权人通过参与公司的内部管理实行对公司的外部监控。②

5. 公司治理的演进趋势

（1）个性化趋势

“个性化趋势说”强调多重制度均衡和国家特定制度的路径依赖对公司治理制度的“锁定”效应。

20 世纪 90 年代比较制度分析的兴起为这类观点提供了很好的理论支持，多重制度均衡和路径依赖作为两个最基本的概念支撑了比较制度分析理论的发展。多重制度均衡理论强调构成某一经济体制的诸项制度之间具有相互补充的功能，单个制度的有效性及其生存能力取决于是否能与其他制度很好地契合。这就意味着一旦某一体制形成（哪怕是非帕累托最优的），互补性制度就会使其对环境变化产生抵抗能力而拒绝变化。路径依赖所强调的则是，某一体制现在的特征主要取决于过去的制度选择，不同

① 田平凤，封文丽．公司治理模式的国际比较与借鉴［J］．经济与管理，2004，18（7）：22－25．

② 李角奇，王化民．企业法人治理的国际差异与启示［J］．经济纵横，2003（6）：51－54．

体制的进化方式会根据初期状态的不同而产生差异，进化的结果并不能保证最优的经济制度一定出现，由于收益递增的原因，甚至无效的制度也会持续存在下去。

依据上述理论，一个国家的公司治理制度并不能独立于其他制度（包括金融、税收、法律乃至政治制度等）和社会传统而存在；相反，它们之间具有战略互补性的特点。全球化虽然会在某种程度上对公司治理制度的演进施加影响，但并不足以改变其传统特征。换句话说，公司治理制度的变化有赖于其他制度的演进与支持。在本质上，这些制度的演进是路径依赖的，是拒绝变化的。

公司治理的美英模式源于其特定的法律传统，这一传统通常倾向于限制银行的活动，赋予管理者相对于工人的特权，以及对交叉持股所获得的红利进行征税等。相反，在日本和德国，金融、劳动、税收以及法律法规的传统通常支持银行在公司治理中占据核心地位，所有者与管理者进行日常合作，以及金融机构与企业之间建立长期的伙伴关系。

以日本为例，第二次世界大战后政府的管制措施一直倾向于支持产业向银行而非通过证券市场融资，具体通过以下措施来实现。

一是通过管制压抑债券市场的发展；

二是限制公司融资的竞争性渠道，如新股票的公开发售；

三是阻碍投资公司的发展；

四是当公司允许进入债券市场时，要求银行作为债权持有者的委托人；

五是将银行向存款人支付的利率控制在低水平以使其按低利率放贷时仍可获利。

根据多重制度均衡理论和路径依赖理论，即使全球化对公司治理制度形成调整的压力，这种压力也会由于国内特定制度（比如政治压力）的作用而得到缓解，总体上看，公司治理制度的演进被“锁定”在一条既定的轨道上。并且，由于制度互补性效应，只有其他相关制度发生同方向变化时，公司治理制度才可能发生变化。因此，其变化必将是复杂缓慢的过程。这样就使不同特征的治理模式在一定历史阶段呈现出个性化的趋势。

（2）多样化趋势

多样化趋势观点的构建是基于对所谓公司治理标准模式的批判。

批判之一，英美模式不是最好的模式。因为如果英美模式是最好的模式，那么英美两国企业的公司治理实务应越来越相似，但实际并不是这样。

一是美国企业股权较为分散，而英国企业的控股辛迪加越来越多；

二是美国法律对企业董事有强制义务要求，而英国法律对非执行董事无强制要求；

三是董事更多履行的是顾问职能，而不是监督与控制职能；

四是英国强调对少数股东利益的保护，而美国对保护少数股东利益缺乏实际措施。

批判之二，模式的分割与重组不现实。每种公司治理模式作为一个系统，根植于不同的文化、历史法律环境，系统会保持内在平衡，而模式的分割与重组会打破这种平衡，降低系统效率。

在此基础上，坚持多样化趋势的论者演绎出两个主要观点。

其一，不同行业企业需要不同的公司治理模式。例如，当前现金流水平低而权益市场评价高的行业（如生化科技行业）适合英美模式；当前现金流水平高而权益市场评价低的行业适合日德模式。再如，认为日德模式更适合传统行业（如建筑、工业设备），英美模式更适合新经济行业。

其二，企业的不同发展阶段需要不同的公司治理模式。企业最初家族式发展阶段和企业拥有广泛股权的成熟阶段，公司治理模式肯定不同。在某企业内部，代理关系的不同需要不同的公司治理模式。企业存在管理者与股东、管理者与董事会及股东与债权人多种代理关系，不同的代理关系会产生不同的利益冲突，解决不同的利益冲突要求不同的公司治理模式。

（3）趋同化趋势

趋同化趋势的观点是趋同于英美模式的观点。研究公司治理问题的早期学者们认为股东中心型的英美模式将毫无疑问地比其他的模式要更加有效，更为现代，而且也必将广为流传。这种模式的主要特征是股权分散、对股东强有力的法律保障、对其他利益相关者的漠视、极少依赖于银行融资、并购市场运作活跃。

从第二次世界大战结束以后直到20世纪70年代，美国公司都主导了世界，人们也相信英美模式将会成为全世界的最佳实践。尽管这种模式实际上在20世纪60年代末期以后就开始受到多方面的批评，但是还是有许多学者认为其治理效率最佳，并认为，向英美模式的趋同是一种趋势。

推动这种趋势的最重要力量是来自英美的机构投资者。由于这些机构投资者所掌握的资金在国际资本市场上居于主导地位，在资本流动已经高度全球化的情况下，他们所认可的公司治理规范自然成为市场上被认可的规范。试图在国际资本市场上融资的公司不管来自哪个国家、哪种模式，都不得不接受投资者认可的规范。有学者甚至认为，在东亚地区，这种趋同的趋势已经比较明显。

趋同于日德模式的观点。20世纪70年代以后，利益相关者理论及其实践应用日益受到关注。从全球各种公司治理模式所具有的特征和实际运作方式来看，日本和德国的公司治理模式更加接近于利益相关者模式。正是由于日本和德国经济在第二次世界大战结束后的废墟上迅速崛起，并在20世纪70年代以后的相对长时期内保持强大的竞争优势，才导致许多经济学家认为利益相关者模式比股东至上模式更有生命力（日德模式比英美模式更加有效)，也是各种公司治理模式趋同的方向。

趋同于混合模式的观点。趋同论的第三种支持者认为一种结合股东至上模式和利益相关者模式特征的混合模式将会最有生命力。1998年，由来自美国、法国、英国、德国和日本的6位著名管理人员及董事撰写的OECD全球公司治理的报告认为，全球公司治理模式趋同的结果不是英美模式，也不是日德模式，而是股东至上模式和利益相关者模式的一种调和与折中。

这种观点实际上是建立在这样一种前提之下的：没有一种模式在公司治理的每一方面都是最优的，相互之间的取长补短才可能使治理效率得以提高。同时，持这种观点的学者普遍都认同以下两方面观点：一方面，一个国家或者企业选择哪种具有效率的治理方式，最终是由市场力量决定的；另一方面，这种选择具有路径依赖性。

趋同于未知模式的观点。趋同论的第四种支持者认为，要想预测出哪一种模式将最终占优是一件极度困难的事。这些学者一方面认为没有哪一种模式天生就是最佳的，“讨论是否有哪一种治理制度是内在的优于其他模式是徒劳无益的”（OECD，1995）；另一方面又认为各种公司治理模式在全球化的影响下必将趋同，只是不清楚究竟是哪一种模式将会最终占优。经济学家查克哈姆在仔细分析了不同国家之间的公司治理模式的差异后认为，最佳的或最有效的模式最终将会在世界范围内流行开来，只是究竟是趋同于哪一种模式不得而知，查克哈姆在判断和决定什么是最佳模式的论述中依旧语焉不详。

第二篇　企业文化与制度研究

企业文化是现代工业社会的一种特有的亚文化现象，现代企业管理的发展导致企业文化的产生，同时企业文化在现代企业经营管理方面起着重大作用。因此，企业文化建设工作受到各国企业经营管理人员的重视。

中国企业的企业文化与各国企业的企业文化有相同之处，体现了企业文化共有的特点。同时，基于中国社会和文化基础上的中国企业的企业文化也有其自身特点。中国国有企业文化和民营企业的家族企业文化都体现了中国社会特点和文化影响。因此，笔者认为，研究中国文化建设特点和特殊问题具有重要的理论研究价值和现实实践意义。

本篇将通过一些有影响的典型案例研究分析中国企业文化建设中的一些重要问题，研究中国企业的企业文化和制度建设的基础和特点，探讨中国企业在目前经营中可能遭遇的文化冲突问题，提出对相关问题的对策建议。据此，本篇研究分成两大部分。

第一部分研究企业文化及其特点。自从20世纪90年代中期中国引入了企业文化的概念和理论后，企业文化建设问题就成为中国企业经营管理者们关注的一个重要方面。在将近20年过去之后，中国的企业经营管理者们和学者们对企业文化的概念从陌生到熟识，在理论研究方面从表面层次的模仿到深入研究，初步形成了自己的理论架构和实践经验体系，成为指导中国企业经营管理者们实践的重要基础。

第二部分研究中国企业目前经营过程中遇到的文化冲突问题。在中国企业经营过程中，文化冲突是企业经常遇到的问题。经验证明，一些文化冲突问题往往会严重干扰企业的改革，也可能造成企业跨国经营的困扰，甚至失败，在企业并购中，文化冲突也是导致并购失败的主要原因之一。但是在企业经营中，企业经营管理者遇到相关问题时，往往不自觉，不知道问题根源在于文化，因此往往处理不当，导致经营上的失败。

因此，笔者在这里试图通过一些典型案例的分析，结合国内外学者们的相关研究，探讨中国企业在目前可能遭遇的文化冲突问题，提出相关的对策建议。

第四章　关于企业文化的理论

企业文化是现代企业管理发展的产物。企业文化是一种管理文化，一种组织文化，是社会文化环境中产生的一种亚文化现象。在现代企业管理中，企业文化和制度是企业管理的核心内容，是现代企业管理的基础。建设优秀的企业文化，完善企业制度，是提高企业管理水平的重要方面。

在企业中进行文化建设，是提高企业管理水平的重点问题之一。由于中国企业的经营管理具有自己的特点，因此，研究我国企业文化特点具有特殊的意义。

一、企业文化概论

企业文化是企业经营管理在当代的一项极为重要的发展。帕斯卡尔和阿索斯合著的《日本企业的管理艺术》一书中明确地指出："企业经营管理的现实并不是独立的，它是由社会和文化决定的。"他们认为企业管理不仅是一门科学，还应该是一种文化形式，即有其自己的价值观、信念、工具和语言的一种文化形式。

（一）企业文化概念的产生

企业文化研究热潮的兴起，源于日本对美国的经济挑战和随后的美国学术界对日本崛起的研究过程。在 20 世纪 70 年代，日本经济持续和强劲的发展令整个国际社会惊叹不已。日本经济的强劲发展对世界头号经济强国美国形成了强烈冲击，从而引起了当时美国的一些学者对美日比较管理学的研究热潮。

日本是个土地面积狭小，资源贫乏的岛国，同时也是第二次世界大战的战败国。日本地少人稠，资源贫乏。在第二次世界大战之后，日本的本土工业设施基本被摧毁，国家百业凋敝，既没有像俄国、美国和中国那样辽阔的国土和丰富的资源，也没有像美国和欧洲一些发达国家那样先进的现代科学技术。在这种条件下，日本从 20 世纪 50 年代开始引进美国的现代管理方法，到了 20 世纪 60 年代就实现了经济起飞，前后只用了不足 20 年的时间，就实现了日本的经济崛起。进入 20 世纪 80 年代以来，日本已经作为一种超级经济力量出现于国际舞台，并且经济发展势头咄咄逼人。在 20 世纪 70 年代末和 80 年代初，日本的经济发展大有取代美国成为世界经济领头羊的趋势，创造了世界经济发展史上的奇迹。

日本的经济奇迹震惊了美国，也震惊了世界。美国的管理学者们纷纷将目光转向了日本，探讨和研究美国在经济发展上输给日本的缘由。这些美国的管理学者们提出了一个问题：从历史上来看，日本的企业管理是师法美国的，那么日本后来居上的原因是什么？日本的企业管理成功的奥秘是什么？为了研究这些问题，20 世纪 70 年代末到 80 年代初，大批的美国学者，不仅有管理学者，而且有社会学和心理学等诸多学科的学者们远渡重洋赴日本进行实地的考察和研究，掀起了美日比较管理学的研究热潮。

当时，美国学者对日本考察研究的兴趣主要在企业管理方面，学者们对美日两国的不同的企业管理模式进行了全面的比较。他们在研究，特别是考察了日本的企业之后，发现日本的企业与美国的企业之间的一个最大差别是日本企业的员工所具有的“爱厂如家”的思想，这是美国企业员工所缺乏的。这证明美日两国不同管理模式的背后是两者之间的文化差异，由此美国学者又把注意力集中在对两国之间在文化方面差异的比较研究方面，并且随之获得了重大的发现。

美国学者研究日本企业管理的最大收获，是发现了文化力是一种推动企业发展的原动力。企业文化的概念第一次被引入了企业管理科学的研究范围，从此成为现代企业管理的核心内容。

从管理科学发展的背景分析，应该说，企业文化的产生不是一种偶然的现象。在组织管理科学发展的历史过程中，制度管理是一种以外在方式和强制方式对企业员工进行管理的组织管理模式。这种组织管理模式以众所周知的早期管理学者泰勒的理论为代表，它相对于早期的经验管理模式，或者说是人治管理模式来讲，应该说是一种组织管理上的进步，它消除了早期的经验管理模式中所表现出来的强烈的人治色彩和非理性的因素，使得组织的科学管理成为可能。但是，制度管理模式所表现出来的强制性和外在性，也造成了企业员工与组织管理者在事实上的对立，压制了员工的内在积极性的产生与发挥，并且因此造成组织在管理上缺乏企业员工的主动配合和协助。现代企业管理为了提高企业的反应能力与适应能力，强调管理权利的下放和下级工作潜能的发挥，强调提高企业员工的工作主动性和工作积极性，以提高企业的创新能力与发展能力。

早在20世纪50—60年代，我国部分企业就开始出现了“铁人精神”，爱厂如家、工作忘我的工作品质，但是并未将这些工作品质明确规定到企业文化中。虽然这些精神并未被冠上企业文化的称呼，但实际上发挥着企业文化的整合功能和价值功能。

后来，随着人们普遍认识到精神上的激励对工作的刺激和促进作用，人们迅速从精神控制的桎梏中解脱出来，这些“企业文化”也由于未能适应时代的变化而逐渐被淘汰。直到20世纪90年代左右，我国才兴起了企业文化的热潮。这个阶段在我国兴起的企业文化热，既是在改革开放的背景下，又与国外企业文化理论的传播有关，这些也构成了企业文化在我国发展的大背景。

20世纪80年代末，中国的一些学者和一些敏锐的企业家开始了对企业文化的实践探索和理论研究。20世纪90年代初期，随着我国改革开放的逐渐深入，在引进国外先进技术和管理经验的过程中，企业文化也作为一种先进的管理方式被引入我国的企业管理中。我国许多企业一时间相应地办起了企业文化运动。经过了这一阶段的企业文化的引进，到20世纪90年代初兴起的企业对企业文化的热潮之后，企业文化在我国获得了较大的发展。在我国企业界，大部分领导人已经充分了解了企业文化的概念，也对企业文化在管理中的作用有了一定的认知。更有一部分企业家，不再照本宣科创办企业文化，而是加入了自己的思考，结合自身企业的实际创办企业文化，取得了令人称赞的成就。

（二）企业文化的内涵

企业文化是一种社会的亚文化，是一种植根于社会文化土壤之中的亚文化。但是，企业文化不同于一般的社会文化，企业文化仅是一种“组织管理的文化”，是囿于组织内部管理范畴的一种文化现象，并且每一个企业的文化都具有自己的特色。

关于企业文化的内涵是什么，学者们的意见并不一致。一般地讲，企业文化是一种企业多数员工所共有的价值与信念体系，代表了企业员工们所持有的共同的观念。企业文化，包括企业的价值观、信条、仪式、神话，以及惯例的体系或模式，决定着企业的雇员们对周围世界的看法和对事物的反应，影响着雇员们的行为和问题的解决方式。

企业文化的核心是企业在历史发展过程中形成的自己独特的价值观念和信念，行为内容和行为方式，企业制度和行为规范，以及企业员工的工作作风和形象设计等。一个企业的文化决定了这个企业行为的价值取向、经营管理目标、行为模式与企业的经营管理特色，以及企业对环境的反应方式与适应模式。

企业文化首先反映了企业的领导人，特别是企业的创始人的经营管理理念与价值取向，是他们的经营管理思想和价值取向的直接外化表现。企业文化是在企业的发展历史过程中逐渐形成的，领导人在企业的管理实践中不断地总结经验，逐渐地形成了自己的一套经营管理理念与模式，并且以制度等形式在企业的经营管理中加以贯彻执行，从而逐渐地形成了自己的企业文化模式。所以说，企业文化反映着企业的特殊历史与管理特点，体现着企业领导人的个性与价值取向。从这个意义上来讲，每一种企业的文化都是一种“领导文化”，是一种“历史文化”。

企业文化应该是一种为多数企业员工所共同接受的文化，以所共有的价值观与信念为核心，代表了企业多数员工所持有的共同观念和行为方式。作为一种人们所共有的价值观与信念的文化载体，企业文化成为企业员工共有的心灵家园，企业文化成为一种企业组织与企业员工之间的牢固的“心理契约”形式。因此，企业文化应该是一种“群体文化”，是一种为多数企业员工所接受的共同文化。

企业文化是一种植根于社会文化土壤之中，在社会文化土壤之中成长发展的亚文化。在这种大文化环境中形成和发展的企业文化，必然表现出与所处的大文化环境的密切关联性。这种关联性使企业文化与大文化环境往往表现出一种共同的文化特征，显现出大文化环境对企业文化的深刻影响。因此，企业文化是社会文化环境中产生的一种“亚文化”。作为一种“亚文化”，企业文化打下了社会文化环境的烙印，体现了社会文化的基本信念。因此，从这个角度来讲，企业文化不能脱离社会文化环境独立存在，企业文化的价值标准与信念也不应该与社会文化的基本信念和价值观相冲突。

（三）企业文化的结构

企业文化的结构可以分为三个层面，即企业文化的表层（物化层）、中层（制度层）和深层（精神层）。

企业文化的物化层是企业的表层外观的直观表现，如企业的标识物、厂容厂貌、产品的商标、外观与包装、员工的衣着外貌与精神风貌等，这些统称为企业的形象设计。企业文化的物化层反映了企业的文化面貌，是企业的精神面貌的外在表现，也是企业文化的外在表现。

企业文化的制度层包括企业的正式制度和员工的行为规范。企业的制度层直接反映企业文化中的核心价值观念和信念。成熟的企业文化的价值观与信念必然在企业的制度、行为规范和工作作风中体现出来。企业文化只有通过企业的制度、行为规范和工作作风来体现，才可能真正成为企业的灵魂，而不是空洞的口号。

精神层是企业文化的核心。组织管理在社会大文化背景中、领导者通过企业的管理实践逐渐地形成了自己的管理信念和管理理念，形成了自己的企业价值观念和信念，包括企业的经营管理哲学、企业的目标、理想信念、道德规范、价值取向和行为准则等。企业的精神层面的形成是企业文化形成的最重要的和决定性的标志。企业文化的精神层面代表着企业文化的基本价值观念和行为价值取向。

企业的价值观念和信念是企业文化的核心，是企业文化的灵魂。一般来讲，企业文化的物化层和制度层的内容是经常在变化的，但是企业文化的精神层的内容却是相对稳定的，它直接反映着企业文化的最稳定和最核心的内容，是企业文化的灵魂。

企业的价值观念和信念直接来自企业的领导者的管理理念和管理哲学，反映了企业的领导者本人的价值观和人生观，反映了他对所领导企业的定位和对组织管理的理念。从这个意义上来讲，企业文化的精神层面的内涵就是企业领导者的个人精神与信念的反映。

同时企业的价值观念和信念需要得到大多数企业员工的认同。因为只有得到大多数企业员工认同和接受的企业的价值观念和信念，才能够成为企业文化的核心。没有得到大多数企业员工认同和接受的价值观念和信念，只能算是领导者个人的思想和观念。

（四）企业文化的研究内容

根据企业文化的研究结构，企业文化可以分为三个层次：物质文化、制度文化和精神文化，那么具体从内容上看，企业文化又包括以下几方面的内容。

企业哲学：企业哲学是指企业在一定的条件下，在企业的各项活动中所表现出来的方法论和世界观，也是指导企业各项活动、处理企业各种关系和选择信息的整体表现和最终方法，也是企业所有行为的最根本的指导思想，也是一个企业能够区别于其他企业的最终原因。哈佛大学《企业管理百科全书》中指出：“企业哲学是指企业最高主管为人处世之基本信仰、观念和价值偏好。”系统观念、动态观念、风俗和竞争观念、物质观念、效率和效益观念、人才观念、市场观念、信息观念等都属于企业哲学的范畴。而人本主义是现代企业哲学的最强音。

企业价值观：企业文化包含了所有员工的共有的观念、价值和行为取向。而员工生存的宏观环境及各种微观环境都会影响这些行为的外在表现。价值观可以给员工带来工作上的使命感，让他们体会到工作给他们带来的价值，也体现全体员工心目中的真理，也是全体员工奋斗的理由。那么企业的价值观应至少包括五个方面的内容：文化价值观、工作环境各要素价值观、个人价值观、全体价值观和企业价值观。

企业精神：企业精神是企业全体员工一致认同的一种高层观念，是企业的旗帜和企业文化的灵魂。企业精神是企业个性与现代意识相结合的一种群体意识，也是企业全体人员的能量来源、精神支柱。它可以激励员工努力工作，形成刺激企业发展的有力的推动力量。企业精神有很多表现形式，但是需要别出心裁、独具特色。而比喻式、故事式、人品式、品名式和厂名式是比较有影响力的几种企业精神。作为推动企业文化发展的一种最佳动力，企业精神的推动力主要体现在三个方面：主体力量、创造力量和同心力量。

企业道德：企业道德是指调整企业员工与客户之间关系、企业之间、员工之间的行为规范的总合。企业道德是反映企业环境对人们道德行为的影响，是企业的规范性文件。企业道德从根本上规范着人们的行为，哪些可以做及哪些不可以做。企业道德的制定是从伦理角度出发的，是企业的制度和法规的必要补充。

企业目标：企业目标是指企业在一定时期希望达到的一种结果。企业目标指导着企业全体员工的行为，企业目标可以以不同的标准进行分类。按照内容不同，可以分为总目标和分目标；按照期限的长短来分，有长期目标、中期目标和短期目标。

组织制度：企业文化的另一个重要方面就是由企业内部的管理方法、管理政策和管理制度构成的管理氛围。这些可能被明确表示出来，然而也可能并没有明文规定。这些政策和制度方法，体现了企业所关注的事及企业感兴趣的方面。企业文化也是由所盛行的管理观念、行为和管理风格所形成的环境氛围。它包括决策过程、信息沟通、指导训练、计划的确定、问题的解决、激励因素、责任感和其他很多方面。

企业形象：企业形象是指各类公众对该企业综合认知后形成的最终印象，主要包括三个要素：其一，企业形象是综合认知的成果，而不是个别人或是对组织个别方面的认知所形成的成果；其二，企业形象是留给人们的总印象，因此企业形象具有主观表现性的特征；其三，公众是企业形象的感受者，因此必须针对不同的公众塑造不同的形象，然后再进行调整，最终形成一个既能使广大公众基本满意，又能使一些特殊公众感到满意的总体形象。企业形象就是企业的魅力，失去魅力的企业一定会失去公众，从而失去股东、失去员工、失去顾客。

（五）企业文化的作用

现代企业管理不仅应该是一门科学，还应该是一种包含自己的价值观和信念、管理风格和行为模式的文化形式。现代企业管理实践证明：企业文化的建设在企业的组织管理中具有非常重要的作用，是现代企业管理的核心内容，成功的企业文化有利于企业管理目标的实现。

1. 企业文化的导向作用

企业文化最重要的作用就是它的导向作用。企业文化的价值观体系为企业员工明确了企业的经营管理的信念、价值取向和是非观念，从而使企业员工明确了工作的追求目标和行为取向。

2. 企业文化的凝聚作用

企业文化的价值观和基本经营管理理念是得到了企业多数员工认可和接受的基本信念，因此，也就成为员工共同的思想与行为的基础，成为员工团结合作的思想基础。

3. 企业文化的激励作用

企业文化的激励作用体现在企业文化的价值观和信念对员工的鼓舞作用。人们的工作不仅需要物质的激励，也同样需要精神的激励和信念的支持。在企业文化的激励下，员工明确了工作的价值，明确了努力方向。企业文化成为企业员工的精神支柱，这本身就是一种巨大的激励。

4. 企业文化的教育作用

企业文化本身就是企业精神与经营管理思想的教材。作为企业精神与经营管理思想的教材，企业文化为企业所有员工学习和掌握企业文化，掌握企业的价值观、是非观和经营管理思想，以及行为方式提供了系统化的资料。这个资料不仅存在于企业文化手册之中，而且存在于企业的形象和氛围中，存在于员工的思想方式与行为方式上，从而为所有新员工提供了学习的内容和对象。

5. 企业文化的规范作用

企业文化作为所有员工的共同的思想基础和行为规范，对员工的行为方式和价值取向，以及思想方式都起到了一种规范的作用。但是，企业文化的规范作用不同于制度的强制性的规范方式，企业文化是以一种潜移默化和自觉自愿的方式规范着所有员工的思想与行为方式的。由于企业文化对企业员工的思想与行为的规范方式是建立在自觉自愿基础上的，所以这种规范方式往往比制度的强制性效果更好。

6. 企业文化的传承作用

企业文化可以通过文字资料、言语教诲、行为示范和制度规范的方式向企业的一代代的员工传递下去，从而使企业文化成为企业的一种文化传统，一种文化的氛围，成为支撑企业的一种精神财富。通过企业文化的传承，可以将企业经营管理的优秀思想和信念传递下去，将企业的成功经验和作风传递下去，并且成为企业的一种象征和一种精神支柱。

7. 企业文化的形象作用

企业文化是企业的经营管理思想和信念的载体，它体现了企业本身的精神和信念。对外，企业文化就代表了企业的经营管理理念，代表了企业自身。因此，企业文化塑造了企业的自身形象。

二、不同的企业文化

每一种企业文化都具有自己的不同特点。进行企业文化的特点分析，可以帮助了解不同的企业文化对企业组织管理的影响，从而更加深入地理解不同企业管理模式的本质特点和行为方式。

（一）强势企业文化

这类企业文化的特点是其在企业中具有十分强大的群众基础，得到了绝大多数企业员工的认可与支持，从而在企业中扎下了坚固的根基。强势的企业文化一般存在于一些经营成功的企业中。企业的经营成功，容易使得企业文化的价值观念和信念得到人们的认可与支持，从而形成一种具有强大群众基础的强势企业文化。

由于强势企业文化的存在，企业中的员工往往具有较强的同一化倾向。因此这种企业员工的团队精神较强，企业的凝聚力和员工的工作自觉性也较强。这些都使具有强势企业文化的企业具有十分强大的凝聚力和统一性。

但是，强势企业文化也有不利的一面。由于得到了企业员工的一致认可与支持，从而企业文化容易成为企业员工中从众效应的思想基础。由于人们具有同样的信念，因而对企业文化的基本信念的怀疑和反对意见就很难存在和发展，从而容易造成企业文化因此而失去来自内部的批评，失去创新的动力。缺乏来自企业内部的文化自主创新的动力，强势的企业文化会因此而呈现出较强的保守性和封闭性。

和强势的企业文化相对应的就是弱势的企业文化。弱势企业文化特点是群众基础薄弱，企业的核心价值观往往未得到多数企业员工认可。在这种企业文化的氛围之中，组织管理的最大特点就是企业的价值取向混乱，企业员工的行为取向不一致，组织管理呈现出一种混乱无规则的特点。同时，由于企业员工缺乏统一的价值观与信念，所以这种企业的凝聚力不强，企业人心涣散，缺乏团队精神。

（二）战略整合型企业文化

战略整合型企业文化是指一种对环境具有较强适应性的企业文化。正是由于这种较强的适应性，企业的经营运作因此具有较高的效率，从而使企业文化往往因此而得到了员工很高程度的认可与支持。

但是，也正是由于战略整合型企业文化对环境的高度适应性和成功性，企业文化往往容易出现严重特化的现象，同时企业管理也具有较强的保守性和刚性。这种文化上的保守倾向和刚性特征往往会使企业在环境发生突变的时候失去及时和有效地进行企业战略和管理模式调整的能力，无法适应新的环境，往往因此使企业遭到重大的挫折。

（三）灵活适应型企业文化

这种企业文化的特点是企业文化的核心思想与信念强调创新与发展，因而使企业在指导思想和管理模式上都体现出了创新与变革的特点，具有很强的灵活适应性。因为这种企业文化具有较强的变革心理与创新意识，因此，这样的企业文化能够使企业保持较强的创新能力与适应能力，从而在不同的环境中具有较强的生存与应变能力。

（四）传统保守型的企业文化

这种类型的企业文化的特点是强调尊重企业的管理传统和遵守旧有的规则，是一种典型的保守文化和自我封闭文化。在这种文化氛围中，组织管理不鼓励变革与创新，企业员工因此容易失去进取精神和创新精神，因循守旧和循规蹈矩是企业员工的行为规范。企业往往会因此而失去创新能力与应变能力，容易因此而失去组织的活力。

（五）和谐取向型的企业文化

这种企业文化的特点是强调企业内部的人际关系的和谐，强调企业员工之间的和平相处和相安无事。在这种文化氛围中，企业一方面呈现出较为和谐的人际关系氛围，一方面由于企业管理的价值取向是无事就是福，因此规避矛盾和淡化竞争就成为组织管理的必然选择。企业也往往会因此而失去活力，显得暮气沉沉，没有生气。

（六）权力取向型的企业文化

这种企业文化的特点是强调尊重权力。在这种文化环境中，权力具有唯一的权威，并且体现出真正的社会价值。因此，在权力取向的文化环境中，对权力的追求成为员工的唯一价值选择。而企业员工之间的权力追逐必然导致企业员工之间缺乏基本的信任与真正的友谊，人际关系往往因此而扭曲和变质，并且产生许多矛盾和冲突。

（七）效率竞争型的企业文化

这种企业文化的特点是价值取向强调以成败论英雄。在这样的文化氛围中，企业员工的竞争压力极大，企业员工之间为了取胜而产生过度竞争，结果容易导致人际关系紧张，缺乏合作精神和友谊，员工在行为上容易出现短视性的行为和以邻为壑的恶行，甚至会损害企业的整体战略利益。

（八）追求完美的企业文化

这种企业文化的特点是强调在组织管理上要求员工凡事完美，不留瑕疵。这种价值取向容易使企业员工在行为上谨小慎微，不求有功，但求无过，不敢冒险，不敢创新，不敢逾雷池一步。结果往往是使企业运作迷失于细节之中，迷失于谨慎之中，迷失于无所作为之中。

（九）自我实现型的企业文化

这种企业文化的特点是重视发挥企业员工内在的工作动力与积极性。在这种文化环境中，组织管理重视将企业的目标与企业员工的个人目标进行有机的结合，重视鼓励和发挥企业员工的创新意识和创新才能。组织管理通过这种企业文化可以在更高的层次上激发企业员工的工作积极性，提高企业的工作效率与效益。

第五章　企业文化的创建

企业文化是在企业的创业时期和发展时期逐渐形成，在企业的经营管理过程中不断进行革新、变革和演变的。在这个过程中，企业的性质、企业所处的社会环境和技术环境，以及企业面对的市场竞争形势，特别是企业领导层的经营管理理念都对企业文化的形成产生着重要的影响。

企业文化在现代企业的经营管理中具有十分重要的作用，企业文化建设对企业的竞争力的形成和企业成长力的形成具有十分重要的战略意义。

一、企业文化建设的战略意义

企业是否应该进行企业文化的建设？关于这个问题，一些学者和企业管理人员持一种否定的态度。他们以为，企业经营管理的要素是资金、市场和产品，企业文化建设是一种可有可无的奢侈品，甚至认为企业文化是一种人造的装饰品，在企业经营管理过程中没有实际价值。特别是对于中小型企业，一些企业管理者认为中小型企业正处于创业和发展时期，经营规模小，经营管理水平很低，当务之急是解决企业的生存和发展的问题，也即解决资金问题和市场问题，而在管理方面的当务之急应该是建立企业的科学管理制度，形成企业的科学管理体系。因此，他们认为，企业文化对于提升企业管理水平确实十分重要，但是这应该是大企业考虑的问题，是大企业在管理过程中的奢侈品。对于中小型企业，企业文化的建设未免言之过早。

为了探究这个问题，先来介绍美国惠普公司的企业文化形成过程。惠普（Hewlett – Packard）企业创立于20世纪40年代，是由毕业于斯坦福大学的B. 惠利特和D. 帕卡德共同筹资创办的。惠普最早的产品主要是用于通信和勘探的设备，如今该企业已经成为世界知名的信息产业企业。1999年，《财富》杂志的全球最大500家企业排行榜中名列第41位，企业的营业收入额达到470.61亿美元，资产总额336.73亿美元。

惠普公司的经营宗旨和价值观起源于公司创始初期，从而为惠普文化的创立奠定了坚实的基础。在惠普企业创立伊始，企业的创立者就明确了其当时十分独特的，特别是对于一家美国公司而言十分特殊的“惠普之道”。惠普公司的创始人惠利特与帕卡德将两人各自的产品观念及独特的管理风格融为一体，并结成合伙企业。1957年，在成功推出数种新产品并且经历了公司迅速扩大之后，他们同公司重要部门的经理正式制定了一套企业目标。这些目标与制定如何实现目标的企业价值一道共同奠定了“惠普之道”这一异常重要的公司经营管理理论基础。惠普之道的核心是以人为本，尊重员工，强调创新。

瞄准技术与工程技术市场，生产出高品质的创新性电子仪器。在这一经营宗旨上，惠利特与帕卡德建立起了共同的企业的价值观和经营理论。惠普企业的价值观是企业发展资金以自筹为主，提倡改革与创新，强调集体协作精神。在这一价值观基础上，企业逐渐形成了具有自己鲜明特色的，被称为“惠普模式”的企业文化。这种企业文化是一种更加注重顾客、股东和企业员工的利益要求，重视领导才能及其他各种惠普企业激发创造因素的文化系统，在这一文化系统中惠普模式注重以真诚、公正的态度服务于消费者。在企业内部提倡人人平等与人人尊重。在实际工作中提倡自我管理、自我控制与成果管理，提倡温和变革。惠普公司在经营中不轻易解雇员工，也不盲目扩张企业规模，坚持宽松的、自由的和员工自我管理的办公环境，努力培育公开、透明、民主的工作作风，这一切极大地激励了员工对企业的忠诚。

惠普的发展说明了惠普企业文化的强大推动力。在惠普企业中，提倡人人尊重与人人平等，注重对员工的业绩的肯定，对员工表示出信任和依赖，倡导顾客至上的经营观，以向顾客提供优质，并且技术含量高的产品，有效解决顾客的实际困难，极力为企业股东服务，这些准则和价值观为惠普企业的发展奠定了坚实的基础。

由此，可以认识到，企业文化的核心是文化价值观，这种价值观对于企业员工，首先是企业领导者的经营管理理念与价值取向，对于企业的经营管理行为和员工行为取向都具有重要的指导与规范意义。当企业领导人在企业的管理实践中不断地总结经验，从而逐渐地形成了自己的一套经营管理理念与模式，形成了企业文化的核心理念，并且以制度等形式在企业的管理中加以贯彻执行，从而逐渐地形成了自己的企业文化模式的时候，企业的发展就会从一种盲目的状态进入一种理性的状态。这不仅有利于企业的经营管理水平的提升，更重要的是它为企业的长期发展奠定了坚实的思想和文化基础，从而为企业今后的健康和顺利发展指明了战略方向。这就是企业文化的战略效应。

下面再通过中国的海尔公司的发展历程分析企业文化在企业发展过程中的战略作用。

海尔集团（以下简称“海尔”），前身是1984年成立于山东青岛的青岛电冰箱总厂。创业以来，海尔坚持以用户需求为中心的创新体系驱动企业持续健康发展，从一家资不抵债、濒临倒闭的集体小厂发展成为全球最大的家用电器制造商之一。海尔的业务范围由当初单一的白色家电发展到现在白色家电、家用电器、整体厨房等多行业多品牌多元发展的局面。在竞争市场上，海尔依靠高质量和个性化的设计吸引了越来越多的消费者，并且在2003年获准制定了四项国家标准，标志着海尔已经使企业间的竞争由技术水平竞争、专利竞争转向了标准上的竞争。海尔在其发展过程中一直秉承着“用户永远是对的”的是非观、创新精神和创业精神并驾齐驱的发展观，以及“人单合一”的利益观。以这样的核心价值观支持着整个集团的不断超越和不断发展。

海尔集团的发展历程主要分为四个阶段，品牌发展战略阶段、多元化发展战略阶段、国际化发展战略阶段和全球化发展战略阶段。

二、企业发展战略

从企业的长期发展战略高度来看，企业文化的建设对于企业经营管理而言，不仅需要，而且对企业的竞争力和成长力的形成具有十分重要的战略意义。

同时，也注意到，企业文化的形成是一个过程，是一个阶段性的、长期性的过程。企业领导者是在经营管理的实践和发展过程中，通过不断的摸索和总结，逐渐地产生和形成自己的经营管理观念和信念、行为方式和行为规范、企业制度和工作作风，以及企业的形象等企业文化要素。因此，处于企业的初创时期和发展时期的中小型企业，也正是处于企业文化的形成时期。回顾一些经营成功的企业，比如中国的海尔公司，它们的企业文化的核心价值观都是在企业的初创时期和发展时期逐渐形成的。也正是因为它们的企业文化在初创时期受到了企业管理层的足够重视，并且形成了较优秀的核心价值观体系，使这些企业在后来的发展过程中能够高瞻远瞩，始终处于一种主动的地位，从而在激烈的市场竞争中能够不断地形成和壮大自己的竞争力，最终由一些名不见经传的小企业成长为国际知名的优秀的企业。那种认为企业文化建设仅是大型企业的事情，未免过于武断。应该认识到，文化建设应该是中小型企业经营管理的重要方面，企业的领导者有必要在企业的创业时期和发展时期就注意对企业核心价值观的探索和总结，从而逐渐形成企业的文化体系，为创建优秀的企业的经营管理文化奠定基础。

三、创建企业文化的一些问题

中小型企业正处于企业创业和发展的阶段。在中小型企业中，企业文化应该也正处于创建和发展的阶段。在中小型企业的企业文化的形成过程中必然受到各种因素的影响。中小型企业在创建自己的企业文化的过程中需要注意以下几个方面的问题：

（一）形成企业独特的价值观念和信念是创建企业文化的基础

创建企业文化，首先在于形成企业自己独特的价值观念和信念，并且在此基础上形成企业的行为规范、企业制度以及企业员工的工作作风，塑造企业的形象。企业自己独特的价值观念和信念的形成，是企业的领导者在企业的管理实践的基础之上，通过总结、分析和思考，逐渐形成的观念和信念。企业自己独特的价值观念和信念的形成，需要借鉴别人的经验和思想，需要借鉴专家的意见，但是它的主体应该是企业领导人自己实践和思考的结果。只有通过自己实践和思考产生的价值观念和信念才是有价值的和有生命力的。经验告诉人们，那种完全靠移植形成的企业文化，还有那种靠所谓的“专家诊断”和“专家设计”创造出来的所谓企业文化都是没有生命的文化玩偶。这种所谓企业文化因为没有企业的实践基础，没有反映企业自己的管理特点，也没有企业的领导人和群众的思想基础，因此不会为企业的各级管理者和员工所接受，这种企业文化是一株没有根系的树苗，没有地基的大楼，在现实中没有真正的生存基础和立足根基。

由于企业领导人是企业文化的核心理念的主要影响因素，企业文化的创建首先仰仗企业领导者形成自己的独特的管理理念与价值取向。当领导者形成自己的独特的管理理念与价值取向的时候，企业文化的核心理念与信念也随之形成。在企业管理实践过程中，领导人不断地总结经验，形成了自己的具有特色的管理理念与信念体系，形成自己的工作风格和工作规范，并且以制度和行为规范等形式在企业中加以贯彻执行，从而形成了企业文化的核心。所以说，企业文化反映着企业的特殊的历史与管理特点，体现着企业领导人的个性与价值取向。从这个意义上来讲，企业文化是一种领导文化。企业文化的精神就是企业领导者的个人精神的直接反映。企业文化是企业领导人的管理思想和价值取向的直接外化表现。

（二）企业文化与社会文化存在着内在的有机联系

可以将影响企业文化的这些环境因素划分成两个类别，一类是存在于企业之外的因素，属于企业的外部社会环境影响因素，一类是存在于企业内部的因素，属于企业的内部环境影响因素。企业文化正是在企业外部的社会环境因素的影响之下，在企业的内部环境因素的直接作用下形成的。外部的社会文化环境是影响企业文化性质和特点的主要因素之一，企业文化正是生存于社会文化环境之中的，并且是在与社会文化环境发生相互作用和影响的过程中逐渐形成的。

企业文化作为社会文化环境中的亚文化，不能避开社会文化背景的影响，其文化的核心思想往往被深深地打上社会文化环境的烙印。在社会中，经常注意到，无论在同一社会文化环境中的各种企业文化之间存在多大的差异，但是作为同一社会文化环境中的亚文化，它们之间在文化的价值取向、行为规范等方面，往往都会体现出一些共同特征，反映出同一社会文化的特点。这种现象之所以产生，是由于企业的成员都生活在同一个社会文化环境之中，接受着同一种社会文化的熏陶。所有的社会成员都或多或少地受到所处的文化环境潜移默化的影响。作为社会成员的一部分，企业的领导者和多数员工同样也会在意识深处受到社会文化环境的潜移默化的熏陶，在价值取向和行为模式方面打下深深的社会文化环境烙印。因而在建设企业文化的过程中，人们必然会自觉和不自觉地利用社会文化中的某些因素，汲取社会文化中的某些信念，将现代管理理念与社会文化有机地融于企业文化之中，将社会文化的影响在企业文化的价值观念和经营理念，以及在企业的管理制度和行为规范中体现出来，从而形成一种具有鲜明社会文化属性的企业文化体系。

所以社会文化环境对企业文化具有强大的影响力，影响着企业文化的价值取向和行为规范，使在同一社会文化环境中的不同的企业文化往往表现出一种共同的文化特征，表现出同一种社会文化的特点，这就是企业文化的社会文化属性的表现。

（三）企业文化与社会文化环境的相容性

企业文化与自己的社会文化环境之间存在一种在本质上的文化相容性。社会文化环境，是由社会的主流文化的价值观念、社会信念、宗教信仰、文化心理和风俗习惯等组成的文化环境。由于企业生存于社会文化环境之中，并且植根于社会文化之中，因为如此，决定了企业文化与社会文化环境存在着先天的相容性。同时，企业文化作为一种社会亚文化，必须主动和自觉地适应自己所处的社会文化大环境。作为社会的一个组成部分，企业中所有的企业员工的行为，整个企业的管理运作必然受到社会大环境的制约和控制，受到社会的法律、道德和行为规范的约束。为了适应所处的社会文化环境，企业文化建设必须考虑自己所处的社会环境，考虑社会的主流文化的价值观和行为准则，考虑社会的法律环境、道德环境和其他民俗行为规范。企业文化的建设应该力求避免与社会文化环境发生直接的冲突。如果企业文化与所处的社会文化环境之间存在严重的信念冲突，这种文化的冲突势必导致外在的社会冲突，势必将影响到企业的生存和发展。正是因为如此，企业文化作为一种社会亚文化，不仅社会文化的影响在企业文化中必然会自觉不自觉地体现出来，同时企业文化也必须主动和自觉地适应自己所处的社会文化环境，从而形成一种具有鲜明社会属性的企业文化。

（四）企业文化的建设应该与企业的本质要求相适应

企业文化形成需要充分考虑到企业的内部环境因素，包括企业的性质、企业的技术环境、企业员工的素质和企业的文化历史，以及企业的发展战略等因素。企业文化的建设应该考虑企业的特点与企业的本质要求。

（五）企业文化建设应该与企业的技术环境要求相适应

企业的技术环境，包括企业的生产技术、办公技术和交通运输技术等环境。这些环境因素直接影响着企业的生产方式，从而影响着企业的组织结构和业务流程设计，企业员工的行为规范、企业的管理制度，甚至影响着企业的工作方式与形象设计，影响着企业的人员构成，从而影响着企业的管理模式、企业的管理理念和价值取向。因此，企业文化建设应该充分地考虑到企业技术环境的影响，在建设企业文化的过程中，应该研究技术环境中相关因素的影响，将企业的管理理念和管理模式与技术环境因素有机地融于一体，融于企业文化之中。

（六）企业文化建设应该与企业员工的素质要求相适应

企业文化是一种为多数企业员工所接受的共同的文化，所以企业文化是一种群体文化。因此企业员工的素质因素必然直接反映在企业文化中，形成企业文化的重要构成因素之一。面对不同企业的成员素质差异，企业管理必须采用不同的管理理念和管理模式，所以也必然会产生不同的企业文化。因此，不同的企业员工构成往往会形成不同的企业文化。企业员工的文化水平、社会文化背景、专业文化背景，甚至年龄层次构成和性别构成的重大结构差别都可能导致企业文化在价值取向、行为取向和行为方式，以及工作作风方面的明显区别，从而形成不同的企业文化。因此，企业员工的素质应该是企业文化设计考虑的重要因素之一。

（七）企业文化建设应该与企业战略的要求相适应

在企业文化的设计中，不能离开企业的长期发展目标和长期发展战略去考虑企业文化的设计。中小型企业正处于企业的创建和发展的过程中，企业文化也正处于创建和发展的过程中。企业文化的创建不是一种权宜之计，它是一种企业发展的长远之计。企业文化应该为企业的长期发展战略服务。因此，中小型企业的企业文化的建设必须考虑到企业的长期战略发展需求，考虑到企业发展的长远战略目标的实现。只有以长远的战略眼光来设计企业文化才可能形成先进的企业文化。要防止为了企业的一时的需求随意地设计和改变企业文化的核心内容。这样做不仅会使企业文化难以适应企业的发展，而且会因为企业文化设计和改变的随意性丧失企业文化的严肃性，失去人们的尊重，导致企业文化的儿戏化。

四、企业文化融入企业的方式

因为企业文化是一种企业员工所共有的文化，只有代表了企业员工所共同持有的观念，只有成为企业管理的核心理念，企业文化才具有了自身的真正价值。因此，企业文化建设的重要内容之一，就是将企业文化真正地融入企业的管理之中，真正地融入企业员工的观念之中，真正成为企业员工自觉的意识与行为准则。企业文化如何真正融入企业，在企业中得到认可？美国著名的管理学者斯蒂芬·P. 洛宾斯在他的著述《管理学》中提出了三个途径。

第一，企业的领导者仅聘用那些认同自己思想的人。选用那些认同自己思想的人，从而保证企业文化的纯洁性，保证企业文化的基本价值理念得到人们的认可。但是，这种方式的缺点也是显而易见的，它会局限企业招聘人才的范围，而且有自我文化禁锢的嫌疑。这显然不符合现代文化开放的价值观念，不是所有的企业都乐意承受的代价。

第二，领导者通过对企业员工进行思想灌输来达到目的。这种文化灌输的方式，其实多数企业中都在实施。许多企业不惜成本对企业的员工，特别是新员工进行企业文化的教育和灌输，目的就是通过这种灌输使企业文化在员工中得到认可，使企业文化得到必要的群众基础。

第三，领导者用自己的榜样来感动自己的下属。斯蒂芬·P. 洛宾斯认为，当企业成功之时，领导者的个人人格特点就会为下属所接受，从而植根于企业文化之中。这一点为许多成功企业的经验所证实。事实上，海尔的企业文化正是以海尔的经营成功为基础而为人们所信服的。

从上述可以得出一个结论，企业文化的创建，关键在于使企业文化为多数企业员工所接受。如何做到企业文化为多数企业员工所接受，从组织行为学的角度分析，对企业员工进行企业文化的灌输是必要的，特别是针对新的企业员工是必要的。但是这仅是企业文化的服从阶段，这时候企业员工的态度形成是由于外界压力之下产生的一种被迫屈从，因此只能是企业文化建设的初级阶段。通过对企业员工不断的教育，通过企业日常的制度管理的过程，企业文化会逐渐被企业员工主动接受和执行，并且开始主动寻求与企业组织的一致，这就进入了企业文化的同化阶段。同化阶段是企业文化建设的一个发展阶段，但是仍然不是最理想的阶段。为了达到使企业员工从内心完全赞同和接受企业文化，并且自觉和主动地认同企业文化的目的，达到最理想的企业文化建设的内化阶段，不仅需要不断的企业文化的教育与灌输，需要在组织的管理中实施和贯彻，而且更加需要通过企业文化在具体的实施过程中的成功来向企业员工证明这种企业文化的价值，从而使得员工心悦诚服地接受企业文化的基本理念和观点，达到一种理想化的企业文化建设阶段。

同时，领导者的言行在企业文化的形成过程中也具有重要作用。这一点在规模有限的中小型企业中尤其明显。中小型企业中人数有限，领导者的言行举止直接为人们所关注和效仿。因此，要使得一种作风、一种行为方式，或者是一种价值观和信念为人们所接受，首先需要领导者的身体力行，需要领导者在企业的经营管理过程中从点滴做起。

第六章　中小型企业的文化变革与创新

由于中小型企业本身正处于企业的创建和发展的过程中，因此，企业文化需要根据企业外部环境的变化、企业内部环境的变化和企业战略的改变进行不断的变革和创新。对于中小型企业而言，企业文化的创新与变革不仅是企业管理的现实需要，更是企业生存和发展的需要，是企业的战略需要。因此，中小型企业的企业文化的创新与变革，是中小型企业管理的一个重要方面。

一、企业文化创新发展的必要性

社会环境的不断变化及竞争的存在，都对企业管理不断地提出挑战，这是企业需要进行创新与变革的根本原因。事实上，自从人类社会进入了工业化时代，人类所面对的就是一个越来越不安分的社会环境了。而自从人类进入了信息社会之后，社会的变化就完全可以用日新月异来形容。事实上，无论是自然历史，还是人类社会历史，都告诉人们一个真理，在生存环境中，任何事物都遵循着适者生存的法则。为了生存，面对快速发展的社会环境，人们唯一的选择就是快速地调整自己、发展和变革自己，以努力适应这个让人眼花缭乱的社会环境。正是因为如此，现代社会中，人类的一个重要的观念就是发展和创新。

同样的道理，对于每个社会组织，在变化不定的现代社会环境中，同样必须不断地寻求发展，不断地进行创新，不断地进行变革，这既是求发展之道，也是求生之道。正如美国管理学者斯蒂芬·P. 洛宾斯在他的著述《管理学》中所阐述的观点：现代的组织所面对的是一个动态的、变化不定的环境，所以组织必须不断地进行变革，不变革则意味着灭亡。

激烈的竞争是人类社会组织必须进行创新与变革的另一个重要原因。在激烈竞争的现代社会中，传统的组织理论所寻求的普遍适用和稳定的组织管理模式是不存在的。对于一个企业组织来讲，它所面对的不仅是一个变化不定的环境，而且是一个竞争激烈的战场。在这里危机四伏，险象环生，威胁可能来自各处。企业要生存，要发展，必须实行发展战略、创新战略和变革战略，必须通过不断的发展和创新谋求组织生存能力和竞争能力的提高。在这一方面，没有企业可以选择的余地。

企业的变革与发展的核心是创新。企业的活力和生存能力的基础是企业的创新意识与创新机制，是企业文化的创新理念。优秀的企业文化的最大特点之一，就是将组织的创新意识置于最重要的战略地位，并且贯彻于组织的经营管理机制中。从某种角度来讲，优秀的企业文化必然是一种创新文化，是一种发展、创新与变革的文化。正是通过这种以发展和创新为核心理念的企业文化，索尼企业才获得了一种不断发展的动力，也正是通过这种企业文化，海尔才可能不断地成长壮大。

在企业的创新机制中，企业文化自身的创新也是同样至关重要的。面对一个变化不定和竞争激烈的环境，企业不仅需要不断地进行技术创新，进行企业组织创新，同样也需要不断地进行管理创新和观念创新，进行企业文化的创新。只有不断地进行企业文化的创新，不断地进行企业文化的变革和不断发展企业文化的内涵才可能适应不断变化的环境，才可能保持企业文化的先进性，使企业有能力立于不败之地。

二、企业文化创新和变革的阻力

企业文化的创新和变革，不可避免地会遇到阻力。企业文化创新与变革的阻力可能来自于人们的心理因素，可能来自于人们旧的文化思维，也可能来自于人们的切身利益。

由于人们接受新的事物、新的观点需要一段时间。这个过程既是学习新的事物所需要的，也是为了忘掉旧的事物所需要的。这一点往往在年长的人群中表现得比较明显。人们对旧有的事物往往会有一种守旧心理，因为它们是经过人们的经验验证的成熟的东西，是人们所熟悉的东西。而对新的事物和新的观点，人们往往会出于本能表示怀疑。尤其是对那些没有经过人们经验验证的新的观点和新的事物，人们的怀疑心理是难以避免的。因此，要人们接受新的事物和新的观点，不能仅靠语言来说服，示范和试点是必要的和有效的说服方法。

人们旧的文化思维同样是企业文化变革的重要阻力。旧的企业文化的理念和思想，行为方式已经为人们所熟悉和接受，改变它们是需要时间过程的。这一点尤其在原有的企业文化是一种成功的企业文化和强势的企业文化的时候更加明显。成功的企业文化和强势的企业文化的最大特点就是它是一种得到过去经验证明的成功的文化，是一种因为其成功而得到企业中大多数人认可和得到内化的企业文化。因而这种企业文化在企业员工中的根基是十分牢固的。经验证明，越成功的企业文化和强势的企业文化，其创新机制越差，创新与变革越难。

企业文化创新与变革的最大阻力最可能来自于人们的切身利益。企业的创新与变革，企业文化的创新与变革，不可避免地会触动人们的一些既得利益，会影响人们平静的生活节奏，会威胁到一些人的前途。这些都不可避免地会引起人们的反对，从而使企业的变革和企业文化的变革变得步履维艰。

克服企业文化创新与变革的阻力，需要领导者坚定的意志和明确的决心。只有在领导者不可动摇的决心面前，企业文化的创新与变革才有进行下去的可能。领导者的任何犹豫彷徨，任何优柔寡断，任何动摇不定，都会百分之百地葬送企业文化的创新与变革。

克服企业文化的创新与变革的阻力，需要进行切实有效的思想工作。只有消除了人们的守旧心理，让人们认识到变革与创新的必要性，同时打消了对新的事物和新的观点的怀疑态度，企业文化的变革与创新才可能得到人们的支持。而企业文化的变革与创新成功的最大标志之一就是得到多数企业员工的支持。

企业文化创新与变革的最大阻力往往来自于文化创新与变革对人们的既得利益的冲击。因此，解决好相关的利益问题，是解决好企业文化变革与创新的阻力问题的关键。在企业文化创新与变革过程中，经常涉及人们的权利分配问题、资源分配问题、物质利益分配问题和工作调整与再学习问题。这些问题都是直接关系到人们的切身利益的问题。解决好这些问题，可以在最大限度上为企业文化的创新与变革创造良好的基础与条件。

三、关于企业文化变革的成本问题

进行企业文化的创新和变革，不仅需要克服一些阻力，同时需要付出一些成本，这既包括经济成本和时间成本，也包括人力资源等资源的损失成本。

当进行企业文化的创新和变革的时候，必然涉及一些企业原有的经营模式的改变、人事的调整、组织机构的变动和生产工作流程的变化等。这些都可能导致工作的一时混乱，人才的流失和资金的浪费，从而造成一些经济成本、时间成本和人力资源等资源的流失成本。

因此，进行企业文化的创新和变革，需要像其他企业行为一样，进行成本效益的核算，只有在进行企业文化的创新和变革所得到的收益大于成本之际，进行企业文化的创新和变革才是可取的。但是，这里需要强调指出的是，在进行成本效益核算的时候，不仅应该计算那些短期的效益和成本，更应该考虑长期的效益和成本，不仅应该考虑那些显而易见的会计效益和成本，还应该考虑那些容易忽视的隐性的效益和机会成本，不仅应该考虑经济成本和收益，还应该考虑企业在竞争力方面和竞争态势方面的得失。只有这样，才可能科学和全面地评价企业文化创新和变革的必要性与可行性。

四、关于企业文化变革与创新的制度化

先进的企业文化的一个特点就是，在企业文化的核心理念中，创新和变革成为最重要的一个内容，而创新机制也随之成为企业管理机制中的重要一环。先进的企业文化往往会以最直接的方式鼓励企业员工参加到企业的创新与变革中来，从而使得企业的创新与变革成为一种自上而下的全企业的一种思想和一种行动，使得整个企业成为一个创新与变革的有机体。这样的企业必然是一个充满活力的企业，一个生机勃勃的企业，一个令人生畏的企业。

企业文化的创新，不仅需要深入的创新意识，而且需要真正的企业创新机制，需要企业创新的制度化和有计划的创新。只有在制度的支持下，

进行有计划的企业创新，才可能使企业文化常变常新，才可能保持旺盛的生命力。企业以制度来保障企业文化的创新，以制度来鼓励人们不断地发展和变革，不断地提出新的管理理念、新的管理机制和新的管理思路。当前，企业文化的创新与变革的制度化，已经成为一些企业成功的实践。

第七章　家族企业文化

我国目前的中小型企业的多数都是民营家族企业。在改革开放之后，大量的民营企业在我国如雨后春笋般地涌现，迅速成为我国国民经济的一支不容小觑的经济生力军。由于历史和文化的原因，我国目前的民营企业的规模多数都不大，而且多数是以血缘关系和友情关系为纽带组建和经营管理的，从而形成所谓的“家族企业”的经营管理模式。

一、我国家族企业文化特点分析

企业的性质直接影响着企业文化的形成。我国的家族企业作为一种企业管理模式形成了自己独特的企业文化模式。在所谓家族企业中，企业的经营管理往往是以家族血缘关系和友情关系为纽带、以家族利益为中心进行的。正是家族企业的这种特点形成了家族企业所特有的管理模式和家族企业文化模式。

社会文化是影响企业文化形成的重要因素之一。企业文化作为一种社会的亚文化，不能避开社会文化背景的影响。由于社会成员都或多或少地受到所处的社会文化环境潜移默化的影响。作为社会成员的一部分，企业的领导者和多数员工同样也会在意识深处受到社会文化环境的熏陶，在价值取向和行为模式方面打下深深的社会文化环境烙印。由于家族企业的性质，我国传统儒家文化的影响在企业文化的形成过程中扮演了一种十分关键的角色。我国传统儒家文化的价值观念强调家族血缘亲情和朋友间的友情，强调家族成员之间和朋友之间的忠诚、信任和互助。这种文化氛围使家族企业的家族管理体制有了很强的道德基础保障，从而成为支撑我国家族企业的家族管理体制形成和巩固的重要因素。

（一）我国“家族企业文化”的特点

家族企业是一种以家族血缘关系和友情关系为纽带、以家族利益为中心，企业的财产所有权和经营管理权在家族成员的绝对控制之下，经营管理层的重要岗位也控制在家族成员手中的企业。家族企业的企业管理文化的最大特征之一就是“用人唯亲”的家族管理体制与由此产生的家长制的管理模式。

我国家族企业管理模式和文化的形成是家族企业发展历史与传统文化共同造就的。我国的家族企业在创立之初规模一般都较小，企业的各种资源都极为有限，资金和人手十分紧张，企业的经营风险极大。因此，企业的创业资金筹集一般只能依靠亲朋，企业的经营管理也只有依靠经营者的亲朋帮忙运作，这从客观上为企业的家族管理体制和文化的形成打下了基础。同时由于我国传统文化的影响，家族血缘亲情和朋友的友情使家族成员之间和朋友之间在困难环境中容易同舟共济，患难与共，渡过家族企业创立之初的困难时期和创业难关，从而也促使了我国家族企业的家族管理体制和家族企业文化的形成和巩固。

我国家族企业的管理文化的主要特点就是其家族性。我国家族企业文化的形成有利于提高家族企业管理层内部的凝聚力和降低企业的创业风险，从而成为促使我国家族企业的家族管理文化的形成和巩固的重要因素。分析起来，家族企业的“非亲不用”的人事政策形成既是企业的历史原因造成的，同时也是企业经营管理上的客观需求。俗话讲：“上阵还需父子兵”。由于企业的私有性质，在激烈的市场竞争环境中，亲情关系纽带可以使家族企业在经营过程中，尤其是在企业最为艰难的创业阶段增强管理层成员对企业的忠诚度，更容易形成企业管理层为部的凝聚力和向心力，容易达成管理层成员之间的相互信任和默契，从而有利于企业管理层的团结和提高企业管理层的稳定度。家族企业的用人唯亲政策还可以有效地降低由于聘请外部人员进行企业经营管理容易造成的内部人控制的风险和由于内部人控制而损害股东利益的风险，同时也可以有效地降低相应的企业监督成本和代理人成本。

我国的家族企业文化受到了传统儒家文化的价值观念和伦理道德观念

的深刻影响。作为一种社会传统文化，传统儒家文化对中国企业文化的影响是普遍的，而对家族企业文化的影响尤其明显。可以说，中国的家族企业文化明显地具有儒家文化的传统理念与价值观的印记，这一方面说明社会文化环境对企业文化的深刻影响，同时这种影响更是家族企业的一种自觉行为的结果。

我国的家族企业文化有利于家族企业维护团结和家长制的管理模式的顺利运作。我国的家族企业文化有意地强调儒家的伦理关系理念和思想，鼓吹家族主义和长幼有序，贵贱有等的理念，以加强在家族中成员的家长权威，在企业中老板的权威。同时为了加强企业内部员工队伍的团结，在处理企业内部的人际关系和劳资关系上家族企业文化更不遗余力地倡导儒家文化的“和为贵”思想，热衷于在企业中创造符合儒家“和谐”理念的企业内部人际关系氛围。为了提高员工对企业的忠诚度，强调“忠孝”精神，强调思恩图报的观念，表现出较强的人身依附理念，并且将其贯彻到企业的管理制度中去。可以说正是我国传统儒家文化的价值观念和伦理道德的强大作用造就了家族企业的管理文化，同时传统儒家文化的道德理念和思想也成为支撑我国家族企业管理文化强大的思想道德基础。

我国家族企业文化的另一特点是家族企业管理多采取家长制的管理模式。可以说家族企业的家长制管理模式是企业的家族管理文化的必然结果。家长制的管理模式是家族企业文化在企业经营管理模式上的表现形式。在家族企业中，由于儒家文化的家族伦理关系的影响，企业的家族管理模式必然导致企业的家长制的管理模式和高度集权化的领导与决策方式。同时由于家族企业在创业之初需要应对艰难的创业困境，需要高效率的决策和迅捷的反应能力，所以企业的经营管理权的高度集中也有利于企业渡过危机四伏的创业时期，所以家长制的管理模式实际上也往往是家族企业创业过程中形成的一种必然结果，从而形成了我国家族企业管理文化的一大特色。

企业的家长制管理模式使我国家族企业的经营管理决策权力高度集中，这种高度集权的管理模式使家族企业决策的全局利益取向性强，具有极强的统一性，企业行动如同一支步调一致的军队，最大限度地减少了管理分权所容易导致的各个利益中心的各行其是和步调混乱。同时由于经营管理决策权力的高度集中也使家族企业减少了经营管理决策过程中由于意见分歧所容易导致的决策效率低的问题和由于决策权威性差所容易导致的执行不力的问题。这些都有利于企业提高管理效率和管理能力。同时，企业的家长制管理模式也使家族企业的经营管理具有极强的权威性，有利于消除企业内部容易产生的各种经营管理决策矛盾和人事矛盾，尤其有利于避免企业因内部矛盾导致的企业解体而造成的财产安全问题，从而有利于企业的生存与发展。

（二）家族企业的管理文化存在的问题

我国家族企业文化是在企业体制和传统儒家文化的基础上形成的，企业文化表现出了浓厚的中国传统儒家文化的特点，并且家族企业因此而受益。但是如同任何事物都有两面性一样，传统儒家文化的一些弱点也同时影响了中国的家族企业文化和企业的经营管理能力。

我国家族企业的企业文化由于深受中国儒家传统文化的影响，在企业处理人事问题中往往十分强调人际关系的作用，十分重视人们之间的情面，这一方面有别于西方企业中相比较生硬的制度化管理模式，但是在另一方面由于忽视企业的制度化管理，往往使企业在人事管理和功过是非的奖惩中往往对人不对事，处理问题因人而异，往往既有失公允，又难以达到科学化和规范化管理的目的。由于儒家传统文化中的等级观念的影响，家族企业中老板往往缺乏对企业一般员工人格上的足够的尊重，一些企业甚至任意损害一般员工的个人尊严和合法权利，更不懂得尊重和满足员工的个人价值实现的需求。由于中庸思想的影响，企业在工作中往往也不鼓励优秀员工的“冒尖”行为和竞争精神与创新精神。

由于家族企业在用人机制上的排外倾向使企业中的一般员工面临着一道家族“玻璃围墙”和“玻璃天花板”，加之企业的家长制的独裁管理模式，必然导致在企业里没有地位，与企业荣辱也没有多大关系的一般员工产生强烈的“雇佣意识”和离心离德倾向，从而引起老板与一般员工之间极度的相互不信任感，产生严重的信任危机。

家族企业文化往往导致企业的家长制管理。家长制管理实际上就是一种“强人治理”的管理模式。如上所述，在企业中具有极高权威的经营管理者的“强人治理”的管理模式在企业困难时期有利于企业统一意志和统一行动以应对危机四伏的困难局面。但是在企业走上了发展壮大的道路以后，这种体制的不利一面往往会更加突出，甚至会因此而造成“成也萧何，败也萧何”令人慨叹的失败结局。家族企业的家长制管理模式使企业的老板在企业中的地位至高无上，一言九鼎，企业决策科学化和民主化无从谈起，必要的企业管理制度要么根本没有，要么对于他们形同虚设，企业经营决策的随意性和盲目性很强，管理缺乏制度规范，人治色彩浓厚，在这种条件下，由于企业的权力过分集中，重大决策由一人说了算，缺乏必要的科学论证和决策过程。也不存在有效的权力制约，下属无意也无法对来自老板的意志和决策提出质疑。“人非圣贤，孰能无过”，一旦经营者由于缺乏必要的知识和信息，或者缺乏必要的理性而做出失误判断，这种错误决策在企业中往往不会受到任何有效的制约，会将企业带入歧途，甚至将企业带入绝路上去。

由于家族企业文化的这些问题，使家族企业文化往往在企业发展起来之后难以得到家族成员之外的其他员工的认同，以致许多学者认为家族企业无企业文化。一个缺失了企业文化的企业是一个没有凝聚力，没有目标的企业，是一个难以发展壮大的企业。

二、家族企业文化发展

许多家族企业的老板都意识到家族管理体制与家族企业文化存在的问题，认识到家族企业要发展壮大，必须改革企业文化。建设新的企业文化。他们在探讨家族企业建设新的企业文化的途径，探讨家族企业经营管理的改革途径。

对家族企业的家族管理文化没有必要全面否定。一种企业的经营管理模式的取舍标准在于其是否有利于企业的生存与发展。家族企业的家族管理体制在企业创业初期的优势是明显的，因为在企业创业初期，企业员工绝大部分是家族成员，家族企业文化并无多大问题，而且家族企业文化和管理模式还有利于家族企业在创业阶段提高企业承受市场风浪的能力。

但是，当家族企业发展到一定规模，企业由于发展需求雇佣大批家族之外的员工后，家族管理体制和管理文化就会影响企业内部的团结和运作，甚至开始制约企业的发展，企业这时就有必要逐步解决家族企业的家族管理体制和企业文化的发展创新问题，逐步向科学的现代企业经营管理模式发展，同时建设和发展新的企业管理文化。

家族企业逐步发展现代企业科学经营管理模式需要解决企业文化问题。克服陈旧的狭隘家族观念，创立上下一体的全新的开放理念，引入公正、公平和公开的企业内部竞争机制和用人机制，在企业内部实现利益共享，将企业建成一个全体员工的利益共同体，在这个基础上创建全新的企业文化。同时，企业需要改变家族企业中常见的“人治”管理方式，建立和完善企业的科学决策制度和科学管理制度，发展全员参与的民主管理机制，从而实现企业经营管理决策的科学化、标准化和规范化。

第八章　中小型企业的制度建设

制度是对人的行为的一种约束机制，一种外在的和强制性的约束机制；而企业制度，是一种对企业行为人，包括企业的经营管理人员和一般员工的行为约束机制。

企业的制度是约束企业中人们行为的一系列行为规则，是一个行为规则的体系。企业的制度体系通过对企业行为人的行为约束达到企业的经营行为活动规范化的目的，达到提高企业经营活动效率的目的以及防范风险的目的。

制度具有一种刚性特点。这不仅表现在制度的制定上。当制度制定和公布之后，就应该得到人们的共同遵守，不得轻易违反，也不能随意修改。同时，制度在执行过程中，也具有刚性的特点。所有的人都应该遵守制度。正是由于制度的这种刚性特点，使制度在企业管理过程中起到了有效的行为规范作用。如果没有必要的刚性，制度仅是一张废纸。

一、制度的构成要素

按照制度的一般定义，制度的要素包括正式的约束、非正式的约束和实施机制三部分。

正式的制度是人们事先正式约定的行为规则，并且公之于众，要求所有的人加以遵守。违反正式制度的人要承担相应的责任，接受相应的惩罚。

非正式的制度是一种人们约定俗成的行为模式和习惯。非正式的制度一般没有成文的规定，违反这些非正式的制度也没有规定的责任和惩罚。这种非正式的制度，一般将其称为行为规范，以区别于正式的制度。

实施机制是保证制度得以贯彻实施的一整套措施、办法和机构。为了保证制度得到贯彻实施，不仅需要制定相关的行为规则，以及相应的责任和奖惩措施，同时需要制定一整套的实施机制，建立必要的监督机制、考核机制和奖惩机制。

二、制度建设的意义

制度具有协调作用、约束作用和指导规范的作用。制度是对人的行为的一种约束机制，一种外在的和强制性的约束机制。西方文化认为，在没有制度的情况下，人们由于缺乏必要的外在约束，会出于自身利益考虑损害公众利益，从而造成社会的混乱。在没有制度的情况下，人们之间由于缺乏互相之间的利益协调机制，容易造成不必要的冲突。在没有制度的情况下，人们会由于没有必要的游戏规则而缺乏行动指寻，从而容易造成行为的不规范，降低工作的效率。

三、中小型企业制度的建设

由于历史和文化的原因，我国企业的领导人，尤其是一些中小型企业的领导人在管理上往往倾向于实行一种体现东方文化特点的，注重人际关系和伦理道德约束的“人治”管理模式，而不是以制度管理为标志的，强调按制度办事的“法治”管理模式。

在我国企业中，不按制度办事，处理问题时往往对人不对事，这些都是日常管理中所常见的现象。在许多中小型企业中，企业甚至缺乏完善的、系统的管理制度，再加上不严格按制度行事，使工作中的制度要么完全缺位，要么变得十分无力，使本来就不健全的制度也变得缺乏应有的权威，甚至是形同虚设。这种不科学、不规范的组织管理模式在企业具有一定规模之后，就成为直接影响员工工作效率和质量，影响企业组织有效性的重要因素。

由于我国文化与西方文化在价值观上存在着很大差异，所以我国企业领导人，尤其是中小型企业的领导人往往在组织管理过程中更加关注员工之间的感情联系，重视在组织中营造和谐的人际关系氛围，并且习惯于以道德约束来代替制度约束，以道德和人际关系来维系组织的正常运作，而不是依靠制定和执行严格的组织制度进行管理。

应该看到，我国企业文化强调建立和谐的人际关系和团队精神在企业管理中确实有西方企业的制度管理模式所不具有的一些优点。比如在我国企业中管理有较浓的“人情味”，这有利于营造一个较为和谐的工作环境和人际关系氛围，有利于使员工对企业产生感情，提高员工对企业的忠诚度。但是，由于在我国企业，尤其是一些中小型企业中缺乏有效和规范的组织制度管理，造成了一些中小型企业内部工作无章可循，管理混乱和缺乏组织效率的现象。并且由于制度的缺位和对人际关系的过分重视，往往造成在管理上不能一视同仁，问题的处理“对人不对事”，往往有失公允，从而造成企业内部的不和，甚至造成一种腐败风气。

要提高我国中小型企业的管理水平，建立科学有效的组织制度，并且将其与我国传统的和谐人际关系和团队精神建设有机结合，应该是加强我国中小型企业组织管理的一个十分重要的方面。

四、中小型企业制度建设的特点

在中小型企业，尤其是家族企业中，往往不能真正实行制度化管理。在企业中往往采用“人治”管理模式，而不采用按制度办事的“法治”管理模式。因此，在中小型企业中建立有效的制度化管理，首先应该破除那种“人情大于王法”和“人是活的、制度是死的”等不利于制度化管理的传统观念，树立按制度办事，制度面前人人平等，制度执行对事不对人的观念，建立科学、严格和规范的组织管理制度体系，并且严格执行。

同时，在建立科学、严格和规范的组织管理制度体系的时候，应该充分考虑到中小型企业的特点，切忌“邯郸学步”，盲目照抄传统西方大企业的做法。中小型企业的管理需要更大的弹性以应对不断变化和缺乏稳定性的环境，所以，即使是制度化管理，在制度的制定和执行方面具有一定的弹性也是必要的。尤其是在中小型企业的组织管理中，应该更多地考虑制度化管理中的“例外原则”，考虑组织对一些不测事件的灵活反应能力，切忌将制度管理等同于僵化管理。

在中小型企业中，应该更多地考虑人际关系的作用。与大企业不同，人际关系在中小型企业中应该是一种重要的组织维系和运作的决定因素。

因此，在组织管理中，一方面应该强调按制度办事，另一方面也不应该忽视人际关系的作用。应该在企业管理中注意人性化，营造一个较温馨和谐的人际关系环境，以及一个较和睦的上下级关系。

五、中小型企业制度的基本内容

在企业，一般的制度概念包括企业的契约制度、企业的产权制度、企业的治理结构、企业的组织结构和企业的管理制度。

（一）企业的契约制度

企业的契约制度内容包括：企业出资人之间的合约、企业与员工之间的合约、企业与经理人员之间的合约、企业与客户之间的合约等。这些契约都是当事人之间的共同承诺，这些承诺一般具有法律效力，是企业生存和运作的基础。

（二）企业的产权制度

企业的产权制度是企业的当事人依法占有财产的权利制度。包括财产的使用权、收益权和让渡权。现代企业管理要求企业的产权制度具有产权清晰、产权结构多元化、产权具有可交易性和流动性，以及产权组织的合理化等特征。

（三）企业的治理结构

企业的治理结构是企业的主要利益主体之间相互关系的有关制度。一般来讲，现代企业的最主要的利益主体是企业所有者和经营者，因此，企业的治理结构主要是对企业所有者和经营者之间的关系进行界定和约束规范。

（四）企业的组织结构

企业的组织结构根据劳动分工和职能分工的原则，确定了企业各个职能部门的划分和柜互关系，包括企业各种行为人之间的隶属管理关系和协调关系，确立了企业各个层次之间和部门之间的权利分配关系，从而对企业的各种行为人的职责、权利和相互关系进行了确定和约束规范。

（五）企业的管理制度

企业的管理制度是一个制度体系，它是企业进行业务管理的具体规范和规定。企业的管理制度是在企业的产权制度和企业的治理结构基础上建立的。企业的管理制度体系包括各种业务的具体规范和规定。比如人事制度、生产制度、财务制度和销售制度等。建立企业管理制度体系的目的是规范企业行为人的行为，提高企业行为的效率。

企业的管理制度反映了企业的管理模式特点。比如亲情管理模式，人性化管理模式，制度化管理模式和文化管理模式等。每一种管理模式的指导思想和原则都是有差别的，这些差别会反映到企业的管理制度的具体内容和规定上，体现了这些不同管理模式的不同风格。

六、中小型企业制度与文化的关系

企业的制度是企业文化的主要组成内容之一，是企业文化的外在表现。企业制度体现了企业文化的核心价值观和思想，是企业文化的具体化表现。在企业的制度中，企业文化的核心价值观必须得到贯彻，没有体现企业文化基本思想和核心价值观的企业制度是错位的制度，而这种错位的制度，不仅会造成员工的思想与行为的困惑与混乱，同时也会造成制度本身执行过程的困难。

从另一个角度看，企业文化有赖于依靠企业制度得到落实和贯彻。没有得到制度体现的企业文化是没有意义的。企业文化的基本思想和核心价值观只有得到企业制度的体现，才可能真正具有了实际的价值，得到人们的重视，成为人们行为的指导，并且逐渐融入人们的思想中。

中小型企业处于企业的创建和发展阶段，因此，企业文化和制度也处于一种创建和发展的状态。由于企业文化与制度的内在联系，在中小型企业的企业文化与制度的发展过程中，需要形成一种密切联系和共同发展的关系。企业文化的发展变革应该及时反映在企业的制度层面上，企业的制度变革也应该及时地反映在文化中。

七、企业的文化管理与制度管理

在20世纪70年代，日本经济的持续和强劲发展对世界形成了强力冲击，支撑令整个国际社会惊叹不已的日本经济的持续和强劲发展的力量是什么？师法美国的日本的企业管理是怎样后来居上的？日本的企业管理成功的奥秘是什么？为了研究这些问题，大批的美国学者对日本进行了实地考察和研究。学者对美日两国的不同管理模式进行了全面比较之后，他们认为日本企业与美国企业管理之间的一个最大差别是日本企业管理的文化现象，即美日两国不同管理模式背后的文化差异。

美国学者认为日本企业管理的最大成功秘诀在于日本企业管理中的文化推动力，是日本企业的企业文化管理的成功。帕斯卡尔和阿索斯合著的《日本企业管理艺术》一书中指出日本松下电器企业和美国国际电话电报企业在管理上的区别在于，美国管理人员往往十分重视策略、结构和制度三个硬件，而对其余的四个软件——人员、作风、技能和企业精神认识不足。而日本企业在管理上则能兼顾这些软件和硬件因素，这是日本企业在国际竞争中能够取胜的一个关键因素。帕斯卡尔和阿索斯在书中进一步指出：美国人的敌人，不是日本人和德国人，而是企业管理文化的局限性。美国企业管理重视的是物质、重视的是企业的制度和组织结构，而日本人更重视人、重视企业员工和企业文化建设。

企业文化的功用提高了日本企业的组织效率。日本企业通过企业文化的建设与成功的文化管理，使日本的企业管理不仅结束了早期的原始的经验管理阶段，而且克服了西方企业的制度管理的一些弱点。日本企业的文化管理使企业的经营管理理念成为企业员工的自觉信念，在统一的企业文化的氛围内，企业员工形成了一致的价值观和信念，从而形成了企业员工一致的价值取向和行为规范。日本企业管理正是利用了这种文化的力量，使企业的管理从外在的强制性管理模式向以人为本的文化管理模式发展，向员工的自觉管理模式发展，将企业的组织激励机制从外在的激励模式向员工的内在激励模式发展。同时，日本企业组织的文化管理改善了企业的管理层与员工之间的对立状况，提高了企业的组织凝聚力，改善了组织中的人际关系氛围，从而有效地激发了企业员工的工作积极性。

日本的企业管理正是利用了这种文化的力量，使日本企业取得了比美国企业更加良好的管理效果，提高了日本企业的竞争力，从而在国际商业竞争中取得了比美国企业更好的业绩。

企业文化的作用在于企业文化的价值观和信念决定着雇员对周围世界的看法和对事物的反应，影响着雇员的行为和问题的解决方式。在统一的企业文化的氛围内，企业员工形成了一致的价值观和信念，从而使企业员工和整个组织具有了自己特有的管理方式与行为方式。

企业文化在现代组织管理中的作用体现在通过企业文化，组织管理创建了一种全新的和富有竞争力的组织管理模式，这就是组织的文化管理模式。在组织管理发展的历史过程中，制度管理模式是一种以外在和强制的方式对企业员工进行管理的组织管理模式。这种管理模式以泰勒制为代表，它相对于早期的经验管理模式，或者说早期的人治管理模式来讲，应该是一种组织管理上的巨大进步。但是，随着历史的进步和社会的发展，它的弱点愈加明显。制度管理，这种以外在方式和强制方式对企业员工进行管理的模式，由于它难以得到企业员工自觉的配合，难以实现企业员工的自我管理和民主管理，因此这种管理模式在当代知识经济的时代，在当代信息技术的时代，在当前以人为本的管理时代，日益显现出它的不适应性，影响了组织中人的作用的发挥，影响了人的主动性、自觉性和创造性的发挥。组织的文化管理是通过企业文化的形式实现的。企业文化是一种组织内部的“管理文化”。企业文化以企业员工所共有的价值观与信念为核心，代表了企业员工所持有的共同的观念。组织的制度体系直接反映着企业文化中的核心价值观念和信念，企业文化只有通过组织的制度、行为规范和工作作风来体现，才可能真正成为组织的灵魂，而不是空洞的口号。但是企业文化管理又有别于组织的制度管理，企业文化管理更多地表现为组织与企业员工之间牢固的“心理契约”，以及通过这种组织与企业员工之间的“心理契约”实现企业员工的自我管理，而不仅通过外在的组织制度对企业员工进行强制性管理。作为一种企业员工所共有的价值观与信念的文化载体，组织成为一个企业员工共有的心灵家园。企业文化作为一种群体文化，作为一种为多数企业员工所接受的共同文化，企业文化在凝聚企业员工方面的效用，在规范企业员工行为方面的作用，在激励企业员工工作积极性方面的作用，在形成组织的团队精神方面的作用，远非强制性的组织管理制度的作用可以比拟。

企业文化的建设，使组织管理实现了文化管理。组织的文化管理方式有利于实现企业员工的自我管理，有利于组织管理的民主化，有利于激发企业员工的内在的主动工作积极性，有利于在组织中创造和谐一致的人际关系氛围，有利于提高组织的工作效率和组织的凝聚力，有利于形成组织的创新管理，有利于实现组织管理以人为本，并且以此来实现在当代新的社会环境中的组织管理的现代化。

八、中小型企业管理的规范化

目前我国中小型企业在发展过程中普遍存在着管理不规范的问题，这些问题直接影响了我国中小型企业的生存能力与发展能力的提高，成为企业在发展过程中的瓶颈问题。

（一）中小型企业普遍存在着管理不规范的问题

目前，我国中小型企业多数是从个体经营实体发展来的。由于企业发展的历史背景原因和经营管理者自身的素质问题，使我国中小型企业中普遍存在着一些内部管理不规范问题。这种问题直接影响到企业的经营管理能力和竞争力，成为我国中小型企业难以发展和长期经营的重要原因之一。

1. 企业中个人决策模式的巨大决策风险

由于历史原因，我国大部分中小型企业在创业初期就自然形成了一种家长制管理模式和个人决策机制。在企业创业时期规模一般很小，这时的企业往往危机重重，需要决策层能够迅速快捷地处理和解决许多企业面临的经营管理问题，而且这时企业所面临的经营管理问题相对而言在技术上较简单，依靠个人的知识和能力一般可以应对，因此，高度集权的个人决策模式具有的决策过程简单明了，果断快捷的特点有利于企业在多变的环境中具有较强的应变能力和竞争力。

但是，随着企业的发展和规模的扩大，企业所面对的经营管理问题必然日益复杂和困难，技术上的难度也越来越大。这时候个人在决策中的知识有限性，考虑问题的视野有限性，以及极易受到个人情绪和偏见影响等弱点就暴露无遗，使高度集权的个人决策模式所存在的决策风险日益加大，直接影响到企业的决策质量和企业的战略管理能力，从而对企业的生存和发展造成了越来越大的威胁。

2. 不规范的财务控制造成企业的巨大财务风险

企业的财务控制是企业最重要的内部控制之一。财务活动是企业的核心业务活动。企业的财务活动是否成功，是否安全，是否能够满足企业的需求，这些是关乎企业命运和生死的问题。因此，在企业的管理中，对企业的财务活动的有效控制是企业组织控制的最为重要的一个方面。

企业的内部财务控制包括会计控制、成本控制，以及融资和投资活动的控制。企业的财务控制的目的是最大限度地提高财务活动的经济效益、降低财务成本和规避财务活动风险，确保财务活动的安全。为了达到这个目的，企业有必要在内部建立有效的财务控制的组织系统和行之有效的控制制度。

我国多数中小型企业由于管理水平较低，管理人员素质不高，加之缺乏相关知识与能力，所以企业内部往往缺乏科学和系统的财务控制机制，甚至缺乏财务控制的意识。这就造成了我国许多中小型企业的经营成本居高不下，财务风险难以有效控制，直接威胁到企业的生存。

3. 内部劳动分工不科学，降低了工作效率和质量

企业为了提高工作质量和效率，在工作人员中进行必要的劳动分工是必需的。但是，由于中小型企业的规模不大，企业的人手有限、生产不稳定、产品生产一般不能实行量产，使企业内部往往不能进行必要的、稳定的职能划分和劳动分工。由于一些中小型企业内部缺乏必要的职能划分和劳动分工，必然会直接影响到企业的工作专业化，影响到每一个员工的工作熟练程度和专业化水平，从而影响到工作的质量和效率，影响到企业的竞争力和发展能力。

4. 制度管理不规范，组织管理粗放，效率低

由于历史和文化的原因，我国许多中小型企业的领导人在管理上实行的是“人治”，而不是“法治”。

企业的日常管理中领导人往往不按制度办事，问题处理往往是对人不

对事。在我国许多中小型企业中，企业往往缺乏完善的管理制度，加之制度执行不严格，使工作中制度要么完全缺位，要么变得十分无力，甚至形同虚设。这种不科学，不规范的组织管理模式在企业具有一定规模之后，就成为直接影响员工工作效率和质量，影响企业组织有效性的重要因素。

5. 缺乏有效的激励机制，造成员工工作缺乏动力

必要的和足够的激励是保证员工工作积极性的前提和基础。在我国中小型企业中多数都缺乏有效的内部激励机制，从而导致企业内部员工，包括一些管理人员在工作中缺乏足够的动力和激情，工作效率普遍偏低。

（二）关于中小型企业管理规范化问题

我国中小型企业中存在的管理不规范问题，在企业的发展过程中的影响是不容忽视的，但这种影响的性质和影响的程度不能一概而论。

一般来讲，在中小型企业的发展初期，由于企业的规模小，内部关系相对较简单，外部环境也相对简单，容易适应，上述的管理不规范问题虽然存在，但是所造成的负面影响一般来讲并不十分突出。同时，企业在较小规模的时候，更需要的是灵活的经营管理和简捷的决策机制，而这正是中小型企业的非正规的经营管理模式的优势所在。所以，笔者认为，在中小型企业的发展初期，采取某种相对非正规的经营管理模式既是一种不得已而为之的权宜之计，同时也确实具有一定的可取之处。

随着企业的规模扩大和经营管理逐渐走向稳定，企业为了达到提高生存能力和发展能力的目的，提高企业的科学决策能力，提高组织的工作效率和工作质量就越来越显得十分必要。尤其是当企业扩大到一定规模，企业所面临的经营管理问题不可避免地越来越复杂的时候，企业原来的非正规的经营管理模式对企业的负面影响必然越来越明显，往往成为企业生存和发展的瓶颈问题，甚至直接威胁到企业生存。在这个时候，解决企业存在的管理不规范问题就成为一个无法回避的重大管理问题。

如何解决中小型企业存在的不科学管理问题，需要全面考虑。那种认为随着中小型企业的发展，“船到桥头自然直”的看法显然是不可取的，因为许多中小型企业正是因为这个或那个企业管理的问题而衰败覆灭的。但是也不赞同那种认为中小型企业在发展过程中，不讲实际情况，应该完

全仿效大企业的经营管理模式，进行脱胎换骨的所谓的企业管理全面正规化和规范化的观点。本书作者曾经在大企业和小企业中都做过管理工作，根据在企业的管理工作实践经验和研究认为对于中小型企业来讲，当企业规模较小的时候，应该考虑到企业自己的特殊的经营管理特点和环境特点，这时完全模仿大企业的经营管理模式是不可取的，也是不明智的。但是，在企业的发展过程中，逐步实现企业管理的规范化也是必要的。从上述观点出发，就我国中小型企业在发展过程中的管理规范化问题的对策谈谈自己的一些认识与思考。

1. 提高决策水平的基础在于建立科学的企业决策机制

我国的中小型企业的高度集权的企业决策机制是历史形成的，其具有决策过程简捷，决策成本低的优势。但是，随着企业的发展和规模的扩大，企业所面对的经营管理问题日益复杂和困难，个人决策机制所存在的决策质量不高和不科学的问题日益突出，决策风险日益加大，建立科学的企业决策机制就成为一种必要。

建立科学的决策体制，要做到以下几点：第一，确立民主决策和科学决策的思想与观念，容许和鼓励企业员工，特别是企业中层管理人员参与企业的决策过程。这不仅有利于提高员工的归属感，而且也是建立科学的企业决策机制的重要基础。第二，建立以决策权力下放为原则的组织形式。过度集权的家长制和个人决策机制，有利于企业的内部控制，但是不利于组织保持必要的反应能力和灵活性，也不利于组织的民主决策和科学决策。所以，在充分考虑企业的生产运作模式要求的基础上，将一些次要的决策权力下放，建立以组织扁平化和决策权力下放为原则的组织形式，有利于下级充分参与企业决策过程，形成科学和民主的决策机制。第三，建立科学的决策程序。民主决策有利于集思广益，有利于防止决策失误。但是，民主决策本身并不能保证决策的质量，也无法保证民主决策目的的实现。要实现有效的和高质量的决策，采取科学的决策方法，建立科学的决策程序和制度，以程序和制度来保证决策的科学性和质量是十分必要的。

科学决策不仅需要充分发挥集体的智慧，同时重视专家意见也是一个十分重要的方面。对于规模较小的中小型企业来讲，仿效大企业建立自己的专家团队是不现实的。因此，在建立科学决策程序的基础上，聘请一些外部专家和学者参与企业决策过程，应该是一种成本低、效益好的有效的替代方法。

2. 建立有效的企业内部财务控制机制，是防范企业财务风险的必要条件

财务活动是企业的核心业务活动。企业的财务活动是否成功，是否安全，是否能够满足企业的需求是关乎企业命运和生死的问题。因此，树立企业的内部财务控制意识和建立必要的制度保证，是降低我国中小型企业财务风险，提高财务管理质量的基础。

建立科学的企业投资决策机制是防范财务风险最重要的方面。在企业规模很小的时候，企业的投资与融资决策往往是依赖于创业者的个人直觉和胆略。但是，当企业发展到一定规模的时候，投资与融资活动的规模、复杂性和不确定性也随之增加，简单地依赖创业者个人进行决策显然风险太大。因此，建立科学有效的企业投资与融资决策机制是十分必要的。根据经验和相关案例研究，认为在这一方面，企业领导人首先应该具备决策的风险意识，消除那种赌徒式的决策意识，树立风险规避和成本效益核算的意识，从而在此基础上进行决策的科学论证。其次，是在企业中建立科学的重大财务决策的程序，用专家的科学论证分析来代替简单的个人主观决策过程，从而从程序上保证决策的质量，最大限度上规避重大投资融资决策带来的财务风险。

建立和完善企业经营成本的控制机制是企业降低经营成本，提高企业竞争力的重要内容。在我国中小型企业中经营管理粗放化现象较严重，往往缺乏必要的成本控制意识和控制机制。一方面，企业在参与市场竞争的过程中，价格竞争是重要的竞争手段，因此，成本控制是提高中小型企业竞争力的重要基础。另一方面，却往往由于在企业的经营管理过程中缺乏科学和有效的成本控制，从而使企业的经营成本居高不下，降低了企业的竞争力。为了有效提高中小型企业的竞争力，在企业的经营管理过程中，建立有效的成本控制机制成为一个重要方面。这包括制定科学的企业标准成本和目标成本体系，加强成本的预算和核算工作，应用目标管理模式，使用各种控制手段，包括计划手段、管理手段、技术手段、组织手段和考

核手段等，力求在企业经营过程中确保对经营成本的有效控制，实现经营成本的最小化。

建立和完善企业会计控制机制是防止企业内部财务活动失控和出现犯罪的必要措施。由于我国许多民营中小型企业的主管领导缺乏相关的专业知识，所以造成了许多中小型企业的内部会计控制能力很差。很多企业内部缺乏基本的会计核算制度、会计监督制度和内部审计制度。一些企业甚至出现财务主管人员、会计记账人员与出纳人员由同一个人担任的情况，从而使得企业完全失去了会计控制的基础。为了提高企业的会计信息的质量，保护企业资产的安全，建立和完善企业的会计控制机制是非常必要的。但是，因为一般企业的专业能力有限，所以，笔者认为，建立和完善中小型企业的会计控制机制，不仅需要企业自身的努力，也需要政府和相关部门的大力协助，为企业进行相关专业的指导和进行专业人员的集中培训。

3. 根据企业的特点，在组织内部进行弹性的劳动分工

企业为了提高工作质量和效率，进行必要的劳动分工是必要的。但是，由于企业在规模较小时的人手有限、生产一般也不稳定、产品生产一般不能实行量产，因此在企业内部进行大企业那种严格的劳动专业分工往往是不现实、不科学的。根据经验和研究，认为根据中小型企业特点，在企业内部进行弹性的劳动分工是一种可行的替代过渡方案。

在这里所谓的弹性的劳动分工，一是指在企业中的专业划分和岗位划分是明确的，但是强调相对大企业的劳动分工程度应该显得粗一些和模糊一些；二是指一般员工应该具有多个岗位的工作能力，从而为在企业中进行必要的专业调整创造空间和条件。为了使得员工具有上述能力，建议企业内部实行员工的轮岗制度和培训制度，以此来培养企业员工多个岗位的工作能力。

4. 建立企业内部的有效激励机制

科学和系统的企业内部激励机制，是提高企业员工工作积极性，保证员工具有足够的工作激情和动力的基础。目前我国中小型企业的员工，包括一些管理人员在工作中缺乏足够的动力和激情，工作效率普遍偏低的重要原因之一就是在企业中缺乏必要的激励。

在中小型企业中建立有效的内部激励机制，应该从以下方面着手：一是在企业中完善内部管理体制，建立和完善企业员工的岗位责任制，进行明确的员工工作定位和职责定位。二是在完善企业内部管理体制的基础上建立科学的、量化的考绩制度与奖惩制度。明确奖惩细则，奖勤罚懒。三是提高企业经营管理者的认识水平，使其充分认识到激励的作用和激励的作用机制，以及了解激励的方式和方法，在企业中建立多渠道、多层次和多角度的激励机制，以满足不同层次员工的不同需求，达到比较满意的激励效果。

在中小型企业中建立有效的内部激励机制，应该考虑到中小型企业的自身特点，建立具有中小型企业特色的有效激励机制。多数中小型企业的经济实力不强，在员工福利方面难以与外资企业和国有大企业抗衡。为了有效地激励员工和留住人才，中小型企业可以在其他方面利用自己的特有优势加以弥补。比如灵活的用人机制可以有效地激发人才，尤其是年轻人才的工作积极性，弥补企业福利方面的不足。此外，在中小型企业中，可以比大企业更加容易营造出一种和谐的上下级之间和员工之间的人际关系氛围。这对于年轻员工和知识员工往往有很好的激励作用，有利于他们提高工作积极性和产生归属感。当然，要做到这些也不容易，需要企业的领导者加以充分的认识和付出足够的努力。

九、结束语

企业文化的产生不是一种偶然的现象。现代企业管理强调管理以人为本，强调在企业中创造和谐一致的人际关系氛围，并且以此来提高企业的组织效率和凝聚力，实现管理的现代化。这些要求在早期的制度管理模式下是难以实现的。只有摒弃旧有的管理观念，在管理中提倡以人为本，将组织管理从制度管理上升到文化管理层次的时候才可能实现现代组织管理的目标。由此，企业的文化管理模式就应运而生了。

中小型企业进行文化建设的必要性在于企业文化使得企业的发展从一种盲目的状态进入一种理性的状态。这不仅有利于企业的经营管理水平的提升，更重要的是它为企业的发展奠定了坚实的思想和文化基础，从而为企业今后的健康和顺利发展指明了战略方向。从中小型企业的长期发展的战略高度来看，企业文化的建设对于中小型企业而言，不仅需要，而且对企业的竞争力的形成和成长力的形成具有十分重要的战略意义。

企业文化的形成是一个过程。企业领导者是在经营管理的实践过程中和发展过程中，通过不断的摸索和总结，逐渐地产生和形成自己的经营管理价值观念和信念，行为方式和行为规范，企业制度和工作作风，以及企业的形象等企业文化要素的。因此，处于企业的创业时期和发展时期的中小型企业，也正是处于企业文化形成的重要时期。应该认识到，文化建设应该是中小型企业经营管理的重要方面，企业的领导者有必要在企业的创业时期和发展时期就注意对企业核心价值观的探索和总结，从而逐渐形成企业的文化体系，为创建优秀的企业经营管理文化奠定坚实的基础。

第九章　企业流程化组织管理模式

企业的组织形态需要考虑组织的性质、目标、规模、技术和权力分配方式。企业组织结构是企业对组织各部分相互之间的排列顺序、空间位置、聚散状态、权力关系、联系方式以及各要素之间的协作关系进行安排，进行企业内部有效分工协作形成企业整个管理系统的“框架”，是组织内部分工协作体系。企业为了完成经营任务，需要提高整个企业的工作效率，形成有效的企业组织内部的社会分工与合作的结构性安排。因此，组织结构设计水平是决定企业组织效率的主要因素之一。

过去，企业组织内部强调分工、效率和控制，但随着企业组织目标的变化，企业组织也不断创新发展，现代企业组织在建设时则更强调其弹性、创新性和适应性，强调企业管理的整体性。因此企业组织形态也随着目标的变化而不断改变，出现了一些新的组织结构形式。现代企业组织建设的思想与理念随之都发生了巨大的变化，产生了一些新的组织思想和理念。

传统的基于专业化分工的企业组织结构是从相对稳定的环境出发，按职能部门的不同业务工作进行组织纵向和横向条块分割形成的一种刚性组织形式。在时代变迁的现在，传统的组织模式不能适应现代快速多变的环境，不能有效地满足企业与客户联系和互动的需求，也不利于在生产过程中实现整体统一的管理，传统的组织模式已经成为一些企业发展的束缚。

由于现代企业面对着日益激烈的市场竞争和多变的市场环境，企业经营更加强调企业生产经营的整体效率和企业生产经营的整体战略管理能力和环境应变能力，这就对现代企业的组织模式提出挑战。过去的那种将企业组织按不同业务工作进行纵横向分割的职能部门化的刚性组织结构模式显然难以适应这种挑战。因此，在现代企业管理实践中，产生了以业务流程为核心，实行统一流程管理的组织管理模式，从而将企业管理由传统企业组织的部门化管理模式改变为流程化管理模式和相应组织形式。

现代企业要想在激烈的市场竞争中立于不败之地，就必须以市场为导向，以满足客户需求为目标生产出高质量的能够满足市场需求的产品和服务。在经济全球化背景下，现代市场的特点是变化快，客户需求在不断地快速改变，技术更新换代的速度也在不断加快，产品的生命周期在不断缩短。在这样的大环境下，企业经营以顾客为中心的理念逐步形成，进而改变了企业的经营模式和组织形态。

企业流程化管理模式是一种基于企业中的业务流程进行组织管理和内部控制的企业管理模式，代表着一种新的企业工作模式和组织结构设计思想。与传统的企业组织管理思想强调组织设计的任务导向不同，企业流程化组织管理模式以业务流程为导向，企业组织管理思想主张企业经营以满足客户需求为中心，组织设计以顾客需求为导向，对企业中的流程管理采取整体化管理模式，减少职能部门化管理造成的传统企业组织的条块分割现象和由此产生的流程分割现象。

在组织结构设计方面，企业流程化管理模式以某一业务流程作为组织设计的基本着眼点，通过把与该流程相关的一系列业务活动纳入同一个管理职责范围之内，形成企业组织的流程管理整体化，从而构建一种新型的企业组织结构。

一、企业组织管理模式

企业传统的组织管理模式是基于 18 世纪亚当·斯密的劳动分工原理。亚当·斯密认为，劳动分工的优势来源于劳动分工提高了工人的工作熟练程度。

基于亚当·斯密的劳动分工原理，企业现行的组织管理模式强调工作的专业化和职能分工，把企业的经营过程分解为简单、基本的环节，将企业组织建立在专业化和职能分工基础上，组织特点是：层级明确、责权清楚，便于企业组织管理控制和计划，从而形成按不同业务工作进行纵向和横向的条块分割、职能部门化的一种刚性企业组织结构模式。实践中，这种基于亚当·斯密的劳动分工原理的企业现行组织模式确实较前有效地提高了企业各工作环节的劳动生产率。

企业的组织模式是为完成企业的战略任务和实现组织目标服务的。传统的基于专业化和职能分工基础上的企业组织是从相对稳定的环境出发，按不同业务工作进行企业组织的纵向和横向条块分割形成的一种职能部门化的刚性组织结构模式。这种组织结构模式由于强调工作的专业分工，企业的工作流程整体被人为地进行条块分割，从而失去了组织业务流程管理的整体性和全局性，企业的战略管理能力下降，加之企业的职能部门分割导致企业各部门各司其职，各行其是，官僚作风严重，企业的业务流程被分割为各种简单任务环节，各职能部门只负责本部门相应的任务，势必造成各职能部门的经理只关心本部门的局部效率，而忽视了企业整个业务流程的效率。同时，这种组织模式使企业各部门配合效率低，组织刚性强，应变能力差，从而影响组织整体效率和应变能力的提高。这种组织模式不能适应现代快速多变的环境，不能有效地满足企业与客户联系的需求，不利于企业在生产过程中实现统一管理。

在现代，由于企业面对着日益激烈的市场竞争和多变的市场环境，企业经营更加强调企业生产经营的整体效率和企业生产经营的战略管理能力和应变能力，这就对现代企业的组织模式提出了新的挑战。过去的那种传统的，按不同业务工作进行企业组织的纵向和横向条块分割形成的职能部门化的刚性组织结构模式显然难以适应这种挑战。传统的按职能部门的分工，实行条块分割进行管理的组织模式已经成为一些企业发展的束缚。为适应新环境对企业生存和发展的要求，必须对企业的生产流程的管理组织模式进行改变。

二、企业流程化组织管理模式

流程是为了完成某一目标而进行的一系列逻辑相关组织活动的有序集合。业务流程是指企业中一组共同为顾客创造价值而又相互关联的企业生产经营活动过程。企业生产过程存在许多业务流程。美国管理学者迈克尔·波特对业务流程进行了系统和深入的研究。他认为企业组织内部的流程有主次之分，判别标准是流程对企业组织最终目标的贡献大小。所谓企业的关键流程，是企业组织中对企业最终输出贡献最大的活动过程。

企业的生产流程，是指在生产中，从原材料投入到成品的产出，通过一定的设备按照生产工艺顺序连续地进行加工生产的过程。也是指成品从原材料到成品的制作过程中所需要的要素的组合。企业的生产作为一个完整的流程，基本上应该具备以下五个要素：客户、过程、输入、输出、供应商。

流程化管理模式是一种基于业务流程进行管理、控制的企业组织管理模式，代表着一种对新的企业组织工作模式和组织结构的追求。与传统的企业组织管理思想强调组织设计的任务导向不同，以业务流程为导向的企业组织管理思想主张组织设计的顾客导向。主张组织管理减少传统组织的职能部门化管理，以及由此产生的组织流程管理的条块分割现象，主张对企业中的一些流程的管理采取整体化的管理模式。和组织流程化管理模式相应的组织结构就是以某一工作的业务流程作为组织设计的基本着眼点，通过把与该流程相关的一系列业务活动纳入同一个管理职责范围之内，形成组织的流程管理整体化，从而构建起来一种新型的组织结构。

（一）企业流程化组织管理模式

流程化管理是以流程为主线的管理方法，强调的管理对象是业务流程，强调以公司整体目标为出发点，以流程为导向来设计组织框架，同时进行业务流程的不断再造和创新，以保持企业的活动。具体来讲，企业流程化管理包括对企业的生产流程、市场流程、销售流程、采购流程、质控流程、客服流程、研发流程、安全流程、财会流程、行政流程、人事流程等的流程整体化管理。

流程管理另一个重要特点是在组织管理和组织设计中进行反向分析，即从结果入手，倒推其过程，这样组织管理所关注的重点首先就是结果和产生这个结果的过程，就意味着企业组织管理的重点转变为突出为顾客服务、突出企业的产出效果、突出企业的运营效率，以顾客需求满足为中心取代以企业内部作业为中心来进行组织结构和组织管理设计。

流程组织管理模式与传统组织管理模式的视角不同。职能化管理以各部门/专业工作为视角，强调个别部门/个别专业的绩效，通常以内部专业管理为中心。而流程化管理则把全局性、整体性作为视角，它把整个业务、管理活动看作一个流程系统，注重过程的连续性，将流程中涉及的下一个部门看作内部顾客，每项活动都面向内部顾客需求，最终使整个流程系统相互衔接，环环相扣，共同满足客户的需求。在企业经营管理中，企业经营效率和效益是中心目标。如果将企业经营效率和效益看作一只木桶，那么根据木桶原理，其容量由最短的木板，也就是最弱的工作环节决定。职能化管理关注的是各个木板的长度，也就是各工作专业部门的技术和管理水平，但各工作专业部门之间的协调和联系却被忽略了。流程化管理则在关注各工作专业职能的效率基础上，同时关注各工作专业环节对整个流程输出的贡献以及专业环节之间的协调性，通过不断寻找、优化企业的“短板”，达到提高企业整体绩效的目的。

在职能化管理中，管理以职能部门划分，从而在企业中形成一个个管理中心，各个职能部门之间的边界极为明显，工作流程往往在各职能部门内完成，一旦涉及其他部门，则要通过上级协调，企业的业务流程管理被人为割裂。流程组织管理模式打破了传统的按职能部门划分的业务工作进行条块分割的组织管理模式，企业管理不再局限于专业职能管理范围内，形成了一种跨职能部门的，以业务流程为核心的组织管理模式，以此为基础来组建工作团队执行相对完整的工作任务，形成跨职能部门的，以工作业务流程为核心组建起来的工作团队来执行相对完整的工作任务，从而消除了部门管理中的职能分割的弊病，摆脱了过去部门化管理条块分割时候的管理团队各司其职，缺乏全局协调和行动的弊病，加强了在业务工作中的组织管理的统一性和协调性，从而大大提高了企业中的整个流程的完成效率和控制能力，以及对外界环境变化的反应能力。

因此，企业的职能化管理与流程化管理是两种截然不同的管理理念，职能化管理模式形成的是一套金字塔形的层级命令控制体系，而流程化管理模式形成的则是一套以企业流程为目标导向的扁平化的企业管理体系，前者的稳定性强，灵活性差，而后者更加灵活，往往可以根据输入的变化对企业流程进行动态的、系统的调整，但是需要企业管理团队具有较高的流程控制和管理能力。

（二）企业流程化组织结构模式

在组织结构设计方面，组织的职能化管理模式与流程化管理模式的组织结构是两种截然不同的模式。职能化管理模式形成的是一套金字塔形的层级命令控制体系，而流程化管理模式形成的是一套以流程为目标导向的扁平化的企业组织管理结构，企业职能化组织管理结构是一种高度稳定的组织结构模式，但是灵活性差，而以流程为目标导向的扁平化的企业组织管理结构更加灵活，能够通过对企业流程进行动态的、系统的调整对外界的输入变化具有较强的反应能力。但是这需要企业管理团队具有较强的流程控制和管理能力。

流程组织管理模式的特点是以业务工作流程为核心设计企业组织结构，每个流程成为一个整体管理单位，对所负责的业务工作流程的工作负起全面的责任，对流程实施统一的管理，从而打破传统的按职能部门的不同业务工作进行条块分割的工作组织形式，形成跨职能部门的，以业务工作流程为核心的组织体系。在流程组织管理模式中，以业务流程为中心，所有部门均完成目标任务中的一个环节，关注的是流程整体目标的实现，从而形成在整个业务流程上的一致性，最大限度上消除了由于传统的以职能为导向的组织管理模式造成的企业管理内耗，使得企业在营利水平、生产效率、产品开发能力和速度，以及顾客满意程度等关键指标上产生巨大进步，最终提高企业整体的竞争力。

这样做有利于管理团队进行全局性和战略性思考，对出现的问题做出灵活反应，加强了在业务工作中的组织管理的统一性和协调性。

三、企业业务流程再造

企业业务流程再造（BPR）源于美国原麻省理工学院教授迈克尔·哈默先生在1990年提出的业务流程再造（Business Process Reengineering）的思想。

自BPR提出以来，无数公司和企业组织为降低成本、缩短生产周期、提高市场反应速度和顾客满意度而施行了BPR，而且在这股热潮中也涌现出了许多成功实例，如福特公司的物资采购流程改进，AT&T的订单处理流程管理的加强，柯达公司照相制版技术的提高以及施乐公司管理流程的改进等，实践证明，这些大企业实施 BPR 以后，取得了巨大成功，企业界把它视为获得竞争优势的重要战略，看成一场工业管理革命。

哈默认为流程有两个关键要素：一个是顾客；一个是整体。在传统的职能管理模式下，业务流程被分割为各种简单的任务，各职能部门只负责本部门相应的任务，势必造成职能经理只关心本职能部门的局部效率，而忽视了流程的整体效率。而 BPR 强调的是企业流程全局最优，以及整个企业范围内核心业务流程的综合最优。对顾客来说，顾客并不清楚或关心公司的组织结构或它的管理哲学，顾客只注意公司的产品和服务，而所有的产品和服务都是由流程产生的，因此要求从顾客需要出发设计工作。流程管理不着眼于孤立的单个任务，而是着眼于整体和全局。

业务流程重组改变过去以企业生产为中心的思想，强调以顾客为中心，要求企业流程适应“3C”（顾客、竞争和变化）的需求，考虑企业的经营目标和战略导向，根据顾客需求考虑应设置哪些经营过程，对企业经营流程进行彻底的重新思考和设计。BPR 强调企业管理要面向业务流程，而不是互相割裂的职能部门，从而达到企业流程全局最优的目的。

在企业流程化组织管理 BPR 中，突破了传统的科学管理思想、TQM、流程自动化等对产品设计和生产过程优化的渐进式改进思想，正是强调以“流程导向”替代原有的“职能导向”的组织结构，对组织施行激进式变革和再造，为组织管理提供了一个全新的思路。

（一）企业业务流程分析

依据企业的生产特点企业的业务流程可以分为主要流程和辅助流程。依据企业的流程是否产生增值活动，可以分为增值活动和非增值活动，增值活动能给企业带来效益，能给客户带来价值，是企业持续发展的重要组成部分，而非增值流程则不能给企业带来增值，它只具有辅助的功能，也不能增加企业的利润。

在分析中可以采用美国机械工程师学会的标准即（ASME：American Society of Mechanical Engineers）进行分析，运用这个方法对公司现有的流程进行量化分析，需要用表格的方式把流程中的所有活动进行整理包括流程操作岗位，流程的操作时间、流程在整个流程中的地位及对整个流程的贡献。利用 ASME 方法可以清楚地看到，在这个流程中哪些是增值的流程哪些是不增值的流程，这对后续进行流程再造有非常大的帮助，能够知道工作重点在哪里，让流程再造更有效率，更快产出绩效。

在利用 ASME 方法进行流程分析时，对那些比较特殊的流程需要给予重点关注，这样才能够抓住重点，节约流程再造的时间，提高效率。

在利用 ASME 方法进行流程分析时，主要有以下几个流程需要关注：

对在整个生产流程中占时特别长的流程重点分析。因为过长的生产流程里面可以包含一些不能够产值增值的流程，这样不光浪费了工作时间，影响工作绩效并且增加了公司的运营成本。

对与其他流程关联性较大或较多的流程做重点分析。因为这个流程就很可能有一些资源被其他流程共享，而这些资源是否被合理利用，尤其是过多的信息交流和过多资料很容易造成传递流程的拉长，信息是否准确也非常重要，否则会浪费工作时间，因此要重点关注。

对那些容易发生问题的流程，尤其是以前发生过重大事故的流程要重点分析，以降低流程的故障率，避免再次发生问题。

企业的生产流程中，有一些流程本身并不产生增值，同时又大量占用企业资源，应该给予重点关注和分析，尽量减少这类非增值的活动。

在原有的管理模式下，有些流程的监督管理成本过高，应该给予重点关注和分析，尽量减少无效和无用的监控，降低监控成本。

（二）企业业务流程再造原则

企业业务流程再造（BPR）过程涉及两个方面，即对过去流程的再认识和新流程的设计。业务流程再造是企业管理思想和管理模式的创新。企业业务流程再造的目的在于通过采取激烈的组织再造手段，彻底改变企业工作方法和企业流程，提高企业竞争力，保证企业能以最低成本，高质量产品和优质服务在不断加剧的市场竞争中战胜对手，赢得市场和发展的机会。

1. 工作环节的合并

在流程再造过程中对企业原有的工作任务进行整理和分析归类，把具有相同性质的不同任务合并为同一个任务，这样做的目的是减少工作环节，提高组织反应能力和降低成本。

2. 采用同步流程

在企业的工作流程中，有的工作流程是平行的，平行流程和与它平行的其他流程没有上下游关系，可以同时进行也可以单独进行，在最后进行汇总。平行流程在出现问题的时候往往不能够被及时发现，往往不能在第一时间解决问题。在企业的工作流程中，有些工作流程是有前后顺序的。连续流程是有先后顺序的，只有上一个流程完成了，才能进行下一个流程的操作，并且必须按照这样的顺序进行。

在企业的工作中，尽量地采用同步平行流程，要求若干平行工序在同一时间段进行，在工序与工序之间建立联系，互相协调，互相帮助，实现信息和资源的共享，这样不仅最大限度地节约时间，而且遇到问题可以在第一时间解决，不会影响到下一个工序，从而减少了整个流程的运作时间。

3. 减少不必要的审核和监督

在企业管理中会为了减少失误而设立许多监督和管理部门和岗位，这样做的目的就是减少风险和损失。但是在实践中，往往监督和管理岗位过多，甚至一些审核和检查流于形式，没有实质内容，这样不仅没有起到应有的监督作用，还会没有意义地增加企业监督成本，增加内耗。因此在流程重组过程中需要减少那些不必要的审核和监督环节。

4. 建立信息资源共享机制

随着信息技术的发展，企业进行数据信息处理越来越离不开计算机，通过计算机信息系统收集信息，可以实现公司内部的信息资源共享。由于信息资源共享，只要任何信息资源在某个点录入系统，其他部门都可以在系统上使用，这样不仅可以实现信息共享，而且避免了不必要的重复录入造成的浪费。

5. 清除企业中的非增值活动环节

在传统的管理模式下，部门和岗位的设置很多，生产流程被人为地拉长，但一些流程和环节并不是必要的，不能产生增值效应。因此在流程重组过程中需要对一些不必要的，对增值没有作用的流程和环节进行剔除。

四、结束语

相对于按不同业务工作对企业组织管理工作进行条块分割的传统组织管理模式，组织的流程化管理模式在企业管理实践中证明其确有很强的优越性。但是，组织的流程化管理模式如果应用不当，也会造成管理的专业化程度下降，管理质量降低等问题。所以在企业管理实践中，往往采用一种组织的流程化管理模式与传统的业务部门管理模式混合的模式，并且取得了较好的效果。

第三篇　产业组织结构研究

英国著名经济学家马歇尔在其1890年问世的名著《经济学原理》一书中论及企业的生产要素时，在古典经济学家萨伊的劳动、资本和土地的“生产三要素”学说的基础上，首次提出了存在第四种生产要素。他认为，在生产过程中，“组织”如同劳动、资本和土地一样，也是一种生产要素。

产业组织是指一种特定产业内部的企业间的关系形态。在市场经济环境中，产业组织中的企业关系是一种通过市场机制形成的利益关系。有效率的产业组织有利于经济的发展，有利于增强企业的经济竞争力，也有利于提高经济效益，有利于降低组织内部的管理成本和外部的交易费用，有利于实现规模经济和效益，从而有助于经济的增长和产业的发展。

由于企业的经营规模，企业的资金实力和企业的技术实力是有限的，企业的管理能力、生产能力和企业的创新方面也可能存在短板，这些决定了单个企业在竞争实力的某方面可能存在弱点，因此企业经营需要解决一些由于自身特点造成的先天弱势问题。这些弱点仅靠企业自身难以克服，即使可以克服，也可能代价高昂。因此，在市场中，企业之间的关系既有竞争的一面，也需要有合作的一面。企业可以通过相互之间的合作，在市场中利用各自不同的资源优势形成企业间的协同效应，形成整体的竞争力。

为了在市场竞争中充分利用不同企业各自的优势资源形成企业间的协同效应，企业之间往往需要相互协作，形成各种合作关系以达到共赢的目的。企业之间采取某种有效的专业分工合作的经营模式，可以有效地提高生产的专业化程度，提高产品的质量和竞争力，降低产品生产的单位成本。因此，企业之间的分工与合作关系会产生单个企业难以具备的竞争优势。

现代企业之间的合作关系形式有多种，既有基于资本基础上的合作关系，也有基于产业基础上的合作关系，也有基于市场基础上的合作关系；既有以行政组织方式形成的企业集团合作关系，也有以契约方式形成的网络组织合作关系；既有以实体方式存在的产业（企业）集群，也有以外包方式形成的虚拟企业组织，从而形成产业内部的企业间关系，形成了某种产业组织。

现实中产业组织一般可以分为两种形式：第一种是以大型企业为核心的等级结构形式的产业组织，比如上述的企业集团，这是垄断竞争结构的组织形式；第二种是大量企业形成的产业集聚，它可以是以无序存在的大量企业为特征的所谓纯市场组织，也可以是许多企业有序共存的网络组织，这是一种建立在企业之间合作竞争基础上的有序竞争结构的组织形式。

第十章　企业集团合作模式研究

在实践中，企业之间的关系可以分为两种形式：一种是以优势企业为核心的等级结构的产业组织形式；一种是许多企业建立在契约基础上的平等合作竞争结构的网络组织形式。在实践中，第一种以企业集团为代表，这往往是建立在产业链基础上的生产合作，或是在资本纽带基础上的资本合作，是以优势企业（母公司）为核心的产业组织形态，以此形成一个较完整的产业链，或是较大的经济规模，从而提高在市场中企业集团整体的竞争力。

企业集团作为一种经济组织，是建立在产业链生产合作和资本纽带基础上的，以大型企业为核心的企业间的合作产业组织形态，目的在于以此形成一个比较完整的产业链，以及利用各成员企业的优势资源产生企业间的协同效应，从而提高企业集团整体的竞争力。

组建企业集团也可能是投资者规避投资风险的投资策略。投资者可以在企业集团内部，通过不同企业，将企业集团所拥有的资金、技术等资源在不同市场、不同项目和不同企业中分散，实现投资多元化，以此规避单一市场的投资风险。或者在多种经营基础上，提高企业规避单一市场经营风险的能力。

企业集团是由一批具有独立法人资格又有某种共同利益的企业联合而成的，其本身不具有独立法人资格。在企业集团中一般有一个对其他企业具有控制力，或极具影响力的核心企业（母公司），企业集团内部各成员企业之间联系形式具有多样性，组织结构具有明显的层次性。

企业集团，这种以大型企业为核心的等级结构形式的产业组织，由于其具有相当程度的垄断性，组织结构具有较强的刚性，企业内部管理层次多，管理权力集中，制度复杂，官僚主义严重，所以容易导致内部的效率低下和创新动力缺乏。

企业集团是建立在产业链生产合作，或者资本纽带基础上的，以大型企业为核心的企业间合作的产业组织形态，目的在于以此形成一个较完整的产业链和较大的经济规模，形成企业间优势资源互补的协同效应，从而提高在市场竞争中的企业集团整体的竞争力。

由于各国社会经济发展的历史和现实背景不同，企业集团的起源和发展途径各异，对经济和社会生活所产生的影响和作用方式也有所不同。日本学者认为企业集团是“以各成员企业在技术及其他经济机能上的相互补充为目的，以成员企业的自主权为前提，在对等互利原则下结成的长久经营结合体形态和经营协作体制”，美国斯坦福大学的经济学家则认为，企业集团是“具有相互联合的、以互派董事或相互持股、合作行动的企业群体”。

中国的大型企业集团一般是在政府的指导、扶持和管理下建立和发展起来的。因此对中国的研究应了解国家对于建立和发展企业集团的指导文件。中国工商行政管理局的《企业集团登记管理暂行规定》规定企业集团是指“以资本为主要链接纽带的母子公司为主体，以集团章程为共同行为规范的母公司、子公司、参股公司及其他成员企业或机构共同组成的具有一定规模的企业法人联合体，但它不具有企业法人资格”。总体来说，企业集团的这些定义都强调集团成员企业保留独立法人资格，以及成员企业间的正式和非正式的社会和经济纽带，这种纽带使成员企业可以在产品、市场、供应链上与集团领域合作和协调等。

目前，企业集团在世界各国经济与社会生活中占有越来越重要的地位。企业集团是由多个法人组成的企业联合体。从法律地位上看，企业集团本身不是法人，不具有独立承担民事责任的主体资格，也没有相应的企业法人财产权。企业集团内部各成员企业则是独立的法人，有其独立的财产并承担民事责任。企业集团的各成员企业之间主要是由控股、参股所产生的资本纽带相联系，此外还可以具有经营、技术、人事、契约等多方面的联结纽带。企业集团一般都不是从事单一产品的生产与经营，为了充分利用资源、分散经营风险，企业集团往往从事多种经营。

一、企业集团的组织

企业集团是一种企业的经济联合体。它是由一批具有独立法人资格又有某种共同利益的企业联合而成的，但是需要强调的是企业集团本身并不具有独立法人资格，也就是说，它不是一个法律意义上的具有独立法人资格的企业，不能独立承担法律责任。在企业集团中，一般存在着一个母公司，对其他企业具有控制力或影响力，是企业集团的核心企业。企业集团内部各成员之间关系形式具有多样性，特别是核心企业和其他成员联系形式具有多样性，使企业集团的组织结构具有明显的层次性。

企业集团组织中一般至少存在着一个核心企业，叫集团母公司。这个核心企业可以是从事生产经营和资本运营的法人企业，也可以是一个专门从事资本运营的法人企业。企业集团内的企业，包括集团公司或母公司在内，都具备独立的法人地位，具有独立的民事行为能力，承担民事责任和义务，也就是说在法律上具有平等主体资格。

企业集团中的企业与核心企业间一般都具有一定的联系基础。这个基础可以是资本，也可以是产业链。核心企业（母公司）在一些企业里控股或者参股，从而形成企业间的资本联系；企业间也可以是基于产业链产生的业务关系，集团中一些企业间进行业务合作，形成一个完整的产业链。当然，集团中的一些企业间可能同时具有以上两种关系纽带。

企业集团一般可以分为四个层次：一是核心企业（母公司），属于集团核心层；二是紧密层企业，由集团母公司控股的子公司组成；三是半紧密层企业，由集团母公司参股的企业组成；四是松散层企业，由一些承认集团章程，与集团的核心层、紧密层，或者半紧密层公司没有资本联系，但是存在互惠性稳定协作关系的关联企业组成。

企业集团本身性质是企业联合经营体，不是法人单位。企业集团内的企业都是独立法人单位，独立承担民事责任和享有民事权利。企业集团的核心企业通过制定集团组织章程、发展战略、管理政策、管理制度等来实现集团内部的统一规范，为集团整体及其各层成员企业的协调有序运行确立行为的规范与准则。任何一个企业，若想加入集团，取得成员资格，必须首先以承认集团的各种规章制度，服从集团整体利益最大化目标，接受管理总部的统一领导为前提，否则不能被接纳为成员企业。因此，企业集团是一种具有一定等级关系的刚性经济联合体。

二、企业集团的优势

在市场竞争中企业之间采取某种有效的专业分工合作的经营模式，可以产生单个企业不具备的协同效应和规模效应，提高经营的灵活性，从而使得企业竞争力提高。企业集团是建立在产业链生产合作，或者在资本纽带基础上的，以大型企业为核心的企业间的合作产业组织形态，目的在于以此形成一个较完整的产业链和产生协同效应，从而提高企业集团整体的竞争力。

（一）基于协同效应，形成完整的产业链

协同效应是指在市场中，通过企业之间的分工与合作，实现资源互补和优势互补，产生单个企业难以具备的整体竞争优势。

产业链指制造企业内部从外部采购原材料和零部件，通过生产和销售等活动，传递给零售商和用户的产品生产销售的全过程。伴随着产业链，企业在进行着价值的创造，由此同时构成一条价值链。价值转移和创造并逐级增加的整个过程就形成了产业价值链。因此说，产业链的本质就是价值链。在制造业中，产业链始于自然资源，终于最终消费市场。

企业是市场交易的一种替代物。企业用企业内部的生产过程替代了市场上的产品交易过程，从而节约了交易费用，但是，随之产生了企业的管理费用。从交易费用的角度来看，企业的扩张边界是由边际交易费用和边际管理费用比较决定的。当企业规模过大的时候，企业将进入规模不经济阶段。因此，由于规模经济原因，在社会分工的现代社会，一家企业一般不会无限扩大规模，可能在产业链中的不同环节上联合不同的企业进行产品生产，从而形成一个完整的产业链。

同时，由于在市场竞争中，一家企业一般在资金、技术、市场和管理上既有自己的相对优势，也有自己的相对劣势。由于企业的经营规模，企业的资金实力，企业的技术实力是有限的，企业的管理能力、生产能力和企业的创新方面可能存在短板，这些决定了单个企业往往在竞争实力的某

方面可能存在弱点，因此企业经营须借助其他企业的优势解决一些由于自身特点造成的先天弱势问题，因此，在市场中，为了在市场竞争中充分利用各种资源和形成企业间的协同效应，企业之间往往需要相互协作，形成各种合作关系以达到共赢的目的。

企业间的合作可以通过市场机制完成。但是通过市场机制完成企业间的合作，随之将产生交易费用。当市场交易费用较高的时候，企业将寻求交易的内部化。企业集团正是通过集团内部企业间的契约建立起较为稳定的产品生产产业链，以企业集团的内部契约代替市场交易契约，从而使得交易过程内部化，达到既形成较为完整的产业链，完成产品的生产过程，又节约交易成本的目的。

在企业集团中，企业之间的分工与合作关系会使得企业间实现优势互补和资源互补，从而完成产业链上产品的完整生产过程。它不仅使每个成员企业的效益得到提高，而且整体的总效益也得到了提高，具有单个企业难以具备的竞争优势，产生所谓协同效应，即各成员企业通过资源整合、相互合作、优势互补，使得整体竞争力大幅度提高，企业间联合所产生的价值比各企业独立产生的价值之和大的现象。

（二）利用企业集团，实现多元化经营

企业集团中的多个企业，可以是同一个产业链上的分工合作关系，也可以是投资多元化经营战略的布局关系。

从投资者角度来讲，一家企业，就是一个投资项目。在风云变幻的市场里，企业在参与市场竞争的过程中会面临着各种各样的不确定性和市场风险。作为投资者，为了最大限度地规避在单一市场上投资的不确定性带来的风险，投资者有必要通过投资多元化来规避单一市场的经营风险。

因此，组建企业集团，往往是投资者规避投资风险最常见的投资策略。投资者可以在企业集团内部，通过不同性质的企业，将企业集团所拥有的资金、技术，以及其他资源在不同市场、不同项目和不同企业中分散，实现多元化投资的战略。企业集团正是通过集团中的不同企业，使企业集团所拥有的资金、技术，以及其他资源得以分散。因此，面对各种各样的市场风险，企业集团在某一时期，某一项目，或者某一家企业上的亏

损可由其他项目，或者其他企业的盈利补偿，以此规避单一市场上的投资风险，以达到“东方不亮，西方亮”的风险规避和风险最小化的经营效果。

（三）基于企业集团内部的合作，产生企业规模效益

企业的规模扩大，可以带来企业经济效益的改变，即所谓规模经济现象。

经济学认为，在技术条件和其他相关条件不变的情况下，如果生产单一产品的生产单位内部的各种生产要素同比例增加，使产品的产量增加，由于固定成本与产量无关，将导致单位产品的生产成本下降，企业经济效益提高，从而产生企业规模效益，称为规模经济现象。

经济学理论认为，规模经济现象存在“内部规模经济”与“外部规模经济”两种。

“内部规模经济”是指在生产规模扩大过程中，在符合一定条件的基础上，可能使得生产单位内部的资源得到有效利用和组织效率得到提高，压低单位产品生产的固定成本，从而由于生产单位内部的资源有效利用和组织效率提高会出现单位产品的总成本下降的现象。因此，企业可以通过扩大企业生产规模，采用高效率的机械，从而极大地提高生产效率。这种从“内部规模经济”所获得的效益往往是小企业难以企及的。

“外部规模经济”是指在生产规模扩大过程中，在特定区域内部由于某种产业的集聚发展所引起的企业品牌效应，以及该区域内外部资源的有效利用和组织效率提高使生产企业的整体成本下降和单位产品的生产成本下降的现象。大规模的生产会产生大批量的采购，也可以因此获得相对低廉的原材料供给价格，而且大批量的运输也保证了对运输工具的充分利用，因此有着较低的运输成本。

组建企业集团，可以将一些企业的资源进行有效整合互补，形成协同效应，扩大产品的产量，在一定条件下形成一种比较有效的产业组织形式，可以因此形成“内部规模经济”和“外部规模经济”，产生规模效益。实践也证明，作为企业与产业组织的一种组织形态，企业集团的经营模式可以产生一种规模经济效应。这种规模经济效应的作用，可以使生产单位

内部的资源得到有效利用，组织效率得到提高，进而使单位产品的生产成本下降，提高和增强企业在市场中的竞争优势，弥补企业的先天不足，并且可以进而转化为一种产业竞争力，增强企业的发展能力。

三、企业集团存在的一些问题

20 世纪 90 年代以后我国企业集团逐渐规范化。1991 年 12 月国务院确定了 57 家企业集团进行首批试点，逐步确立以产权为纽带的母子公司组织模式。1997 年国务院提出企业集团要建立以资本为主要联结纽带的母子公司体制。目前，我国企业集团的母公司通过对子公司的投资形成了企业集团内部以产权为纽带的治理结构，母公司成为企业集团的战略规划、资本运营等重大经营活动的决策中心。但是，由于历史原因，目前我国企业集团在经营管理方面仍然存在一些问题。

尽管我国已建立起了母子公司体制，但企业集团内部集、分权管理模式尚不统一，企业集团权力集中程度两极分化严重。一部分企业权力高度集中，母公司管理决策层对子公司的生产、经营及管理等几乎一手包办，子公司开展业务的主动性和灵活性由此受到极大影响，对母公司有很强的依赖性。与之相反，另一部分企业集团在实施管理时采取权力高度下放，给予子公司自由权，采取松散管理的方式，但随之而来的问题是子公司作为独立、分散的利润中心，子公司追求自身利益最大化的行为影响到母公司甚至企业集团的整体利益。企业集团内部散乱、效率低下的情况时有发生。

（一）企业集团的组织管理问题

由于我国企业集团多数脱胎于国有大型企业，因此，企业集团多在组织结构设计上存在较明显的行政化倾向，企业集团发展面临体制性问题。

一些企业集团并不是在市场机制下产生的，而是在政府行政命令下产生和组成的，企业集团的形成缺乏经济基础。因此，导致一些企业集团从成立的那一天起，就缺乏必要的竞争优势。企业集团的形成不仅没有为企业提供资源整合和协同效应带来的竞争能力的提高，反而由于企业集团带来的内部消耗导致企业效益下降。

企业集团的人事任命、经营决策和资源配置等关键问题方面过度集权。在企业集团内部，政府的行政机制代替了企业集团的资本运作机制。企业集团的子公司完全听命于集团，丧失了子公司的独立性，失去了战略决策权。因此，一些子公司往往处于母公司的实际控制下，子公司董事会对公司独立法人财产权的控制能力非常有限，母公司的意志可以通过行政系统对子公司进行控制，影响和决定其具体经营活动。这很容易造成母公司的不法行为，如非法转移子公司财产，用关联交易剥夺子公司的资产，或者向其他关联公司转移资产等，甚至出现企业集团的决策机构与母公司的决策机构合一，母公司的职能部门就是企业集团的职能部门，子公司成为事实上的下属行政部门的现象。

（二）企业集团的财务管理问题

处在市场竞争环境中的企业集团需要完善健全的财务控制体系，才可能产生企业集团的资源整合效应和协同效应，从而产生预计的竞争优势。因此，加强企业财务控制模式研究，保证整个集团的高效有序运转，无疑是我国企业集团增强市场竞争力的紧迫问题。

目前我国企业集团在内部财务控制与管理上，尤其是在对子公司的管理和母子公司财务关系的问题处理上，存在财务控制不力甚至无效的问题，影响着企业集团协同效应的发挥，也影响着企业集团的持续经营和健康发展。

我国企业集团在内部财务控制与管理上的问题包括集团企业财务资金管理中最突出的问题。很多企业集团的成员企业中为了本企业利益，在企业中截留和闲置大量资金，造成集团整体资金使用效率低下，影响着企业集团协同效应和优势的发挥。

（三）企业集团的战略管理问题

为了保证集团所属各企业稳定和持续发展，战略管理是集团总部一项主要的管理职能。企业集团战略管理应该考虑集团整体的发展方向，考虑企业集团内部的资源有效整合，各企业之间的业务协同和多种经营战略的实施问题。但是由于企业集团成员多，各成员企业的业务联系、资本联系等内部关系复杂，同时集团管理幅度宽、管理层级多等特点，加大了集团总部对下属企业的管控难度和关系协调难度，也增加了对未来预测和规划的难度。

由于我国企业集团多数脱胎于计划经济时期的国有大型企业，因此，企业集团在战略管理方面存在轻视战略管理，缺乏战略眼光和战略筹划能力的问题。

第十一章 产业集聚研究

在现实中，产业组织一般可以有两种形式：一种是以大型企业为代表的等级结构形式的产业组织，比如企业集团，这是垄断竞争结构的组织形式；另一种是由大量企业形成的产业集聚，它可以是以大量无序存在的企业为特征的纯市场组织，也可以是由许多有序存在企业的网络组织构成，这是一种建立在契约基础上的企业之间合作有序竞争结构的组织形式。

有序竞争结构组织中的企业间关系一般是以合作为主要内容的合作性集聚，企业关系多为建立在契约基础上的有序网络组织形式，其对外可以表现为虚拟企业形式。

无序纯市场组织中的企业间关系一般是以竞争为主要内容的资源性集聚。许多同一产业的上下游企业出于利用外界资源，比如市场资源、人力资源、环境资源和制度资源等目的形成企业群体的资源性集聚。在这种产业集聚中，企业间合作关系往往较松散，但是也可能存在一定形式的横向经济联系，产生一定的规模效益。同时因为众多生产同样产品的企业的集聚合作，可以在市场上形成一种集群品牌效应和协同效应，增强区域产业整体的竞争力。

产业组织是指一种特定产业内部的企业间的关系形态。在市场经济环境中，产业组织中的企业关系是一种通过市场机制形成的利益关系。实践证明，有效率的产业组织有利于经济的发展，有利于增强企业的经济竞争力，也有利于提高经济效益，有利于降低组织内部的管理成本和外部的交易费用，有利于实现规模经济和效益，从而有助于经济的增长和产业的发展。

一、产业集聚的产生

产业集聚是指产业资本要素在空间范围内不断汇聚，同一产业的相关企业在某个特定地理区域内的高度集中，从而形成与产业相关企业群体（产业集群）的一个过程。因此说，产业集聚一般都是在一定的条件下，企业出于一定的利益驱动而形成的动态过程，其结果是产生产业集群。

产业集聚按目的可以分为资源性集聚和合作性集聚。在实践中，产业集聚往往同时具有资源性集聚和合作性集聚两大特征。

资源性集聚一般是企业为了利用某区域的某种优质资源而形成的企业聚集过程。比如在拥有大量煤炭原料的山西和内蒙古地区集中了大量煤炭采矿和煤炭加工企业。正是因为这些地区性优质资源的吸引形成了当地相关产业集聚。

合作性集聚是基于企业间合作目的形成的产业集聚。由于在市场中单个企业往往资金实力和技术实力有限，因此可能在某个方面存在短板。企业为了提高竞争实力，在市场竞争中取得优势，经营往往需要企业间相互合作，利用企业间的资源共享和资源互补，提高生产的专业化程度和产品质量，降低产品生产成本，形成企业间的协同效应，解决一些自身弱点造成的问题，增强整体的竞争力，从而导致合作性产业集聚。

二、产业集聚效应

在某种产业领域内相互联系的、在地理位置上相对集中聚集的一群企业和相关机构形成的产业集聚是一种产业组织形式。产业组织中的企业通过市场机制形成相互之间一定的利益关系。有效率的产业组织模式有利于区域经济的发展，有利于企业提高经济效益，增强经济竞争力。这种集聚效应使相关地区产业的生产能力和创新能力得到提高，生产成本和经营风险下降，有利于增大企业在市场中的竞争优势，并且转化为一种区域的产业整体竞争力，增强区域经济发展的能力。

英国经济学家马歇尔曾经指出，集中在一起的厂商比单个孤立的厂商更有效率，其原因在于相关产业的企业在地理上的集中可以促进行业在区域内的分工与合作得到发展。正是出于上述原因，产业集聚可以产生一种提高企业经济效益和地区产业整体竞争力的产业集聚效应。这种产业集聚现象被称为外部规模经济现象。产生这种产业集聚现象的原因一般是多方面的。

（一）产业集聚有利于区域有竞争力的产业链形成

单个企业，尤其是中小型企业的资源有限，难以独立形成完整的产业链。通过产业集聚，单个企业与处于产业链中不同位置的企业进行纵向合作，利用资源互补形成企业间的协同效应，克服单个企业在资金、技术等方面实力的有限性，解决一些由自身弱点造成的问题，从而形成一个完整的有竞争优势的产业链，形成区域内产业生产规模，参与市场竞争。

（二）产业集聚有利于实现企业内部规模经济

单个企业资源有限，生产规模难以提高，从而单位产品的生产成本难以降下来。通过产业集聚，单个企业与处于产业链中不同位置的企业进行纵向合作，实现企业间社会化专业分工，提高每个企业的生产专业化程度，从而有助于企业在专业化生产基础上形成一定的生产规模，提高产品质量和生产率，降低生产的单位成本，从而产生企业内部的规模经济效应。

（三）产业集聚有利于降低企业外部交易费用

企业与原料供应商、元件供应商以及销售商的关系不稳定，会造成企业外部交易费用上升。通过产业集聚，可以方便单个企业在社会化专业分工基础上与处于产业链中不同位置的其他企业进行纵向合作，在契约基础上形成有序网络组织和虚拟企业，从而形成一个内部关系相对稳定的完整的产业链，从而可以有效地降低企业外部交易费用。

（四）产业集聚有利于提高企业竞争力

企业单独经营时生产能力较弱，生产成本较高，创新能力有限，同时要承担很大的市场风险。通过产业集聚，单个企业与处于产业链中不同位置的企业进行资源和能力的优势互补从而使企业创新能力得到提高，生产成本和经营风险下降，有利于提高和增强企业经济效益和在市场中的竞争能力。

（五）产业集聚有利于区域内生产要素聚集

区域产业发展需要大量的生产要素资源。通过产业集聚，大量相关企业集中于一个区域，不仅可以形成完整的有竞争优势的产业链，而且可以在区域内形成相关产业生产规模，从而在社会上形成产业品牌效应，吸引大量相关生产要素，包括资金、人力、技术等资源向区域内聚集，为区域产业发展提供坚实基础。

正是因为上述这种产业集聚效应现象和外部规模经济现象，我国一些地区形成了繁荣的产业集聚，比如长三角地区和珠三角地区的轻工业加工产业集群、北京中关村地区的高科技产业集群等。

三、中小企业的产业集聚

英国著名经济学家马歇尔在其1890年问世的名著《经济学原理》一书中论及生产要素时就提出“组织”是除了劳动、资本和土地的“生产三要素”之外的第四个生产要素，有效的产业组织是提高经济效益的重要因素。

中小企业单独经营时存在生产能力弱，生产成本高，创新能力有限，市场风险大的问题。通过产业集聚，大量与产业联系密切的中小企业以及相关支撑机构在特定的空间内集结成群，形成中小企业集群，从而获得一种产业集聚效应，增强和放大企业的竞争优势。

中小型企业通常是高度专业化的，他们生产的产品有许多是中间产品。这些中间产品，必须相互配套组合，才能成为市场上的最终产品。在企业集群内部通过企业间的专业分工合作，可以形成较完整的产业链，大量的中间产品的“中间交易”就会在集群内部的企业间进行。同行业的企业间利用地理上的相邻性，通过专业分工、合资合作或建立企业联盟等方式进行企业间的联合生产、销售等价值活动，形成一种产业群和完整的产业链，从而可以有效地降低集群内单个企业的成品运输成本、产品库存成本，以及其他的市场交易成本，使集群内的企业的平均经营成本明显降低。同时，由于中小企业集群位于同一地理区域内，企业间的距离较短，交通运输费用较低，合作关系容易建立，机会主义的投机行为较少，从而降低了企业间的交易风险和交易费用。这些因素都导致集群中的中小企业的经营成本下降，经营风险降低，整个区域的产业的产品生产能力提高，产业竞争力增强，产生了在产业集聚基础上的产业集聚效应和企业外部规模经济效应。

中小型企业产业集聚产生的企业集群一般具备以下四个特点：

（1）企业集群内的各企业在法律地位上是彼此独立的经营实体。在企业集群中，各家企业之间尽管存在着密切的业务联系和经营合作关系，但是在法律上仍然是独立的法人单位，在经营上也仍然是独立的经营实体。

（2）在市场中，各家企业之间仍然存在着某种方式的竞争。这种企业间的竞争有利于企业集群内部的创新和保持发展机制的有效性。

（3）企业集群内的各企业间有较稳定的专业化分工协作关系，从而产生企业集群的协同效应。企业集群的这种专业化分工协作关系具有很大的灵活性。

（4）不同于传统的组织结构，中小型企业集群的结构和成员组成是一种相对稳定的动态结构。企业集群是建立在企业成员自愿基础和分工合作基础之上的，联系纽带是契约关系，因此，企业集群结构和集群成员随时都可能随着外部环境和内部环境的变化，随着企业间利益关系变化和合作性质与合作需求的变化而变化。

（一）中小型企业产业集聚的优势分析

中小型企业单独经营时的弱点是企业生产能力较弱、难以形成规模化生产、产品生产成本较高、企业创新能力有限、市场风险承受力较差，而中小型企业的产业集聚可以有效地解决这些问题。

（1）中小型企业集群通过内部各企业间建立较稳定的专业分工协作关系，形成产业生产链和生产规模，可以产生一种区域内企业集群的协同效应。通过产业集聚，大量与产业联系密切的中小型企业和相关支撑机构在特定的空间内集结成群，企业与处于产业链中不同位置的其他企业进行纵向合作，形成具有一定生产规模的产业链，利用资源互补形成企业间的协同效应，克服局限性和因自身弱点导致的问题，从而提高中小企业的创新能力、竞争能力，进而增强和放大集群内中小企业的优势。

（2）中小型企业本身具有经营灵活的长处，中小型企业的产业集聚，有助于创造企业集群的整体品牌形象。中小型企业的实力有限，社会信用度不高，影响力不大，不仅影响了企业形象，同时使企业产品缺乏竞争力，影响了企业的融资能力。大量企业形成区域企业集群后，通过企业家的分工合作，形成区域产业生产链、行业协会，甚至形成虚拟企业，从而可以因此产生广告作用，形成社会影响和集群品牌。这不仅有助于提高企业产品的竞争力，也有助于解决中小企业最为头痛的融资问题，提高中小企业在金融市场中的信用度和融资能力。

（二）中小型企业产业集聚产生的影响因素分析

中小型企业集群是一种相关产业活动在地理上相对集中的企业经营现象。中小型企业集群往往是以网络化经营模式出现，同时带有明显的区域特点和产业特点。它是由一些与某产业相关的，在地理上相对集中的经营产品设计、产品制造、产品营销、原材料供给和原配件生产的中小型企业，以及金融服务、技术咨询和人员培训等服务部门组成的内部分工明确，相互联系密切，形成一个较完整产业链的企业集群。

中小型企业集群化经营产生的原因是复杂的，往往是多种外部环境和产业内在因素共同作用的结果。一般来讲，中小型企业集群化经营产生的原因包括中小型企业的内在特点和需求、企业外部环境和产业的生产特点三大因素。

（1）中小型企业集群化经营产生首先在于中小型企业的内在特点。和大型企业相比较，中小型企业由于融资困难，经营规模小，企业的各种资源十分有限，技术开发能力差，产业链不完整，从而限制了中小型企业的市场发展能力和竞争能力。在这种情况下，中小型企业如果采用传统的经营方式，依靠自身的实力和努力来改变这种经营困境一般是十分困难的。为了克服中小型企业的弱点，在市场竞争中取得相对优势，中小型企业倾向于采取集群化经营的方式，利用群体协作的优势和资源互补，产生一种集群效应，达到整体竞争优势的提高，从而取得市场竞争中的相对优势地位。

（2）中小型企业集群化经营形成的核心条件包括产品或服务必须有较长的价值链和生产链、产品生产销售服务在技术上具有专业上的可分性，产品存在一定的差异化的潜力，以及最终产品具有较大的市场范围和容量。在这些条件具备的时候，就存在一种进行社会专业分工的可能性。

（3）中小型企业集群化经营产生的外部环境因素是十分重要的。一般来讲，有利于形成中小型企业集群化经营的外部环境因素包括：自然资源因素、市场资源因素、技术资源因素和政策与制度环境因素。在一定的地理区域内，完善的社会辅助性机构和设施、良好的社会资本和社会环境，以及有利的政府政策环境和制度环境都是有利于中小型企业集群化经营产生的辅助性条件。良好的和有利的外部环境有利于降低企业间的交易费用，提高企业间经济合作的经济效益，从而有力地促进企业间的专业化分工和合作倾向，促进中小型企业集群的产生。

（三）我国中小型企业产业集聚特点分析

我国的一些地区中小型企业集群化经营发展很快，主要原因之一就在于在我国的这些地区，环境条件具备，存在比较集中的市场需求，以及较好的技术资源，从而使一批中小型企业因而产生，形成一种集群化经营发展的模式。

实践证明，在某种产业领域内相互联系的、在地理位置上相对集中的一群中小型企业和相关机构形成的中小型企业集群化经营模式是一种有效的产业组织形式。实践也证明，我国中小型企业集群化经营不仅是一种成功的中小型企业的经营模式，是提高我国中小型企业技术创新能力、提升中小型企业竞争力的有效的产业组织形式，而且是带动我国区域经济发展的成功之路。作为企业与产业组织的一种组织形态，这种集群化经营模式可以产生一种集群效应，或称为聚集效应。这种集群效应的作用，可以提高和增强企业在市场中的竞争优势，并且可以转化为一种区域的产业竞争力，增强区域经济发展的能力。

1. 北京市海淀区中关村地区的高科技中小型企业集群

北京市海淀区中关村地区是我国最大的智力密集区，周围聚集着清华大学、北京大学等七十多所高等院校和中国科学院所属研究所等二百多家科研机构，具备高科技产业发展所需的智力文化环境，同时也形成了一种对高科技产品的市场需求环境。同时，北京市海淀区中关村地区还得到了北京市政府的特殊政策支持。中关村地区在有利的市场环境、政策环境和制度环境的支持下，迅速成为中国高科技中小型企业的聚集地。

北京市海淀区中关村地区的高科技中小型企业集群的特点是企业多数属于信息产业和电子技术产业，以及相关支撑产业。这些企业包括设计、制造和营销企业，它们之间存在着紧密的业务联系和专业分工，从而在产业链的各环节上形成了一种专业分工明确，合作紧密的企业群。正是这种集群化的经营模式，使得北京市海淀区中关村地区的高科技中小型企业集群产生了明显的聚集效应，不仅为各企业间的有效合作创造了条件，提高了各企业的专业化程度，降低了企业间的交易费用和风险，而且创造了一种集体的品牌形象，形成了名副其实的中国“硅谷”。

2. 浙江省的中小型企业集群

浙江省的中小型企业集群主要集中在轻工产品制造产业。以专业化分工为基础，以民用轻工产品制造为主业，专业化生产、工艺和服务相互补充，产生了专业性工艺加工、最终产品生产和生产服务等中小型企业。浙江中小型企业集群化经营有利于当地企业产品或服务提高质量和降低成本，还有利于扩大生产批量和创新技术，从而形成一条有效的产业链。浙江中小型企业集群内众多的加工企业，对内是由市场联结的独立生产者，对外则联合起来发挥着一个特大型企业的生产功能。

浙江省的中小型企业集群以“块状经济”为特色形成一种成功的中小型企业集群的发展模式。作为中国最早出现中小型企业集群成长现象的地区之一，浙江中小型企业集群的发展受到了历史文化和制度变迁等因素的影响。浙江省的中小型企业以民间的传统手工业为特色，以血缘、亲缘和地缘为纽带的家族企业为主体，迅速形成了浙江省的中小型企业集群。在浙江省的中小型企业集群的形成过程中，当地政府的不干预政策为当地以民营企业为主体的中小型企业集群的发展创造了宽松的外部环境。

3. 广东省的中小型企业集群

在广东省尤其是珠江三角洲一带，中小型企业集群特征非常明显。在珠江三角洲404个建制镇中，以中小型企业集群为特征的专业镇占了1/4，经济总量约占全省的一半。广东经济的进一步发展在很大程度上取决于中小型企业集群的发展，中小型企业集群是广东经济增长的源泉和产业竞争优势的关键所在。

广东省的中小型企业集群的发展主要是依靠广东的地缘优势、中央政府对广东地区的政策优势以及劳动力的低成本优势，吸引了大量的外来企业直接投资，从而建立起外向型加工制造业基地，并逐渐形成一种产业集聚的企业集群。

4. 我国港台地区的中小型企业集群

在我国港台地区，中小型企业集群化经营已经成为当地经济发展的主要形式之一。我国港台地区的中小型企业集群化经营取得了相当大的成功，成为区域经济发展的主要企业经营模式。

20世纪70年代以前，台湾的工业主要是劳动密集型的加工制造业和石油化工业。但是在此后20多年里，随着经济的发展，台湾已经成为世界第三大IC（集成电路）生产基地，其经济发展的模式是以高科技中小型企业为主的集群化经营。尤其是在台湾的新竹地区，当地已经成为IC厂商的聚集地。新竹坐落在台湾岛的西海岸，该地区依靠地缘优势，从吸引高科技公司在此设立子公司起步，现在已经发展成为台湾本土IC厂商的聚集地。由于地理位置接近，这些高科技中小型企业的信息交流效率高，产品升级发展速度快，厂商集聚所形成的垂直分工系统有利于新厂商的形成和生产的弹性专精。外包分工协作方式整合着上、下游的厂商之间，以及厂商和客户之间的合作关系。

香港地区的中小型企业集群与台湾地区的中小型企业集群的特点不同。由于独特的地理位置及社会文化背景，香港的中小型企业尤其是中小型制造企业集群化经营在香港制造业体系乃至整个区域经济中都发挥了重要的作用。地域范围狭窄和有限的本地市场决定了香港企业必须走专业化分工协作的道路来拓展外部市场，而本地资源匮乏和周边地区经济技术发展水平落后，又导致香港企业选择了轻工业消费品生产制造，其中主要采取了原件生产的方式。香港地区长期强调并恪守着“积极不干预”的政策，为香港地区的中小型制造企业创造了良好的外部政策环境，使其在与东南亚国家或地区制造企业的竞争中表现出明显的集群竞争优势。

实践证明，第一种以大量无序小型企业组织为特征的纯市场组织，从理论上来讲可能具有一定的效率，但是在现实中并没有实际意义。因为在经济实践中，企业之间必然会形成某种相互之间的联系和合作关系，以此来谋求某种在市场中的竞争优势。第二种以大型企业为核心的等级结构形式的产业组织，由于其具有相当程度的垄断性，企业的外部竞争压力小，内部管理层次多，管理权力集中，制度复杂，官僚主义严重，所以往往导致内部的效率低下和创新动力缺乏。所以，第三种以企业有序共存为特征的网络性组织是一种比较常见的产业组织形态。这种建立在企业之间合作竞争基础上的有序竞争结构的组织形式有利于保持企业间的竞争关系，为企业提供外在的发展和创新的动力，具有比较灵活的反应机制，有利于提高整个产业和区域经济对市场和环境变化的反应能力和适应能力。同时，这种以企业有序共存为特征的网络性组织，可以形成一种企业与企业之间合理专业分工合作的关系，形成企业之间的资源共享和资源互补的合作机制，从而使得整个产业组织的整体经济效益和竞争力得到提高。

正是从这个角度进行分析，可以认为，在某种产业和相关支撑产业领域内相互联系的一群中小型企业和相关机构以某种方式进行专业分工协作形成的企业群，在一定条件下是一种比较有效的产业组织形式。实践也证明，作为企业与产业组织的一种组织形态，这种经营模式可以产生一种集聚效应。这种集聚效应的作用，可以提高和增强中小型企业在市场中的竞争优势，弥补中小型企业的先天不足。

第十二章 企业集群研究

一、集群的理论研究

在市场经济环境中，企业之间的关系既是竞争关系，更是合作关系。共生共荣，是企业之间合作的基础。现代企业之间有许多有效的合作模式，这些合作模式使得不同性质的企业可以在共赢基础上互相协作，产生巨大的企业间合作的协同效应，产生一个单独企业难以产生的经营效果。

（一）企业集群的概念

“集群”一词是来源于英文中的cluster，根据牛津词典（1979）的英文词义，集群（cluster）是指一组在一起发育的相似的事物。通过词义的解释不难看出，它并没有强调集群的元素之间必须相互关联，其反映出虽然聚集在一个区位而没有什么联系的企业也可以成为集群，这就使集群概念使用得十分泛滥，尤其是在发展中国家，常把在一定地理区域内“扎堆”的企业不论它们之间是否合作都称之为“集群”。因此，对于“企业集群”的定义，目前还没有世界广泛认同的界定，经济地理学、新古典经济学、管理学、新经济社会学等学科领域的学者基于各自的学科角度有不同的命名和概念界定。与企业集群相关的同义词和近义词有产业集群、产业集聚、产业区、新产业区、地方生产系统、区域集群，根据研究角度和集群的规模、范围、程度的不同而有所区别，但它们具有本质上的一致性。为方便研究，根据本书的研究目的，统一采用“企业集群”的概念。

企业集群概念的演变经历了相当长的历史过程。20世纪初，外部经济一直是集群研究的主要视角，代表人物是英国经济学家马歇尔。马歇尔根据专业化产业集聚的特定地区即同一产业中大量小型企业的地理集中现象，提出了“产业区”概念（1920）。与此同时，集聚经济也是集群讨论的热点之一。韦伯在《论工业的区位》一书中提出了“区位因素”的概念（1909），用以分析集聚要素。他认为，地租、劳动力费用等一般性的区位因素和气候、地质条件等特殊性的区位因素对工业部门选址具有决定性作用，从而成为经济集聚要素。克鲁格曼对集聚经济进行了阐释，倡导新经济地理学，主张以规模报酬递减理论关注产业的空间集聚问题，将专业化产业集聚称为产业聚集。罗森菲尔德强调社会关系网络及企业间合作对企业集群的活力起决定性作用。他认为，企业集群是相似的、相关联的或互补的众多中小型企业在一定地理范围内的聚集，有着畅通的销售渠道、积极的交流及对话，共享社会关系网络、劳动力市场和服务、市场机会，分担风险。20 世纪 70 年代开始，意大利学者关注在全球经济衰退中却充满活力的“第三意大利”地区，认为其产业集聚现象十分类似于马歇尔的产业区特征，并称之为“新产业区”。1990 年，波特首先使用“产业集群”的概念。他认为，产业集群是一组在地理上靠近的相互联系的公司和关联的机构，它们同处或相关于一个特定的产业领域，由于具有共性和互补性而联系在一起。他认为，绝大多数产业集群包含最终产品或服务厂商，专业元件、零部件、机器设备以及服务供应商、金融机构及其相关产业的厂商，也包括下游产业成员（如销售渠道、顾客），互补性产品制造商，专业化基础设施的供应商，政府与其他提供专业化训练、教育、信息、研究和技术支撑机构（如大学、思想库、职业训练机构），以及制定标准的机构，还包括同业公会和其他支持产业集群成员的民间团体（波特，2003）。

基于以上学者的定义，本书将企业集群定义为在一定的地理范围内，大量企业、中间机构和组织等围绕同一产业形成的分工细致、联系紧密、社会关系网络发达、市场竞争力和区域产业形象突出的一种空间有机聚合体。

（二）企业集群的分类

关于企业集群的分类，Peter Knorringa 和 Jorgmeyer Stamer（1998）借鉴 Makusen（1996）对产业区的分类方法，把企业集群分为意大利式、卫星式和轮轴式；Lynn Mytelka 和 Fulvia Farinelli（2000）则根据集群的内在关系把产业集群分为非正式集群、有组织集群和创新型集群。我国对企业集群的分类研究始于20世纪90年代末，王缉慈（2001）通过对新产业区的研究，把我国的企业集群分为五类，即沿海外向型出口加工基地、智力密集地区、条件较优越的开发区、乡镇企业集聚而形成的企业网络以及以国有大中型企业为核心的企业网络。根据不同的划分标准，企业集群可以被划分为不同类型。刘善庆等学者还专门对国内外企业集群的分类方法做了综述性研究。根据我国的企业集群实践，企业集群可以划分为以下四种类型。①

1. 中心—卫星式企业集群

它是指以核心大企业为主导，众多中小企业短半径配套形成的企业集群。这种形式的企业集群建立在专业化分工的基础上，一般出现在复杂产品制造业中，如大型飞机、汽车、船舶工业等，通常以生产关键部件并进行整体装配的企业作为核心企业，生产其他零部件及配件的企业在四周聚集，从而有利于节约交易费用，提高企业效率。在我国经济相对发达的东部沿海地区，专业化分工已经达到了较高程度，中心—卫星式企业集群甚至出现在一般消费品产业中，如浙江的纺织业、皮革、皮毛、羽绒等消费品产业都在本行业内形成的几个知名企业的带动下聚集了大量为其配套的中小型企业，从而形成年销售收入几百亿的企业集群。此外，跨国集团投资也往往形成这类企业集群。跨国企业通常自己进行研发及核心零部件的生产制造，而把各种非核心零部件及外围设备的生产外包给当地企业，逐渐形成了以外资为龙头的中心—卫星式企业集群。跨国企业投资选址的一个重要考察方面就是看当地的产业配套设施是否能够满足需求。

2. 网络式企业集群

它主要指产业链不同环节的大量中小企业在一定地理空间集聚形成的产业网络。网络式企业集群不同于中心—卫星式企业集群，它没有处于核心地位的大企业，各中小型企业只是在产业链上所处的环节不同，没有主次之分，它们通过产业链发生业务联系。非正式组织、竞争和学习机制在

① 刘善庆，陈文华，叶小兰．产业集群分类综述［J］．企业经济，2005（54）：71—73.

网络式企业集群中起到重要作用，企业的衍生和消失速度都很快。这类企业集群多出现在高新技术产业中，如美国硅谷就是最典型的网络式企业集群。

3. 混合式企业集群

它指介于中心—卫星式企业集群和网络式企业集群之间的集群。这种企业集群中有多个核心大型企业，同时也有很多给大型企业配套的中小型企业，大型企业之间存在竞争，大型企业和中小型企业之间是核心与配套的关系，但中小型企业同时又面临被大型企业并购的危险，产业链不同环节的小型企业之间存在协作关系，而相同环节的企业之间又存在竞争关系。这是一种较复杂的企业集群模式，同时也是较常见的模式。

4. 开发区式企业集群

它是指企业在特定区域提供的税收优惠、政策优势、合理的制度安排引导下大量集中的现象。开发区式企业集群在我国具有典型性。以高新区的发展为例，20 世纪 90 年代初，在国家政策的支持下，我国诞生了一批国家级高新技术产业开发区。依靠税收优惠和政策优势，各高新区根据本区制定的产业政策吸引了一批企业入驻，起初这些企业之间没有什么联系，它们所需的配套零件仍然要跨市、跨省购买，甚至通过国际贸易购买。但是到了 20 世纪末 21 世纪初，随着中国经济的发展，税收和政策性优势在逐渐消失，迫使各高新区重新寻求刺激经济增长的新方式，进行“二次创业”，发展重点逐渐转向企业集群，各高新区通过一系列制度安排促进本区企业集群的形成。但是，企业集群的形成具有其深刻的社会文化因素和历史偶然性，种种人为努力可能并不能使某一区域在短时期内形成高质量的企业集群。如今，以高新区为代表的开发区企业集群仍然在探索和形成过程中。

（三）企业集群的经典理论

企业集群理论的最初观点来自于 1890 年马歇尔在其著名的《经济学原理》一书中提出的思想，从他提出外部规模经济理论开始，先后陆续出现了韦伯的工业区位论、克鲁格曼基于经济地理学的产业集群理论、胡佛的产业集聚最佳规模论、熊彼特的创新产业集聚论，直到 1990 年美国经济学家彼特在其《国家竞争优势》一书中对产业集群理论进行了经典的论述，阐述了产业集群的概念、特征等基本问题，使集群理论的研究进入了崭新的发展阶段，并引起了西方微观经济学、产业经济学和区域经济学等学科对这一理论问题的研究；以国外的理论研究为基础，国内以王缉慈为代表的众多学者也提出了各自的观点。

1. 马歇尔的外部规模经济理论

马歇尔从分析纺织工业及其辅助行业的集聚现象入手，指出产生集聚的目的在于获取外部规模经济提供的好处。马歇尔先是将经济规模分为两类：第一类是产业发展的规模，这和产业的地区性集中有很大关系；第二类取决于从事工业的单个企业的资源、它们的组织以及管理的效率。前者称为外部规模经济，后者称为内部规模经济。接着，他将“许多性质相似的小型企业集中的特定地方”，称为“产业区”或“地方性工业”。而后，马歇尔描述了“地方性工业”的原始形态，并进一步探寻了“地方性工业的各种起源”，大量种类相似的中小型企业之所以会在产业区内集聚，最初主要是自然条件和宫廷奖掖，前者包括气候、资源、交通及商业便利等，后者指统治者或宫廷富人“有意识邀约”或吸引技术工人集中于当地而形成的。到了工业化时期，获取外部规模经济效益则成为产业区形成的根本性原因。马歇尔将外部规模经济提供的好处归结为六个方面：（1）提供协同创新的环境；（2）提供辅助性工业；（3）提供专门技能的劳动力市场；（4）平衡劳动需求结构；（5）促进区域经济的健康发展；（6）便利顾客。也有经济学家将其概括为劳动力市场共享、专业性附属行业的创造和技术外溢三个关键因素。马歇尔的研究是开创性的，他提出了产业集群的内涵、外延，并探讨了产业集聚产生的基本原因，但他的研究是初步的、不完全的，没有考虑到区域内企业的成长和区域间企业的迁入、迁出等动态因素，同时对产业集群的功能、度量和效应等问题均未能触及。

2. 韦伯的区位集聚论

韦伯是工业区位理论的创立者，在其区位理论中探讨了促使工业在一定地区集聚的原因，首次建立了有关集聚的一套规则和概念。他把影响工业区位的因素分为区域因素和位置因素，前者指运输成本（运费）和劳动力成本（工资），后者包括集聚因素和分散因素。工业在一个地区集聚与否可以看成是集聚力与分散力平衡后的最终结果。所谓集聚要素是使在某一点集中产生优势，或成本降低的要素。集聚分为两个阶段：第一阶段，是企业自身的简单规模扩张、发展而产生集聚优势，这是初级阶段；第二阶段，是各个企业通过相互联系的组织而地方集中化，这是最重要的高级集聚阶段。高级集聚阶段的基本要素有以下四个方面：技术设备的发展使生产过程专业化，专业化的生产部门更要求工业的集聚；劳动力的高度分工要求完善的灵活的劳动力组织，劳动力组织有利于集聚的发生；集聚可以产生广泛的市场化，批量购买和销售降低了生产的成本，提高了效率；正是上述原因，集中化可使基础设施，如煤气、自来水管道、街道等共享，从而降低“一般性开支”，同时一般性开支的降低还进一步促进集中化。韦伯探讨了产生集聚的因素，量化了集聚形成的规则，研究成果具有相当的价值。但他对集聚的研究同区位理论中的其他内容一样，是一种“纯理论”。脱离了一切制度、社会、文化、历史因素，单纯从资源、能源角度加以考察，结论缺乏一定的现实性。

3. 克鲁格曼的空间经济思想

克鲁格曼是第一位把产业集聚与国际贸易因素紧密联系起来研究的经济学家。他和其他新贸易理论学者一样运用了内生因素的概念，解释规模经济、历史路径依赖等因素对形成集群区域的作用，并对企业集群演进过程进行了分析。克鲁格曼把空间经济思想引入正式的经济分析即是其中一例。克鲁格曼的产业群模型是基于以下事实：企业和产业一般倾向于在特定区位空间集中不同群体，不同的相关活动又倾向于集结在不同的地方，空间差异在某种程度上与产业专业化有关。这种同时存在的空间产业集聚和区域专业化现象，是在城市和区域经济分析中被广泛接受的报酬递增原则的基础。当企业和劳动力集聚在一起以获得更高的要素回报时，本地化的规模报酬递增为产业集群的形成提供了理论基础。本地化的规模报酬递增和空间距离带来交易成本之间的平衡，被用来解释现实中观察到的各种等级化的空间产业格局的发展。克鲁格曼设计了一个模型，假设工业生产具有规模报酬递增的特点，而农业生产规模报酬不变，在一个区域内，工业生产活动的空间格局演变的最终结果将会是集聚。这从理论上证明了工业活动倾向于空间集聚的一般性趋势，并阐明了由于外在环境的限制，如贸易保护、地理分割等原因，产业区集聚的空间格局可以是多样的，特殊的历史事件将会在产业区形成的过程中产生巨大的影响力。现实中的产业区的形成是具有路径依赖性的，而且产业空间集聚一旦建立起来，就倾向于自我延续下去。克鲁格曼的模型为人为的产业政策扶持提供了理论依据，产业政策有可能成为地方产业集聚诞生和不断自我强化的促成因素。①

4. 波特的竞争优势理论

波特是从竞争经济学的角度去研究产业集群问题的。② 在国家竞争优势理论中，波特对国家创新中的产业集群进行了广泛的分析，他想要回答的问题是：为什么只有特定的国家能在一个或多个产业中培育许多有国际竞争力的公司。波特着重分析了各公司及其在各行业特定集群中所处的位置。在有效的循环中，竞争压力和连续的创新是前进的动力。在这一分析中，公司间的竞争与合作不仅是龙头企业而且也是该地区的全部或大部分公司保持竞争优势的关键。这里所分析的单位是企业，但波特指出，大多数成功的国家产业是由企业群组成而非独立的个体组成的，许多主要国际竞争者通常在同一个城市或地区。波特认为产业集群是通过三种方式影响竞争的：首先，通过提高立足该领域的公司的生产力来施加影响；其次，通过加快创新的步伐，为未来的增长奠定坚实的基础；再次，通过鼓励新企业的形成，扩大并增强“集群”本身来影响竞争。

通过对十个国家的数据分析，波特将这些创新企业的竞争优势，归结为企业在国家结构中的四个因素。他将这些因素称为“钻石”系统。波特认为，解释某一产业的国家优势的方法在于分析国家在刺激竞争和创新中的作用，当企业获得了规模经济和技术领先时，不同的产品都打开了市场，获得这些优势的能力不是原因而是结果。真正的问题是哪一个国家的哪一个企业会获得利益，因为只有一些国家是这样做的，另一些国家则没有。波特认为上述问题的答案在于“钻石”中四个因素的作用。这四个因素是：（1）要素条件——生产要素，比如熟练工人、资金储备、知识资源

① Krugman. Geography and Trade [M]. Cambridge, MA: MIT Press, 1991.

② Porter M E. Clusters and the new economics of competition. [J]. Harvard Business Review, 1998, 76 (6): 77.

和基础结构的国家状况；（2）需求条件——本国对一种产品或服务的特定需求；（3）相关和支撑产业——适当的相关和支撑产业的存在也是国际竞争力；（4）企业战略、结构和竞争对抗——支配公司怎样创建、组织和管理以及促进国内竞争对抗的本质（强度）因素。作为一个系统，上述四个因素成为企业产生与发展的背景。按波特的观点，国家在某个特定的产业取得成功，是因为产业内部环境是动态的、充满竞争的，能够刺激企业不断进步和扩大优势。最为重要的是，“钻石”系统的各个因素组成一个相互增强的体系，其中一个决定因素可能会影响到其他方面的状态。波特注重分析企业及其背景，很少提及技术变革，特别是技术范式改变及政府的作用。波特把重大的技术变革和“纯发明”归属于“机遇”这类因素中，“机遇”还包括其他因素，比如战争和国外需求的重大变化。波特认为政府通过资金构成、教育、制定标准和政府采购方面的政策对这四个因素有着重大的影响。

当然，随着波特理论的流行，该理论也受到了批评。可以将这些批评分成八类：（1）具有竞争优势的区位不一定有竞争优势的群聚，有很多成功的“孤独明星”；（2）“钻石”模型没有考虑外国直接投资和跨国公司；（3）也许该理论仅适合以资源为基础的工业经济；（4）在该模型中应该更多地强调不同国家的文化差异；（5）该模型作为一个整体也许是无效的，波特的观点太不精确，而且仅有理论意义，只不过是将旧理论创新包装了一下；（6）该模型中微观变量的作用不清楚；（7）不清楚该模型是动态的，还是静态的；（8）研究本身也许管理不严格。总的说来，该模型最重要的不足是，它只解释了已有的集群是如何诞生和成长的，但不预测它们将如何发展以及什么是还未诞生的“成功中心”等问题。

二、企业集群的经营特点

（一）企业集群的地理集中性

地理集中性是指大量集群企业在一定地域空间内高度聚集，形成“扎堆”现象。空间集聚是集群经济的内在要求和最突出的形式特征。克鲁格曼指出："在现实经济活动中，一个最突出的特征就是产业地理集群。"① 首先，引发现代企业空间集聚的因素早已突破了韦伯工业区位论中的原材料、劳动力、运费等有形资源的约束，虽然它们仍是某些传统制造业和采掘业等特殊行业布局的重要区位因素，但是，越来越多的产业集聚背后有更深层次的原因。例如支撑珠三角城市群的电子信息制造业企业集群和长三角城市群经济增长动力之一的浙江企业集群的形成都彰显了社会文化、政策等人文因素对企业空间集聚的决定性影响。其次，追求外部经济也是企业空间集聚的动力之一，虽然发达的现代交通体系和通信设施大大缩短了时空距离，甚至有人提出"地球村"的概念，但是，对于需要不断去寻求各种合作伙伴和随时掌握市场动态的企业来说，再便利的交通和通信也不可能完全取代即时的面对面沟通所带来的好处。经济活动在本质上具有空间集聚特征。企业集群现象在地理上更像空间上的一个点，企业之间的距离由空间上的面变为一个点，尽可能地缩短，在理论上可以认为企业之间的距离为零。经营同一产品的大量企业扎堆于有限的地理区域；集群内的企业数目少则几十家，多则成百上千家；还有许多属于微型企业，即家庭工厂或手工作坊式的企业。地理集中性可以带来非正式消息的传播、交易费用的降低、信任感的增加以及更及时、更富有效率的沟通，这些不但有利于集群企业的协作，也加剧了企业之间的竞争，促使集群学习机制的快速形成和不断完善，加速集群企业的衍生和死亡，使集群保持旺盛的生命力和形成集群特有的文化精神内涵与集群品牌。

（二）企业集群的专业化分工

企业集群的另一个重要特征，就是专业化分工。一般来说，在企业集群内，大量的中小型企业相互集中在一起，企业间形成密切而灵活的专业化分工协作。这种专业化程度高，企业之间劳动分工细密，将某一产品制造过程分解为众多的中间产品（零部件）的制造环节，并分别由专业化程度很高的中小型企业进行生产和组装，企业遵循市场竞争的原则进行中间

① Paul Krugman. Increasing Returns and Economic Geography [J]. Journal of Political Economy, 1991 (3): 99.

产品的交易，由此带来对市场变化反应能力的提高。专业化分工其本质是企业内部分工的外部化或社会化。通过这种企业内部分工的外部化，可以使更多的功能操作实现内部规模经济，而且由于集群企业的联合需求可形成规模性专业化的生产和服务，又为每个企业提供了丰富的外部规模经济。首先，集群企业专业化使集群供应链企业之间密切合作，共同对市场的微小变化做出及时反应，提高了供应链效率，并通过学习机制和竞争机制的相互作用，提高集群对市场变化的应对速度，表现出集群柔性。其次，集群还经常向下延伸至销售渠道和客户，并从侧面扩展到辅助产品的制造商，以及与技能技术或投入相关的产业公司。最后，许多集群还包括提供专业化培训、教育、信息研究和技术支持的政府和其他机构，如大学、标准的制定机构、智囊团、职业培训提供者和贸易联盟等。专业化基础上集聚的大量企业的生产经营方式随着外部市场和技术环境发生与时俱进的变化，如原来以手工技术为主的工艺品生产，由于CAD、CAM、CIMS等技术的采用，生产方式逐步转向弹性化。而企业内部的组织架构和企业外部与其他企业之间的关系，也会随着外部技术条件变化和市场竞争加剧具有伸缩特征。

（三）企业集群的高度开放性

企业集群具有高度的系统开放性，企业可自由进入或退出。集群的形成演进，集群竞争优势的获得，不仅有赖于区域内各行为主体之间通过频繁有序的互动，实现生产要素的交流、组织学习与知识创新及柔性制度的渗透，达到内部的有机整合；而且要求集群网络的各节点不断与区域外的网络节点发生全方位、多层次的联结，寻找新的合作伙伴，开辟新的市场，拓展区域创新空间，以获取远距离的知识和互补性资源，完成集群外部的合理链合。诸如美国的“硅谷”“第三意大利”及中国的浙江和广东等典型的中小型企业集群，可以发现不论是国外，还是国内，企业集群都存在于中小型企业可以自由进入的地区。在美国、意大利等国有《中小企业保护法》促进中小型企业的发展，在浙江、广东也有促进中小型企业发展的特殊政策。尽管中小型企业的建立得到了各种优惠政策，但是中小型企业的发展基本上是自由竞争，自生自灭的。

（四）企业集群的本地根植性

本地根植性是指社会文化网络对经济行为的作用，是企业集群长期积累的历史属性，是支持企业集群地理集中的关键因素。企业集群的本地根植性是指集群中主体的经济行为深深地嵌入当地的政治、文化、社会网络之中，强调历史、文化、制度等人文因素对集群形成和发展的影响。企业集群的地理集中性决定了它作为一个系统必然与当地社会环境发生各种物质交换和信息交换，一个运行良好的企业集群必然能够从当地的社会文化氛围中汲取到有利于自身成长的因素。比如温州地区的经商传统对以“小商品，大市场”为特色的温州企业集群的形成具有重要的作用，使得企业家精神成为温州企业集群成功的重要因素之一。国内外学者的研究表明，企业集群的本地根植性是企业集群持续竞争优势的重要来源之一。共同的社会文化背景所积淀的社会资本使人们具有大体一致的思维方式，熟悉圈内的语言和交易规则，容易相互理解和信任，而相互信任是社会资本的本质，它不但可以减少群内摩擦，加强企业间协作，降低交易费用，而且以此为基础的集群文化是竞争对手所难以模仿和复制的，因此能够为集群带来持续的竞争优势。

（五）企业集群的社会网络化

由于分析的视角不同，不同学科对社会网络的概念有不同的认识，但都强调了社会网络的主体性和关系集合性，即社会网络是由各种主体通过一定的相互行为所形成的关系的总和。企业集群具备了构成网络的三个基本要素——活动、资源和行动主体，集群内存在前向、后向和水平的产业联系的供应商、生产商、销售代理商、顾客之间，企业与当地政府、大学或研究机构、金融机构、中介服务组织等集聚在某一区域，相互之间进行生产、技术和组织等各项合作，从而使集群整体组织结构呈现出网络特征，形成本地化网络。常见的网络关联方式有产品服务的买卖活动、人员交流、工艺衔接与合作创新等。产业集群组织网络结构特征也使其创新行为具有网络特征。网络中的各行为主体之间以正式或非正式的关系，频繁地进行着商品、服务、信息、劳动力等贸易性或非贸易性的交易、交流和互动，相互学习，密切合作，共同推动区域的发展和企业的持续创新。集群中各种法人之间的关系最终体现在自然人关系之中，比起法人关系，自然人之间的关系更加错综复杂，自然人形成的社会网络更加细密，各种信息和知识的传播更快、范围更广、影响更大。伴随着信息和知识的高效流动，在人与人之间通过社会网络形成的各种非正式沟通中，更容易产生思想的碰撞，迸发创造性的火花，因此，集群的社会网络化特征推动了集群创新和集群发展。

三、企业集群的形成条件

（一）自然禀赋与企业集群的形成

自然禀赋的差异包括了独特的自然地理条件（如特殊的地理区位，气候、土壤、水文、植被等要素及这些要素的组合）和独占性的自然资源（如土地、矿产、动植物资源、自然景观）。① 首先，自然资源是某些企业集群（特别是资源型企业集群）形成的基础。自然资源在资源型企业集群的形成和发展过程中起到了根本性的作用，这是因为：一是原料指数较大，如金属矿石；二是某些自然资源属于本地原料，具有鲜明的地方特色，如名贵稀有中药材、稀有金属等；三是除运输成本较高外，某些本地原料远距离运输较为困难或不经济，如新鲜蔬菜、水果。根据湖北省经济委员会的一项调查报告显示，全省销售收入过亿元的企业集群有59个，其中70%是资源型企业集群。如罗田板栗、枝江柑橘、潜江水产、应城石膏、鹤峰山野菜、随州三里岗香菇、英山茶叶、竹山绿松石、通山石材等，都是围绕当地的优势资源发展起来的。② 其次，自然资源的匮乏在一定程度上会成为企业集群进一步发展的瓶颈。根据自然资源的可代替状况，可以分为两类：一类是可替代资源，如木材等各类材料资源；另一类是不可替代资源，如土地、水等基础资源。在一些企业集聚区域不可替代资源短缺问题尤为严重。企业集群形成之初，土地、水等自然资源的供给

---

① 王仲智．产业集群——网络视角的观察［M］．北京：中国环境科学出版社，2007.

② 周芳，李闪．县市产业集群扫描集群光芒耀未来［N］．武汉：湖北日报，2005－04－29.

还比较充足，对企业集聚影响不大，但随着集群规模越来越大，进入集聚区域的企业增加，土地、水等自然资源就会出现短缺，这时就会成为企业集群发展的瓶颈。

同时也要看到，在工业经济时代，由于不得不考虑到运输成本，自然禀赋构成了区域内形成某一类产业及相关企业集聚的重要影响因素，产业或企业的选址以及今后的发展都要受到该产业或企业所在地的限制。但是，企业集群与自然禀赋之间不是一种简单的对应关系，也不能把自然禀赋视为企业集聚和企业集群的原始动力。因为，从总体上看，随着科学技术和社会经济的发展，一方面对部分企业而言材料费及运输费用不再是首要因素，另一方面原材料的运输成本也不断降低，所以原材料指数对企业布局的影响不断减弱。此外，资源与资源之间的可替代性增强，一种资源的缺失可以由另一种资源替补，从而外地原料增多，本地原料的比重降低，真正具有地方特色的自然资源越来越少。因此，在市场经济和全球经济日益一体化的进程中，自然资源禀赋并非是企业集群形成和发展的关键因素，只是基础性因素。

（二）产品驱动与企业集群的形成

企业集群以中小型企业为主，而中小型企业初始投入资本一般都较少，承担风险的能力较弱，技术开发能力也较弱，因此进入门槛的高低是能否吸引中小型企业投资的一个重要因素。产品的驱动，即分工和专业化的发展导致生产劳动的简单化、容易化、方便化，这有助于降低中小企业进入的技术门槛，同时也便于其他企业学习和模仿，为中小企业集群的产生提供了技术上的可能性。

首先，集群产品本身具有的多环节产业链诱发企业集聚。企业集群对产品本身有一定选择性，即具有某种特征的产品生产易于形成企业集群。实践证明，那些从原材料获取到产品制成之间具有多个产业链环节的行业容易形成企业集群。因为不断深化的企业分工体现了社会化大生产的普遍规律，集群企业在产业链环节可分性的基础上不断深化专业化分工，甚至一个企业只完成很少几道工序，既巩固和增强了企业自身的核心竞争优势，又促进了新企业的衍生。分工和专业化带来的经济性主要表现为四方面：

第一，分工和专业化能够较快地提高劳动者的劳动熟练程度，令劳动者的技能因专业化而不断增进。

第二，分工和专业化会使劳动者节约或减少因经常变换工作或变换生产活动中的不同操作而损失的时间，这方面的节约按照亚当·斯密的看法："比我们骤然看到时所想象的大得多。"①

第三，分工和专业化的发展，使劳动生产者可以节约生产时所使用的物质生产资料。例如，专业化可以使生产者个人减少所要准备的工作数量，促使生产者节约或更有效地利用工作场所。

第四，分工和专业化使人们的工作在既定的技术水平条件下变得较为简单。同时，产业链越长，产业链上可细分环节越多，企业为了获取这些连续价值链上的经济利益，就会根据自身的竞争优势形成集聚，集群的规模就越大。如浙江温州苍南县金乡镇是一个专门生产铝制标牌和徽章的专业镇。铝制品的生产，可分解成溶铝、轧铝、写字、刻模、晒板、打锤、钻孔、镀黄、点漆、穿别针、打号码等10多道工序。该企业集群的点漆、打锤、镀黄等工序各有上百家企业。产品价值链条越长，技术上进行工序分解的可能性越大，垂直方向的劳动分工有可能加长。这样才有可能吸引众多的企业聚集在一起。

其次，集群产品的市场接近性和低运输成本促使企业集群形成。集群本身作为一个巨大的市场，基本能够满足各种中间产品的销售需求，但是对最终产品来说，集群的集中生产方式决定了其只能通过贸易途径占领市场。成本最小化是各类企业追求的经济目标之一，各种形式的贸易企业也不例外，它们要求集群产品或者具有消费市场接近性，或者具有低运输成本。贸易企业是集群产品和最终消费市场之间最重要的联系纽带，它们对集群产品的选择对集群形成具有一定决定性。具有消费市场接近性的集群产品可以是可运输性较差的产品，而消费市场较分散的产品则一般要求具有良好的可运输性，如温州产业集群"小商品，大市场"的根本原因在于它们低廉的运输成本。

---

① 亚当·斯密. 国民财富的性质和原因的研究（上卷）[M]. 北京：商务印书馆，1981：8.

（三）地域文化与企业集群的形成

企业集群的产生总是和本区域的历史文化传统有着某种必然的联系，不同区域有不同的人文精神，这些会作为“遗传因子”影响着当代人的思想观念与活动方式。从这个意义上理解，历史文化传统可以视为企业集群萌芽的初始制度诱因。特定地域的人文环境是企业集群发育成长的深层内因。

首先，传统的经验和技巧的历史传承是传统企业集群出现的一个知识动因。就某些传统产品而言，生产技术、交易经验等相关知识是经过了漫长的历史时期逐渐成熟、积累传承下来的。随着历史的积累，传统的经验和技巧成为外地难以模仿的知识资源。如意大利皮鞋、包、陶瓷制品等传统企业集群长盛不衰，与意大利历史上重视家庭生产传统和对手工艺与产品的喜好及传承完整密切相关。在我国，中小企业集群多发生在原先经济较为落后的沿海地区或是传统手工业较为发达的区域。改革开放之前这些地区原有的市场或传统手工业优势受体制的束缚，传统农业落后或是人多地少的矛盾使这些区域陷入贫困。随着市场经济体制的逐步建立，这些地区的优势才逐步得以发挥。

其次，地方特定的创业文化及制度促进或制约了该地企业集群的形成。衡量企业集群形成的一个主要指标是企业数量和从业人数，所以企业集群的形成过程在很大程度上表现为新企业的衍生，即创业。在市场经济环境下，创业活动主要来自民间，创业力量主要源于具有创新精神的个体。个体的创业行为往往受其本身所持有的价值观、伦理观、思维模式等思想意识支配，而作为生活于社会之中的个体，其思想意识必然受制于社会文化和制度。个体的创新精神在很大程度上是受社会创业文化氛围熏陶的结果。现在各个社会在其成员寻求并利用经济机会的程度上差别很大，在不同的国家、不同的历史时期，人们从事经济活动愿望的大小是不同的。最伟大的增长发生在那些人们看到了经济机会，并愿意精神振奋地抓住这种机会的社会里。① 只有发挥每一个人的积极性，激发他们的创造性，

① 刘易斯．经济增长理论［M］．上海：上海三联书店，1994－10：20.

经济才会有活力。个人积极性和创造性的充分发挥是中小型企业产生的原始动力，更是中小型企业集群产生和发展的源泉。德鲁克指出：“企业家是牟取利润，并为此承担风险的人，他们是开拓新市场，引导新需求，创造新顾客的人，是一批别出心裁，独具匠心，与众不同的人。”温州人被誉为“东方犹太人”，其非凡的创新精神和创业能力是与当地的优越文化，特别是永嘉学派所提倡功利、重视经世致用思想的影响分不开的。企业家和企业家精神，创业和创业公司是推动市场经济发展的重要动力。创新是企业家或者企业家精神的本质，正是特定的区域经济文化培育了企业家，才导致创新的不断涌现。不同的地域文化对待创新的态度不同，中小型企业集群一定发生在最勇于创业的地区或国家。

最后，地方特定的合作精神及相应的制度安排确保了企业集群的可持续发展。企业集群作为一个生产系统，必然是竞争与合作的辩证统一体，而且相对于其他组织形式而言，集群更是一个充满合作气息的共同体。所以企业集群的形成和发展实质是企业之间分工协作的结果，如果缺乏分工协作精神，企业即便在地理上集中，也只是“集而不群”，并最终会因过度竞争而走向衰败。① 企业在本地的扎根和结网所形成的地方聚集，可以使企业构筑交流与合作的系统，从而增强技术创新的能力和竞争力。这主要表现在三个方面：一是以信赖为基础的社会网络中的企业有强烈的合作愿望以共同承担风险，减少机会主义行为的产生；二是企业间的关系相对稳定，不容易出现报复行为；三是企业间有着共同的利益，容易采取一致行动达到共同的目标。地理位置是企业集群形成的必要条件和根植性基础，那些根植于特定区域文化的企业之间的网络式社会关系和产业氛围，是集群最难以被模仿的驱动力量，文化以及本地化的产业氛围具有深刻的历史渊源性，这不可避免地形成了企业集群演进的个性化特征，这也是成功的企业集群难以被异地复制的主要原因。

（四）政府政策与企业集群的形成

一般来说，企业集群的形成方式有三类：一是自发形成；二是“自下

① 孙雯，卢维．浅议企业集群形成与演化中政府的作用［J］．经济研究导刊，2013（18）．

而上”的培育与发展；三是“自上而下”的规划而发展。这种划分方式主要依据政府在企业集群的形成和发展中所起的作用。关于政府对企业集群的作用争论颇多，许多学者认为政府对产业的发展颇有裨益，因为它可以通过制定产业政策提升目标产业的竞争力。而另外一些人则坚持“自由市场”的观点，认为企业经营之事应交由“看不见的手”来协调。波特则认为，此两者兼有偏颇，两者之中无论缺失哪个都会削弱一个地区的竞争力。过分强调政府的作用会损害企业的长期经营能力，而无视政府的角色则使它无法发挥其为企业营造良好的周边环境以提高企业竞争力的作用。他进一步指出，政府的作用是间接的而非直接的，其主要作用在于为企业创造能够提高企业竞争力的经济环境，而不是直接参与市场竞争。政府的作用主要体现在运用“看得见的手”来弥补市场这个“看不见的手”所无法完成的任务。但政府的作用不可能一概而论，而是因政府的层级、企业集群所处的阶段以及各地特殊情况的不同而有所差异。在企业集群的形成阶段，政府的主要作用是创造良好的投资创业环境，促进企业衍生。

首先，政府要建立一个稳定的、可预见的经济和政治环境，制定政策规范中小型企业集群的定位。中小型企业集群的定位需要综合考虑区位、产业、技术、对生态环境的影响等若干因素。区位因素通过原材料获得的便利性，交通运输的便利性，劳动力获得的便利性等影响投入成本，从而对中小型企业集群的竞争优势施加影响。对集群竞争优势的持续获得来说，更为重要的是区位在创新中的作用。分散的市场主体在集群区位的选择中具有盲目性和自发性，因此，超脱于各市场主体利益之上的政府就应该对区位的选择起引导作用，而且政府的区位决策应该既基于整个体系的成本又基于创新的潜力，而不仅取决于投入成本。

其次，政府还要为企业提供各种优惠条件吸引投资，创造有利于小型企业集群生成的软硬环境。以地方政府为主导，对产业集群发展所需的公共物品和准公共物品进行投资，加快交通、通信、电力、互联网、城建设施等基础设施建设。降低企业运营的制度成本，如改革审批制度，提高政府机关的办事效率。完善中介服务体系，集群的发展往往需要各种中介服务机构辅助，如技术咨询、市场调查、会计、法律、职工培训等。随着信息时代的到来和电子商务的应用，成立集群内的信息中心成为方便地获得和交流信息的一条途径。该信息中心通过网络联结企业，从外部获取信息，并把这些信息传播给网络内的各个企业，把网络内企业的信息向外发布，同时便于网络内企业之间进行交流。

最后，政府需要不断完善中小型企业服务体系，诸如融资服务体系、信息服务体系、物流仓储服务体系、技术服务体系等。中国中小型企业普遍存在融资难的问题，为解决资金短缺问题，集群内企业间经常采用延期支付和资金互助等融资方式。由于个别业主的败德行为很容易破坏整个中小型企业集群所建立起的信用体系，地方政府应采用现行法律体系强化原有的契约关系，保证债务履行；同时制订集群内成员企业间约束债权债务关系的规定，强化业主间约定俗成的“默契”，提高败德行为所付的代价。此外，还应该改善金融机构对中小型企业的金融服务，拓宽集群内企业的外部融资渠道。集群企业虽然数量众多，但规模较小，存在“搭便车”行为。因此政府应该出面组织展示会、广告宣传等营销活动，提高集群整体的知名度，树立地方品牌，建立质量调控体系，避免出现“柠檬市场”危及整个地方产业的发展。

四、企业集群的竞争优势

企业集群通过地理集中而获得的竞争优势实质上就是对马歇尔所述外部经济的具体化，由外部经济衍生而来，具体表现为：生产成本优势、产品差别化优势、区位品牌优势、创新优势等几个方面。

（一）生产成本优势

企业集群是一种高效的资源配置方式，集群中的各种资源要素按照一定经济规律协调、高效地进行经济活动，体现出集群独特的竞争优势。首先，集群企业深化的专业分工提高了生产效率，降低了企业成本。大量的企业相互集中在一起，形成了密切而灵活的专业化分工协作体系。一个企业一般只专注于一个或几个环节的生产，随着社会分工越来越细，劳动生产率不断提高，单位产品的边际生产成本不断下降，规模报酬递增，实现外部经济。外部经济的出现，使集群内的企业可以充分利用劳动力市场共享、中间投入品规模经济和信息外溢所带来的好处。由于中小企业集群形成了一个高效的专业化分工协作体系，从而使企业的成本优势明显。其次，集群企业间的交易费用降低。高度的专业化分工带来企业交易频率的增加，从而有增加交易成本的趋势，但是企业集群的地理集中性让企业能够就近采购到所需原材料和零部件，大大缩短了配套半径，从而节约了企业的搜寻成本、履约成本和运输成本。再次，劳动力成本低。一方面，企业集群容易形成供给充足的劳动力市场，企业可减少寻找合适工人的搜寻费用；另一方面，劳动力在区域内企业间自由流动，促成了信息、思想的扩散和传播，可有效地降低劳动力的培训成本。最后，企业集群节约了社会成本，体现在三个方面：第一，无法获得内部规模经济的中小企业随着产业规模的扩大能够获得外部规模经济；第二，集群企业相互之间的协作及其与相关支撑机构的密切合作使其能够获得外部范围经济；第三，集群中公共物品的集中供给和企业对生产要素市场以及公共设施和服务的共享节约了社会资源。

（二）产品差别化优势

波特早就指出，任何产品的市场竞争归根结底是成本竞争或就产品差异性展开的竞争。竞争不仅通过降低生产成本、通过价格战维持或扩大市场份额，而且还表现在产品的质量和产品的差别化上，只有建立在质量基础上的产品差别化，才能满足集群内有经验、“挑剔”顾客的要求。差别化战略使企业竞争从以价格竞争为主，转到基于质量的产品差别化竞争上来，差别产品可以适应消费结构的变化，满足消费者追求“多样化、多元化、个性化、差别化”的特点。它不仅能得到顾客的信赖，而且还可以为竞争对手设置产业进入障碍。集群内部良好的竞争与合作、分工与协作的产业环境，使集群内企业更能适应市场环境的变化，利用产品差别化与市场占有率之间的交互反馈机制，形成市场势力。一方面，已形成产品差别化的企业具有较大的市场竞争优势，可以拥有较大的市场份额；另一方面，具有较大市场占有率的企业，可以利用自己的规模经济实力，通过研究开发、购买专利、广告宣传、售后服务等进一步使产品差别化，形成市场占有率和差别化之间的良性循环。由于企业竞争激烈，而且彼此之间相互了解，便于建立同类产品价格、质量和产品差异化的评价标准，因此，相对单独游离的企业而言，群内企业更容易具备产品差别化优势。比如，浙江温州金属打火机款式品种成千上万，而且每个企业都有自己的“拳头产品”。只有这样企业才能在激烈的竞争中立于不败之地。

（三）区位品牌优势

集群品牌可能由集群中的知名企业主导形成，或者由群内的行业协会、企业联盟以及政府相关部门发起和推动。但无论以何种方式形成的企业集群品牌，都具有与企业品牌相同的产品内涵，如高质量、低成本或产品差别化的特征，都能够满足目标市场的需求并进行持续的产品和服务改进以满足各个利益相关者的需求。与企业品牌不同的是，企业集群作为城市群的微观经济基础，也是区域间竞争的经济基础。首先，集群品牌赋予一个区域以某种产品形象，正如产品品牌赋予一个企业以某种产品形象一样，良好的区域品牌能够使该地区在同类产品的生产区域中拥有较高的声誉，从而获得和保持区域竞争优势。其次，集群品牌让集群中的中小企业走出一城一地的小市场而有机会承接世界性产业转移，参与全球分工，进而进入世界市场。最后，集群品牌比单个企业品牌更持久，相比集群来说，企业的生命周期较短，不容易维持持久的品牌形象，而集群一旦形成，具有较稳定的自我升级和自我修复能力，更能持续地维持品牌形象和保持竞争优势。

（四）创新优势

大批产业相关的企业聚集在一个地区，既加强了彼此的竞争，又可能产生互相学习的效应，使原来基于资源禀赋的比较优势发展为创新创业优势，加快企业技术创新步伐，促进新业务与新企业的衍生。首先，集群能够为企业提供一种良好的创新氛围。集群是培育企业学习与创新能力的温床。企业彼此接近，会受到竞争的隐形压力，迫使企业不断进行技术创新和组织管理创新。一家企业的知识创新很容易外溢到区内的其他企业，因为这些企业通过实地参观访问和经常性的面对面交流，能够彼此相互较快地学习到新的知识和技术。其次，集群有利于促进知识和技术的转移扩散。企业集群与知识和技术扩散之间存在着相互促进的自增强关系。在新经济时代，产业布局不再像传统工业经济时代那样，各行各业简单地聚集在一起，而是相互关联、高度专业化的产业有规律地聚集在一个区域，形成各具特色的企业集群。集群内由于空间接近性和共同的社会文化背景，不仅可以加强显性知识的传播与扩散，而且更重要的是可以加强隐性知识的传播与扩散，并通过隐性知识的快速流动进一步促进显性知识的流动与扩散。事实也已经证明，企业集群内部知识和技术的扩散要明显快于非集群化的企业。最后，集群可以降低企业创新的成本。由于地理位置接近，相互之间进行频繁的交流就成为可能，为企业进行创新提供了较多的学习机会。尤其是隐性知识的交流，更能激发新思维、新方法的产生。由于存在着“学习曲线”，集群内专业化中小型企业学习新技术变得容易和低成本。同时，建立在相互信任基础上的竞争合作机制，也有助于加强企业间技术创新的合作，从而降低新产品开发和技术创新的成本。

参考文献

［1］（美）丹尼尔·A. 雷恩. 管理思想的演变［M］. 孙耀君，等译. 北京：中国社会科学出版社，2000.

［2］（美）彼得·德鲁克. 管理的实践（珍藏版）［M］. 齐若兰，译. 北京：机械工业出版社，2009.

［3］郭朝阳. 管理学. 中国版［M］. 北京：北京大学出版社，2006.

［4］阎海峰. 现代组织理论与组织创新［M］. 北京：人民邮电出版社，2003.

［5］（美）达夫特. 组织理论与设计［M］. 王凤彬，张秀萍，等译. 北京：清华大学出版社，2003.

［6］许玉林. 组织设计与管理［M］. 上海：复旦大学出版社，2010.

［7］（英）菲利浦·塞德勒. 组织设计：成功的基石［M］. 王萍，译. 北京：中国经济出版社，2000.

［8］（美）斯蒂芬·P. 罗宾斯. 组织行为学精要：全球化的竞争策略［M］. 关晓明，译. 北京：电子工业出版社，2002.

［9］（美）斯蒂芬·P. 罗宾斯. 组织行为学：第7版［M］. 孙健敏，李原，译. 北京：中国人民大学出版社，2005.

［10］王凤斌，李东. 管理学［M］. 北京：中国人民大学出版社，2011.

［11］郭咸纲. 西方管理思想史［M］. 北京：北京联合出版公司，2014.

［12］李明荣. 质量管理（第二版）［M］. 北京：科学出版社，2011.

［13］（美）阿曼德·费根堡姆. 全面质量管理［M］. 杨文士，等译. 北京：机械工业出版社，1991.

［14］ 张守纪．决策理论学派第一人——西蒙［J］．企业改革与管理，1998（11）：27－31.

［15］ 裴文英，卫东．西方古典管理理论的特点和缺憾［J］．江汉论坛，2005（12）：34－36.

［16］ 陈雪梅．中小企业集群的理论与实践［M］．北京：经济科学出版社，2009.

［17］ 陈艳莹，原毅军．治理机制与企业网络的规模：嵌入性视角的研究［J］．中国工业经济，2006（9）：102－108.

［18］ 孙国强．西方网络组织治理研究评介［J］．外国经济与管理，2004，26（8）：8－12.

［19］ 夏兰，州钟山．基于网络结构视角的产业集群演化和创新［M］．北京：中国市场出版社，2006.

［20］ 纪玉俊．产业集群的网络组织分析［D］．济南：山东大学博士论文．2009.

［21］ 王淑英．产业集群演化与区域经济发展研究［M］．北京：光明日报出版社，2010.

［22］ 范晓屏．工业园区与区域经济发展［M］．北京：航空工业出版社，2005.

［23］ 丰宝生．产业集群对区域经济发展的竞争力研究［D］．安徽大学，2005.

［24］ 符正平．论企业集群的产生条件与形成机制［J］．中国工业经济，2002（10）：20－26.

［25］ 李敏．简论虚拟企业的形式和优势［J］．南京财经大学学报，2004（6）：61－63.

［26］ 曲宏飞．论虚拟企业［J］．山西青年管理干部学院学报，2006（2）：65－67.

［27］ 张振江，恽晓方．论虚拟企业及其对我国企业的借鉴意义［J］．商业研究，2006（11）：71－73.

［28］ 王信东．企业虚拟化经营及目前存在的问题［J］．经济师，2001（9）：156－157.

[29] 张炜，沈瑞. 虚拟企业的价值体系及其竞争优势分析 [J]. 商业研究，2004 (10)：24 - 26.

[30] 吴莹. 虚拟企业及其竞争优势 [J]. 北京科技大学学报：社会科学版，2001，17 (1)：23 - 25.

[31] 司建波. 虚拟组织的性质和原因 [D]. 吉林：吉林大学经济学院，2009.

[32] 梁松波. 虚拟组织若干管理问题研究 [D]. 大连：大连海事大学交通运输管理学院，2007.

[33] 于英梅. 企业组织虚拟化现象——一种因果机制的研究 [D]. 上海：上海大学出版社，2009.

[34] 包国宪，王学军，柴国荣. 虚拟企业的利益分配与协调研究 [J]. 科技进步与对策，2012，29 (24)：123 - 126.

[35] Nagel R, Dove R, Preiss K. 21st Century Manufacturing Enterprise Strategy - An Industry Led Review, Vol. 1 and 2 [C] //Iacocca Institute. 1991.

[36] Davidow W H. The virtual corporation: structuring and revitalizing the corporation for the 21st century [J]. New York Harper Collins Publishers, 1992.

[37] Byrne J. The Virtual Corporation [J]. Business Week, 1993 February (8): 39 - 41.

[38] Goldman S L, Nagel R N, Preiss K. Agile Competitors and Virtual Organizations: Strategies for Enriching the Customer [J]. 1994, 8 (8): 6 - 7.

[39] 任浩. 现代企业组织设计 [M]. 北京：清华大学出版社，2005.

[40] 高新华. 如何进行企业组织设计 [M]. 北京：北京大学出版社，2004.

[41] 曲宏飞. 论虚拟企业 [J]. 山西青年职业学院学报，2006，19 (2)：65 - 67.

[42] 司建波. 虚拟组织的性质和原因 [D]. 吉林：吉林大学，2009.

[43] 孙国强. 西方网络组织治理研究评介 [J]. 外国经济与管理，2004 (8)：8 - 12.

[44] 张钢. 企业组织网络化发展 [M]. 杭州：浙江大学出版

社，2005.

［45］石明虹，张喜民．日、美家族企业制度演变及对中国民营企业制度变革的启示［J］．山东工会论坛，2003，9（1）：65－67.

［46］崔建淑．公司治理结构下的内部控制问题研究［D］．北京：首都经济贸易大学，2009.

［47］余汶芨．公司治理结构的历史发展逻辑及对我国的启示研究［J］．企业导报，2012（9）：79.

［48］Jensen M C，Meckling W H. Theory of the firm：Managerial agency costs and ownership structure［J］. Ssrn Electronic Journal，1976，3（4）：305－360.

［49］Bailey W，Jagtiani J. Foreign ownership restrictions and stock prices in the Thai capital market［J］. Journal of Financial Economics，1994，36（1）：57－87.

［50］贾鑫．内部控制视角下的公司治理结构研究［D］．兰州：兰州大学，2010.

［51］Donaldson L，Davis J H. Stewardship Theory or Agency Theory：CEO Governance and Shareholder Returns［J］. Australian Journal of Management，1991，16（16）：49－64.

［52］贺顺．我国公司治理结构存在的问题与对策研究［D］．湖南：湖南大学，2009.

［53］何自力．公司治理模式：比较与借鉴［J］．南开学报：哲学社会科学版，1999（6）：41－50.

［54］肖作平，吴世农．我国上市公司资本结构影响因素实证研究［J］．证券市场导报，2002（8）：39－44.

［55］（日）青木昌彦，奥野正宽．经济体制的比较制度分析［M］．魏加宁，等译．北京：中国发展出版社，1999.

［56］Nelson J. Corporate governance practices，CEO characteristics and firm performance［J］. Journal of Corporate Finance，2005，11（1－2）：197－228.

［57］田平凤，封文丽．公司治理模式的国际比较与借鉴［J］．经济与管理，2004，18（7）：22－25.

［58］李角奇，王化民．企业法人治理的国际差异与启示［J］．经济纵横，2003（6）：51－54.

［59］李建军．企业文化与制度创新［M］．北京：清华大学出版社，2004.

［60］胡杰武，张秋生，王东．外资并购中国企业实务指南［M］．北京：中国经济出版社，2006.

［61］李斌全球并购研究中心．中国十大并购［M］．北京：中国经济出版社，2006.

［62］朱宝宪．公司并购与重组［M］．北京：清华大学出版社，2006.

［63］千春辉．并购案例精粹［M］．上海：复旦大学出版社，2005.

［64］刘光明．中外企业文化案例［M］．北京：经济管理出版社，2000.

［65］任新．张瑞敏谈海尔模式：第三只眼睛看海尔［M］．北京：中国线装书局，2003.

［66］曲洪志．中美文化比较［M］．济南：山东大学出版社，2005.

［67］万瑞嘉华经济研究中心．中小型企业内部管理［M］．广州：广东经济出版社，2002.

［68］徐晓虹．当代中国私营企业劳动关系研究［M］．北京：中国劳动社会保障出版社，2004.

［69］付文阁．中国家族企业面临的紧要问题［M］．北京：经济日报出版社，2004.

［70］余治国．中国民营企业批判［M］．北京：当代中国出版社，2005.

［71］刘巨钦．中国家族企业治理研究［M］．北京：中国经济出版社，2007.

［72］程东升，刘丽丽．华为真相［M］．北京：当代中国出版社，2003.

［73］程东升，刘丽丽．华为经营管理智慧［M］．北京：当代中国出版社，2005.

［74］王伟立，李慧群．华为的管理模式：第2版［M］．深圳：海天出版社，2010.

［75］陈燕．开放型企业恩华［M］．北京：中国经济出版社，2005.

［76］严文华．跨文化企业管理心理学［M］．大连：东北财经大学出版社，2000.

［77］Lambert J，Nieto F，Hafer N. Managing cultural differences.［M］// Managing cultural differences /. Gulf Pub. Co. Book Division，1987.

［78］Holt D H，Wigginton K W. International management［M］. McGraw - Hill，1991.

［79］Peng M W. Global strategy［M］. Thomson/South - Western，2006.

［80］Lewis R D. When cultures collide：managing successfully across cultures：a major new edition of the global guide［J］. 2000.

［81］林茂臣．刍谈民营中小企业管理模式及其创新［J］．甘肃农业，2005（1）：49 - 50.

［82］薛求知，宋丽丽．中国家族企业治理模式变迁的权变因素及过程——一个动态分析模型［J］．当代财经，2006（10）：69 - 73.

［83］梁定澎，欧阳彦晶，许如钦．台湾中小企业采用知识管理之研究［J］．合肥工业大学学报：自然科学版，2003，26（z1）：645 - 652.

［84］叶陈毅，赵德义，潘军明．浙江中小企业经营管理及创新发展的思考［J］．当代经济管理，2005，27（5）：60 - 62.

［85］权锡鉴，谷鸣，胡显霞．人力资本产权理论影响下的中小企业治理机制［J］．改革与战略，2006（S1）.

［86］陈春磊，沈伏佳，孔丽玲．浙江中小企业危机管理调查与思考［J］．北方经贸，2005（5）：108 - 110.

［87］熊吉陵．“以人为本”的中小企业柔性管理试探［J］．企业经济，2007（12）：34 - 36.

［88］郭正朝．企业管理九力量评价模型［J］．广播电视大学学报（哲学社会科学版），2006（2）：87 - 91.

［89］李云．网络经济条件下中小企业管理创新浅析［J］．中外企业家，2008（1）：81 - 83.

［90］余四林．基于战略思考的流程化管理体系的建立［J］．财会月刊，2008（7）：74 - 76.

［91］黄艾舟，梅绍祖．超越 BPR——流程管理的管理思想研究［J］．科学学与科学技术管理，2002，23（12）：105－107.

［92］梅绍祖，（美）James T. C. Teng. 流程再造：理论方法和技术［M］．北京：清华大学出版社，2004.

［93］（美）佩帕德，P. 罗兰．业务流程再造［M］．高俊山译．北京：中信出版社，美国：Prentice Hall 出版公司，2003.

［94］沈炳熙．中国企业集团及其战略［M］．北京：中国人民大学出版社，1991：5－7.

［95］卢勃，李学伟．企业集团效益型组织理论［M］．北京：清华大学出版社，北京交通大学出版社，2006：11－19.

［96］王凤彬，赵明杰．企业集团管控体系［M］．北京：经济管理出版社，2008：1－8.

［97］邓志萍．企业集群和企业集团竞争优势的比较分析［D］．太原：山西大学，2010.

［98］崔新健，王巾英．集团公司战略组织与管理［M］．北京：清华大学出版社，2005.

［99］Brussels E C，Fowler H W F E G. The Concise Oxford Dictionary［G］. London：Book Club Associates，1979.

［100］夏维力，李博．群效应——从产业集群到城市群［M］．西安：西北工业大学出版社，2007.

［101］Buskens V，Raub W. Embedded trust：Control and learning［M］. Emerald Group Publishing Limited，2002.

［102］易明．产业集群治理体系研究［M］．武汉：中国地质大学出版社，2011.

［103］刘善庆，陈文华，叶小兰．产业集群分类综述［J］．企业经济，2005（5）：71－73.

［104］马宗国，张咏梅．产业集群的理论综述［J］．湖北经济学院学报（人文社会科学版），2006（1）：14－15.

［105］（德）阿尔弗雷德·韦伯．工业区位论［M］．李刚剑，陈志人，张英保，译．北京：商务印书馆，1997.

[106] Krugman. Geography and Trade [M]. Cambridge, MA: MIT Press, 1991.

[107] Porter M E. Clusters and the new economics of competition. [J]. Harvard Business Review, 1998, 76 (6): 77.

[108] Paul Krugman. Increasing Returns and Economic Geography [J]. Journal of Political Economy, 1991 (3): 99.

[109] 王仲智. 产业集群——网络视角的观察 [M]. 北京: 中国环境科学出版社, 2007.

[110] 周芳, 李闪. 县市产业集群扫描集群光芒耀未来 [N]. 武汉: 湖北日报, 2005-04-29.

[111] 亚当·斯密. 国民财富的性质和原因的研究: 上卷 [M]. 郭大力, 王亚南, 译. 北京: 商务印书馆, 1981.

[112] 习明. 中小企业集群的形成机制和发展问题研究 [D]. 厦门: 厦门大学, 2008.

[113] 刘易斯. 经济增长理论 [M]. 上海: 上海三联书店, 1994.

[114] 彼得·德鲁克. 创新与创业精神 [M]. 上海: 上海人民出版社, 2002.

[115] 孙雯, 卢维. 浅议企业集群形成与演化中政府的作用 [J]. 经济研究导刊, 2013 (18): 219-220.

[116] 张占仓. 中国产业集群研究及进展 [J]. 地域研究与开发, 2006, 25 (5): 41-47.

[117] 彭纪宁. 广东产业集群迈向高端时代 [N]. 广州: 羊城晚报, 2004-06-14.

[118] 樊丽雅. 珠三角产业集群发展情况及转型升级对策建议 [J]. 当代经济, 2012 (8): 55-57.

[119] 何光军. 关于珠三角产业集聚发展若干问题的思考 [J]. 广东经济, 2009 (7): 16-19.